HEYNE BIOGRAPHIEN

Zum Autor

Michael Grant, einer der führenden englischen Althistoriker, begann seine wissenschaftliche Laufbahn als Dozent am Trinity College in Cambridge. War dann Professor an der Universität Edinburgh und von 1959 bis 1966 Präsident und Vizekanzler der Queens University Belfast. Durch eine Reihe bedeutender Veröffentlichungen wurde er weit über den Kreis der Fachgelehrten hinaus bekannt.

Michael Grant

CAESAR

Genie – Eroberer – Diktator

Wilhelm Heyne Verlag
München

HEYNE BIOGRAPHIE
12/35

Aus dem Englischen übersetzt
von Hertha Balling

6. Auflage

Titel der Originalausgabe:
JULIUS CAESAR

Die Originalausgabe ist bei Weidenfeld & Nicholson, London, erschienen

Wilhelm Heyne Verlag GmbH & Co. KG, München
Printed in Germany 1991
Stammtafel, Zeittafel und Bibliographie wurden erarbeitet von Dr. Hubert Fritz
Bildnachweis: Bildarchiv Preußischer Kulturbesitz, Berlin;
Archiv für Kunst und Geschichte, Berlin;
Süddeutscher Verlag, Bilderdienst, München;
Ullstein Bilderdienst, Berlin;
Umschlagillustration: Archiv für Kunst und Geschichte, Berlin
Umschlaggestaltung: Atelier Ingrid Schütz, München
Druck und Bindung: Presse-Druck Augsburg
Bildteil: RMO, München

ISBN 3-453-55035-8

Inhalt

Dem Sprößling einer der ältesten Adelsfamilien Latiums, welche ihren Stammbaum auf die Helden der Ilias und die Könige Roms zurückführte, waren seine Knaben- und ersten Jünglingsjahre vergangen, wie sie der vornehmen Jugend jener Epoche zu vergehen pflegten. Auch er hatte von dem Becher des Modelebens den Schaum wie die Hefen gekostet, hatte rezitiert und deklamiert, auf dem Faulbett Literatur getrieben und Verse gemacht, Liebeshändel jeder Gattung abgespielt und sich einweihen lassen in alle Rasier-, Frisier- und Manschettenmysterien der damaligen Toilettenweisheit sowie in die noch weit geheimnisvollere Kunst, immer zu borgen und nie zu bezahlen. Aber der biegsame Stahl dieser Natur widerstand selbst diesem zerfahrenen und windigen Treiben; Cäsar blieb sowohl die körperliche Frische ungeschwächt wie die Spannkraft des Geistes und des Herzens. Im Fechten und im Reiten nahm er es mit jedem seiner Soldaten auf, und sein Schwimmen rettete ihm bei Alexandria das Leben; die unglaubliche Schnelligkeit seiner gewöhnlich des Zeitgewinns halber nächtlichen Reisen war das Erstaunen seiner Zeitgenossen und nicht die letzte Ursache seiner Erfolge. Wie der Körper war der Geist. Sein bewunderungswürdiges Anschauungsvermögen offenbarte sich in der Sicherheit und Ausführbarkeit all seiner Anordnungen. Sein Gedächtnis war unvergleichlich, und es war ihm geläufig, mehrere Geschäfte mit gleicher Sicherheit nebeneinander zu betreiben. Obgleich Gentleman, Genie und Monarch, hatte er dennoch ein Herz.

Theodor Mommsen

Die Mittel, mit denen Julius Cäsar sich gegen Kränklichkeit und Kopfschmerz verteidigte: ungeheure Märsche, einfachste Lebensweise, ununterbrochener Aufenthalt im Freien, beständige Strapazen — das sind, ins Große gerechnet, die Erhaltungs- und Schutz-Maßregeln überhaupt gegen die extreme Verletzlichkeit jener subtilen und unter höchstem Druck arbeitenden Maschine, welche Genie heißt.

Friedrich Nietzsche

Cassius: Ja, er beschreitet, Freund, die enge Welt
Wie ein Colossus, und wir kleinen Leute,
Wir wandeln unter seinen Riesenbeinen
Und schaun umher nach einem schnöden Grab.
Der Mensch ist manchmal seines Schicksals Meister:
Nicht durch die Schuld der Sterne, lieber Brutus,
Durch eigne Schuld nur sind wir Schwächlinge.
.....
Nun ist in Rom fürwahr des Raums genug:
Find't man darin nur einen einz'gen Mann.

William Shakespeare

Der Geist Cäsars. Er ist die Umkehrung des Geistes der meisten Menschen. Cäsar freut sich, sich zu verpflichten. An uns treten täglich ein Dutzend Herausforderungen heran; wir müssen ja oder nein sagen bei Entscheidungen, die ganze Ketten von Folgen nach sich ziehn. Manche von uns überlegen; manche weigern sich, sich zu entscheiden, was selbst schon eine Entscheidung ist; manche stürzen sich schwindlig in die Entscheidung hinein, mit zusammengebissenen Zähnen und geschlossenen Augen, was eine Art von Entscheidung aus Verzweiflung ist. Cäsar ist nichts lieber, als sich entscheiden zu müssen. Es ist, als fühlte er seinen Geist nur dann sich betätigen, wenn der ihn in bedeutsame Folgen verstrickt. Cäsar scheut vor keiner Verantwortung zurück. Er lädt sich mehr und mehr davon auf seine Schultern. Es ist möglich, daß ihm einige Formen der Phantasie fehlen. Ganz gewiß denkt er wenig über die Vergangenheit nach und versucht nicht, die Zukunft klar ins Auge zu fassen. Er schwelgt nicht in Reue und frönt keinem Ehrgeiz.

Thornton Wilder

Eines jedenfalls hat dieses halbe Jahr bewiesen: ein Politiker großen Formats ist C. nicht und wird es nie sein. Bei all seinen glänzenden Fähigkeiten! Was Rom mehr denn je braucht, der starke Mann, der unbeirrbar seinen Weg geht und der Welt seinen Willen aufzwingt, eine große Idee verwirklichend, ist er nicht. Er hat weder den Charakter dazu noch die Idee. Er macht Politik, weil ihm sonst nichts übrigbleibt. *Bertolt Brecht*

Vorwort

Vor hundertfünfzig Jahren wurde Gaius Julius Cäsar immer wieder beschrieben als der größte Mann der Tat, der jemals gelebt hat, der größte Mann, den die Erde je hervorgebracht hat, ja selbst als der »ganze und vollkommene Mann«. In einem Zeitalter wie dem unseren, das zu viele Männer der Tat gesehen hat, hat sich die Begeisterung über diese Eigenschaft wohl etwas gelegt. Aber noch immer ist er der einzige, der in seiner Person so großartige und mannigfaltige Talente vereinigt hat.

Er war ein scharfsinniger Politiker, ein meisterhafter Propagandist und Showman, ein kluger und erfolgreicher Verwaltungsmann, ein außergewöhnlich begabter Schriftsteller, ein Mann von bedeutendem, vielfältigem Wissen und Geschmack und ein militärisches Genie. Er ließ seine Truppen mit erschreckender Schnelligkeit marschieren und übte einen magnetischen Einfluß auf sie aus. Sein persönlicher Charme war außergewöhnlich, und er hatte solchen Erfolg bei Frauen, daß seine alten Biographen ihm oft die Moral eines Hahns im Hühnerhof zuschrieben. Doch das stimmte nur zum Teil: in seinem Geschlechtsleben spielte ein berechnendes Element mit, das auch bei der berühmten Affäre mit Kleopatra zum Tragen kam.

In der Tat, Berechnung finden wir in fast allem, was er tat, außer bei den relativ seltenen Gelegenheiten — häufiger während der Hetze seiner letzten Herrschaftsjahre —, wenn die Ungeduld ihn übermannte. Seine Berechnungen drehten sich sehr oft um Geld. Ja, man kann sein Leben als ein ständiges Bemühen ansehen, Geld aufzutreiben.

Er hatte nicht viel Gelegenheit, die Britannier auszurotten, aber die Kämpfe in Gallien waren voll von entsetzlichen, widerwärtigen Brutalitäten und Massenschlächtereien. Auch das war Berechnung, wenngleich es fraglich ist, ob damit erfolgreich dem Zweck der Einschüchterung gedient wurde. Jedenfalls wurde in den Bürgerkriegen, die darauf folgten, schließlich der Versuch gemacht, Grausamkeit durch Milde zu ersetzen. Auch das war wieder absichtsvolle Politik, denn jetzt waren die Feinde nicht mehr »Barbaren«, deren Hinmordung — was auch immer heute menschenfreundliche Philosophie dazu sagen mag — sich nur Exzentriker widersetzten, sondern römische Mitbürger, deren Gunst Cäsar sein ganzes Leben lang suchte.

Letzten Endes umwarb er sie vergeblich, seit er der Autokrat wurde, den sie nicht länger ertragen konnten. Diesen Gipfel erreichte er stufenweise, wobei jede Stufe unausweichlich zur nächsten emporführte. Durch aufeinanderfolgende Umstände wurde er von kleineren Ungesetzlichkeiten zu größeren geführt, und nach kurzer Zeit konnte nichts ihn vor möglicher Vergeltung retten als ein Despotismus, der ihn für immer der Reichweite des Arms seiner Feinde entziehen sollte.

Die aristokratische römische Republik, die in der Vergangenheit so Großes geleistet hatte, taumelte ihrer Auflösung entgegen. Wie Cäsar die ganze Vergangenheit in sich verkörperte, so warf er auch seinen Schatten in die Zukunft voraus, indem er die Trümmer wegfegte und die Ein-Mann-Herrschaft aufrichtete, die bald nach ihm in anderer Form durch die lange Reihe römischer Imperatoren verewigt wurde, die niemals aufhörten, sich »Cäsar« zu nennen, und denen später »Kaiser« und »Zar« folgten.

Eine von Cäsars Gaben war seine verblüffende Fähigkeit, anderen seinen Willen aufzuzwingen. Die regierenden Gruppen, die Cäsar überspielte und beiseite schob, waren stolz, brutal und unehrlich, eine seltsame Mischung von Legalität und Gewalt, und Cäsar oft ebenso schlimm wie die schlimmsten von ihnen. Die Zeiten, in denen man seine politische Autokratie mit Romantik umkleidete, sind vorbei. Aber gerade der Wechsel unserer Haltung gegenüber solchen Dingen macht es entschuldbar, wenn wir den vielen Versuchen, das Gute und Böse gegeneinander abzuwägen, das in diesem einen Mann zusammenkam, einen neuen Versuch hinzufügen. Denn die Auswirkungen seiner Taten reichten weit über ihn hinaus und sind noch heute wirksam.

Kurz vor seiner Zeit hatte das römische Volk im ganzen Mittelmeergebiet eine imperiale Einheit errichtet, die es nie zuvor und nach ihm nie wieder gegeben hat. Es ist weithin seinen Aggressionen, seiner Härte und seinen Völkermorden zu verdanken, daß dieser vielrassige Staat nicht nur ein mittelmeerisches, sondern auch ein kontinentales Gebilde wurde, der Ahnherr dessen, was wir heute als Europa kennen. Es scheint uns unfair und verwirrend, daß der Mann, der all dies zuwege brachte, auch eine kulturelle Größe ersten Ranges gewesen sein soll.

Die spätere Republik besaß nicht nur eine übermäßig materialistische Zivilisation, wie es nie zuvor eine gegeben hatte, sondern zugleich auch eine hohe literarische Kultur, die keineswegs nur eine Nachahmung ihrer griechischen Lehrmeister war. In dieser Welt konnte Cäsar ohne Schwierigkeit neben Cicero, Catull und Lukrez bestehen. Niemand, außer vielleicht Winston Churchill, hat jemals seine Leistung erreicht, über die Dinge der Weltgeschichte, die er selbst mitgestaltet hat, so glänzend zu schreiben.

Ich danke meiner Frau sehr herzlich für ihre Hilfe bei diesem Buch. Desgleichen danke ich Mr. Michael Raeburn, Mr. Alan Kendall und Miss Susan Phillpott vom Verlag Weidenfeld and Nicolson, daß sie dieses Buch herausgebracht haben, und Mrs. Susan Hitchcock, die die Bildausstattung besorgte.

Rom und der junge Cäsar

Das bescheidene Haus, in dem Cäsar zur Welt kam, lag in der von Menschen wimmelnden, lärmenden Subura, nahe beim Forum, dem Mittelpunkt des öffentlichen Lebens von Rom.

Die obersten Beamten des Staates waren zwei Konsuln, die für ein einziges Jahr gewählt wurden. In dieses Amt berufen zu werden, war die höchste Ehre, die einem Bürger zuteil werden konnte, und jahrhundertelang wurde das öffentliche Leben von Rom durch den inneren Kreis bestimmt, zu dessen Ahnen Konsuln gehörten. »Adel«, das bedeutete diese konsulare Ahnherrschaft, und die Adeligen, obgleich oft wandelbar und fähig, waren die zähesten, habgierigsten und übelsten Potentaten, die die zivilisierte Welt je gesehen hat. Die führenden Familien, die ihre traditionelle Neigung für Regierung und Machtpolitik erfolgreich ausnutzten, beherrschten die Wahlen, das Finanzwesen und die auswärtigen Angelegenheiten. Zu ihren Methoden gehörten Bestechung, verschwenderische Volksbelustigungen, unbarmherzig geschlossene Ehen und Armeen von Anhängern, die sich jeden Tag in ihren Heimen und auf dem Forum um die großen Herren scharten. Ein weitreichendes, eng verflochtenes System gegenseitiger Abhängigkeit herrschte zwischen den Patronen und ihren Klienten, die auch zu rauhen Maßnahmen bereit waren, wenn ihre Bosse sie benötigten, um die heftige Verräterei, die sie umgab, zu bekämpfen.

Diese Männer übten ihre Macht hauptsächlich im Senat aus, und innerhalb des Senats verfügte der kleine, allerinnerste Zirkel der Ex-Konsuln über ungeheure Autorität. Mochten die Konsuln auch untereinander sehr verschiedener Meinung sein, gegen Außenstehende schlossen sie sich eng zusammen. Sie und die anderen Adeligen bemühten sich — mit wenigen rühmlichen Ausnahmen — konservativ zu sein, »gute Männer«, wie sie sich selbst nannten, denen die Erhaltung des *status quo*, das eigene Privatvermögen und das Prestige des Senats am Herzen lagen, der sich im Glanz einer mächtigen alten Tradition sonnte.

Seine Dekrete hatten nur beratenden Charakter, weil die gesetzgebende Körperschaft die Versammlung des römischen Volkes war, die auch die obersten Beamten des Staates wählte. Aber dies alles war weit entfernt von einer repräsentativen Demokratie. Sehr viele Italiker, die meisten davon Bürger von Städten mit vollem römischen Status, besaßen offiziell das Wahlrecht. Aber nur ein Bruchteil von ihnen hatte jemals Gelegenheit, dieses Recht auszuüben; außerdem bot ein schwerfälliges System der Gruppenwahl die Hand zu jeglichem Mißbrauch. Diese Mißbräuche wurden vom Adel gelenkt. Die Römer waren ein legalistisches Volk, und Wahlen hatten in der vorgeschriebenen Form stattzufinden, aber in den letzten Jahren der Republik wurden sie von den gleichen Gruppen verfälscht, die die Arbeit des Senats kontrollierten.

Das Reich zur Zeit von Cäsars Geburt

Während des 3. und 2. Jahrhunderts v. Chr. hatte Rom, dieses in seinen Fugen krachende Gebilde, weite Gebiete rund um das Mittelmeer erobert. Zur Zeit, als Cäsar geboren wurde, bestand das Reich aus Italien, das sich damals bis etwa zum Apennin ausdehnte, dazu das cisalpine Gallien (Norditalien) und die Provinzen Sizilien, Sardinien, Korsika, das Narbonensische oder Transalpine Gallien (Südfrankreich), das Nahe und das Fernere Spanien, Mazedonien, Achaia (Griechenland), Illyricum (die jugoslawische Küste, manchmal zu Mazedonien, manchmal zu Gallia Cisalpina gehörend), Cilicien (ein Ring von Küstenwachstationen in Südostanatolien), die wohlhabendsten Provinzen Afrikas (Tunis) und Asiens (Westanatolien). Der Erwerb dieser beiden bedeutenden Kolonien im Jahre 146 und 133 v. Chr. zerstörte den alten Charakter Roms als eines ausgedehnten Stadt-Staates oder eines italischen Staatenbundes.

Lange Zeit gab es keine politischen Parteien. Inmitten grausamer Fehden und harter Verträge sammelten die Adeligen zu ihrer Unterstützung alle sozialen und Wirtschaftsgruppen um sich, deren sie sich versichern konnten, indem sie auf streitende und von einem zum anderen übergehende Banden einwirkten, die sich um energische Männer herum bildeten und auflösten. In der späten Republik jedoch gelangten diese Gruppen zu einem versuchsweisen Zusammenschluß, in dem sich zwei Haupttendenzen repräsentierten. Ist es auch schwierig, vereinbare Prinzipien zu entdecken, so war doch im großen und ganzen der eine dieser Trends senatsfeindlich und konservativ, oft auch reaktionär, während der

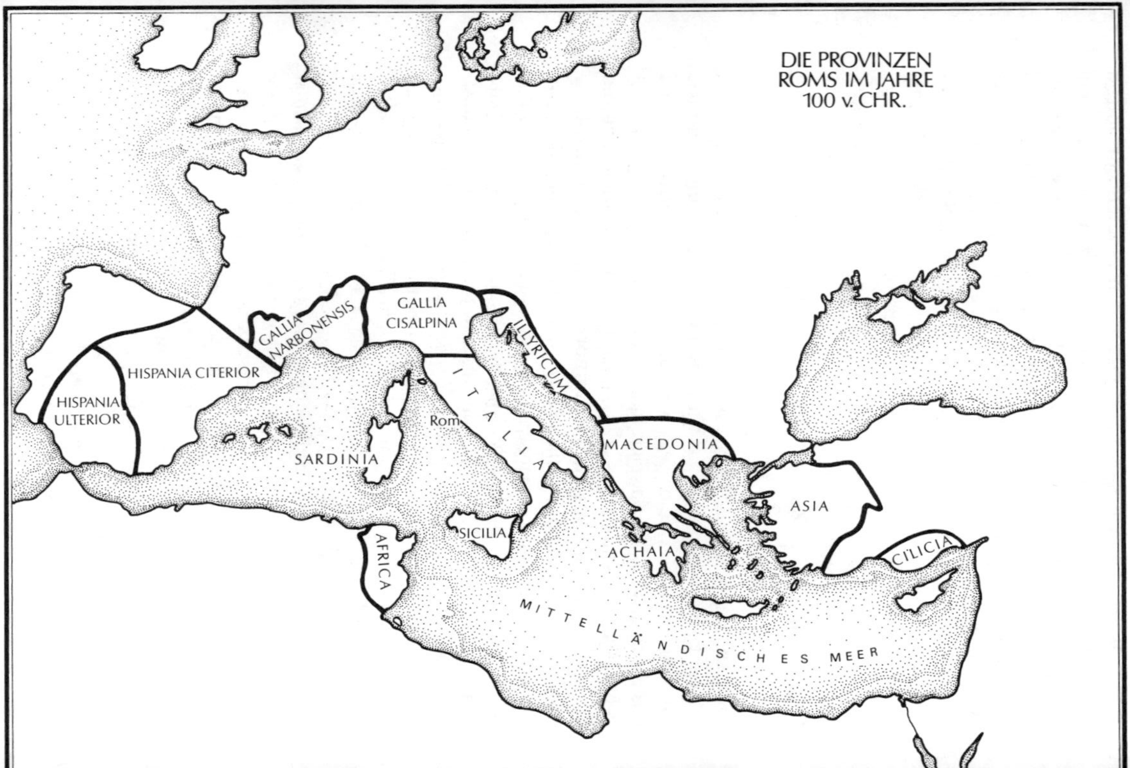
DIE PROVINZEN
ROMS IM JAHRE
100 v. CHR.
GALLIA NARBONENSIS
GALLIA CISALPINA
ILLYRICUM
HISPANIA CITERIOR
HISPANIA ULTERIOR
ITALIA
Rom
SARDINIA
SICILIA
AFRICA
MACEDONIA
ACHAIA
ASIA
CILICIA
MITTELLÄNDISCHES MEER

andere es vorzog, sich über die Köpfe des Senats hinweg an die Volksversammlung zu wenden.

Politiker, die zu dieser Technik neigten, hießen daher Männer des Volkes (populares), obwohl ihr Interesse nicht dem »Volk« und der Demokratie galt, sondern nur der Durchsetzung ihres eigenen Willens.

Diese grobe Teilung zwischen den Adelsgruppen wurde in den 130er und 120er Jahren v. Chr. zuerst deutlich, als es zwei jungen Adligen, Tiberius und Gaius Gracchus, nicht gelang, die Unterstützung des Senats für ihre Landreformpläne zu erhalten: sie wandten sich umgehend an die Volksversammlung. Beide Brüder fanden bei Aufständen den Tod. Ein Jahrhundert politischer Gewalttätigkeit begann. Die wechselnden Zeiten gewannen auf andere Weise unheilvolle Bedeutung, als Marius, ein Mann aus dem italischen Mittelstand, die Entwicklung eines römischen Berufsheeres beschleunigte, das bald begann, seinen Sold eher von seinen Generalen als vom Staat zu erwarten.

90/89 brach ein noch nicht dagewesener Bürgerkrieg aus. Viele Gemeinden in Italien — besonders jene, die nicht die vollen Bürgerprivilegien und das Wahlrecht besaßen — rebellierten gegen die ständige Diskriminierung, für die sie zu Recht kurzsichtige Starrköpfe verantwortlich machten. Rom, im Kriege unbesiegt, mußte ihren Forderungen nachgeben, aber es folgten lange, blutige Bürgerkriege zwischen dem antikonservativen Popularen Marius, von Cinna unterstützt, der ihm auch nachfolgte, und dem Patrizier Sulla, der, als seine zwei Feinde tot waren, einen entscheidenden Sieg über ihre Gefolgsleute erfocht. Sulla übernahm das alte Not-Amt des Diktators, bekleidete es aber nicht für die normale Dauer von sechs Monaten, sondern für zwei Jahre. Dann dankte er ab. Bevor er aber diesen Schritt unternahm, versuchte er, das zerbrochene senatoriale System durch eine Reihe von Maßnahmen wiederzubeleben, die mit List und Tücke die konservative Oberherrschaft sicherten.

Priester des Jupiter

Die ersten Gedanken über die spätere Laufbahn ihres Sohnes machten sich Cäsars Eltern, als er dreizehn Jahre alt war. Sie gründeten auf alten religiösen Traditionen, die in der Familie der Julier hochgehalten wurden; ihnen folgend, versuchten die Eltern zu erreichen, daß er Priester des Jupiter, der obersten römischen Gottheit, werden sollte. Diese Stellung besaß große gesellschaftliche Bedeutung, da ihre Tradition bis in die fernste Vergangenheit zurückreichte. Blicken wir heute auf diesen Beschluß zurück, so erscheint uns Cäsars Ernennung zum Priester als eine seltsame Verdrehung seines Schicksals: war dieses Amt doch mit einer Fülle außerordentlicher, uralter Tabus belastet. Sie sind ein Schatzhaus für moderne Anthropologen, damals aber bedeuteten sie, daß der Inhaber der Priesterwürde während seines ganzen Lebens nur eine Frau haben durfte (was weder Cäsar noch anderen führenden Persönlichkeiten Roms gepaßt hätte) und daß er sich kaum in das öffentliche Leben einmischen konnte — er durfte nicht nur nicht arbeiten, er durfte auch nicht sehen, daß gearbeitet wurde. Jedoch konnte Cäsars Priesterweihe erst stattfinden, wenn er älter geworden war, und bis dahin verlief sein Leben nicht ereignislos.

Als er fünfzehn Jahre alt war, starb sein Vater in Pisa. Er hatte seiner Stadt als Prätor gedient, im zweithöchsten Amt nach dem des Konsuls, und als Statthalter in Asien, war aber niemals zum Konsul gewählt worden. Zu seinen Vorfahren jedoch gehörten Konsuln. Die Familie war adelig. Noch mehr als das, sie gehörte auch zu jenen exklusiven blaublütigen Familien, die man als Patrizier bezeichnete. Der Beiname »Cäsar« wird unterschiedlich interpretiert: vielleicht hatte früher einmal ein Mitglied der Familie durch einen Kaiserschnitt (sectio caesarea) das Licht der Welt erblickt. (Der Ausdruck Kaiserschnitt stammt von der Legende, daß Julius Cäsar auf diese Weise geboren sei.) Wie viele vergleichbare Familien hatten auch die Julier den Kontakt mit den Hauptzentren der Macht verloren, seit es ihnen an den großen, für außergewöhnliche Karrieren notwendigen Vermögen fehlte, die daher den reichen nichtpatrizischen (plebejischen) Familien zufielen. Die beiden Schwestern Cäsars hatten achtbare, wenn auch nicht glänzende, Partien gemacht; in seinem Fall jedoch konnte die Familie nun ihre stärkste Karte ausspielen, denn die Schwester von Cäsars Vater hatte den hervorragendsten Mann ihrer Zeit, den strengen, furchtbaren Marius geheiratet, der sich — war er auf politischem Gebiet auch ein Kind, ein blutdürstiges Kind allerdings — ungeheuren Ruhm als militärisches Genie erworben hatte. Marius war zwar längst tot, aber der Mann, der ihn unterstützt hatte und sein Nachfolger war, Cinna, blieb dem Hause der Julier verbunden. Cäsar war schon verheiratet, vielleicht auch nur verlobt, mit einem Mädchen namens Cossutia, deren Familie zwar reich war, aber nicht sehr bedeutend, weder auf politischem noch auf sozialem Gebiet. Die Gattin eines Jupiterpriesters aber mußte eine Patrizierin sein. So heiratete der junge Cäsar nun Cinnas Tochter Cornelia (im Jahre 84 v. Chr.). Es war offensichtlich, daß Cinna damit eine freundschaftliche Verbindung mit dem Hause von Cäsars Mutter Aurelia aufbauen wollte, denn ihre drei Vettern waren liberale Adlige ungewöhnlichen Kalibers, und er konnte sich darauf verlassen, daß sie gegen seinen Erzfeind Sulla stehen würden.

Diese Hoffnung wurde bitter enttäuscht, weil Cinna fast sofort nach der Hochzeit ermordet wurde. Zwei Jahre später wurde Sulla Diktator in Rom (81). Für Cäsars weiteres Wohlergehen stellte er die Bedingung, daß dieser sich von Cinnas Tochter scheiden ließe und eine Frau heiratete, die für ihn politisch tragbar war. Das war ein Zeichen des Wohlwollens, und Zeitgenossen, wie Pompeius, denen er die gleiche Forderung gestellt hatte, gaben nach. Cäsar jedoch wies dies Ansinnen zurück.

Das war ein beträchtliches Wagnis, und er kam nur mit knapper Not davon. Die Mitgift seiner Frau wurde ihm genommen, desgleichen die Aussicht auf ihre späteren Erbansprüche; er selber wurde von der Priesterschaft Jupiters, für die er vorgesehen war, ausgeschlossen. Außerdem hielt er es für klug, unterzutauchen, bis die Familie seiner Mutter und das einflußreiche Priesterinnenkollegium der Vestalinnen, die das Heilige Feuer hüteten, seinetwegen intervenierten. Sulla ließ die Angelegenheit fallen, aber Cäsar mußte sich einer lähmenden Unterredung mit ihm unterziehen. Der schreiende Diktator mit seinem rotfleckigen Gesicht sprach abschätzig über die Erscheinung des jungen Mannes, den er allzu exzentrisch gekleidet fand, mit einem losen Gürtel um die Hüften und Ärmeln, deren Fransen ihm auf die Handgelenke fielen. Auch machte Cäsar viel Aufhebens von seiner Haartracht und ließ sich überflüssige Haare auszupfen. Er war ein leidlich großer, schmal aufgeschossener Jüngling mit heller Haut und lebhaften, dunklen Augen.

Cäsars erste diplomatische Mission

Es schien nun höchst ratsam, daß er Sulla aus den Augen kam, und so wurde beschlossen, daß Cäsar nach West-Anatolien segeln und sich dort dem Stab des Statthalters von Asien anschließen sollte. Da er der Sohn eines Senators war, betraute man ihn mit einem ziemlich verantwortungsvollen Auftrag in Bithynien, einem Staat im Norden der Provinz, der, nach außen unabhängig, in Wirklichkeit jedoch ein Klient Roms war. Er sollte dort ein paar Schiffe requirieren und zurückbringen, die für den Endkampf im Kriege gegen Roms ärgsten Feind, Mithridates von Pontus, bestimmt waren. König Nicomedes von Bithynien, ein kultivierter, aber blutdürstiger Graeco-Asiate, der oft, aber nicht sehr gern mit Rom zusammengearbeitet hatte, war tief beeindruckt von Cäsars Charme und begann offenbar auch ein homosexuelles Verhältnis mit ihm. So wollte es wenigstens das Gerücht, und Cäsars Feinde hielten für die nächsten dreißig Jahre mit vielen groben Variationen daran fest. Auf jeden Fall traf eine römische Gesandtschaft, die in Geschäften nach Bithynien kam und vom König zum Essen geladen wurde, Cäsar unter einer Reihe weibisch aussehender junger Männer, die sich als königliche Mundschenke betätigten. Cäsar hatte offensichtlich Freude an seinem Besuch in Bithynien, denn bald nach seiner Rückkehr von dort fand er einen Grund, um wieder hinzugehen, und noch später in seinem Leben erhob er wiederholt seine Stimme zugunsten des Königshauses. Junge römische Adlige gingen gewöhnlich ebenso mit Männern wie mit Mädchen ins Bett; wahrscheinlich übte der König einen beherrschenden Einfluß auf den jungen Cäsar aus und trug dazu bei, seinen Blick so zu weiten, daß er viel weltumfassender wurde, als es bei den meisten Römern seines Standes der Fall war.

Seine nächste Tätigkeit war völlig anderer Art. Bei einer kleineren militärischen Unternehmung in Mytilene auf Lesbos gewann er den Eichenkranz oder die Bürgerkrone. Das war eine außerordentliche Auszeichnung, doch zu seiner Zeit wurde sie manchmal leichtfertig verliehen, und wir wissen nicht, womit Cäsar sie verdiente. Aber es ist sehr wahrscheinlich, daß er sie für irgendeine tapfere Tat erhielt. Dann begab er sich nach Südost-Anatolien (Cilicien), um dort für kurze Zeit im Stabe eines Statthalters Dienst zu tun, der gegen die Piraten, die die Gegend verseuchten, zu Felde zog. Dort erfuhr Cäsar von Sullas Tod und beschloß, sofort nach Rom

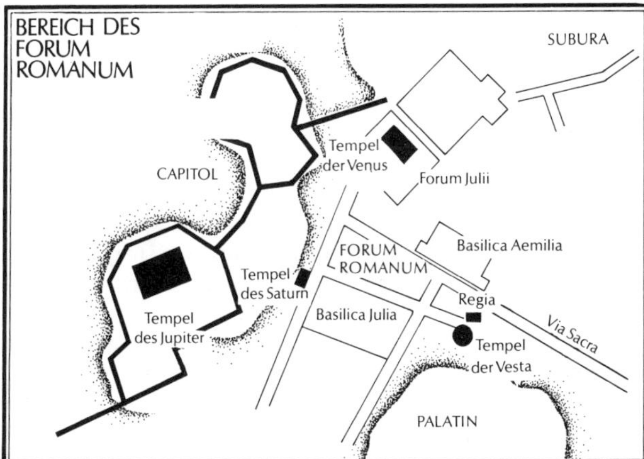
BEREICH DES FORUM ROMANUM
SUBURA
Tempel der Venus
CAPITOL
Forum Julii
FORUM ROMANUM
Basilica Aemilia
Tempel des Saturn
Regia
Basilica Julia
Via Sacra
Tempel des Jupiter
Tempel der Vesta
PALATIN

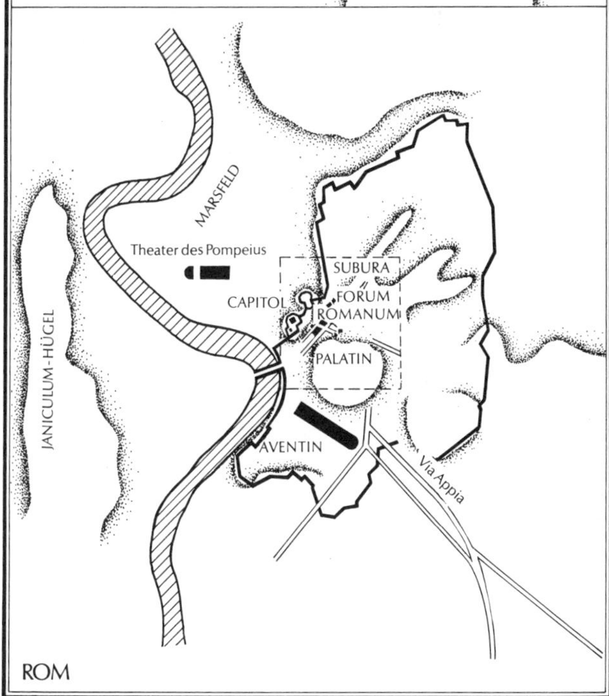
MARSFELD
Theater des Pompeius
SUBURA
CAPITOL
FORUM ROMANUM
JANICULUM-HÜGEL
PALATIN
AVENTIN
Via Appia
ROM

zurückzukehren (78 v. Chr.). Als jedoch ein gewisser Marcus Lepidus eine Bewegung gegen Sullas konservative Reformen organisierte und zweifellos Unterstützung für die »populare« Marius-Richtung suchte, war Cäsar, trotz all seiner Verbundenheit mit Marius, der Ansicht, diese Bewegung käme zu früh und müsse fehlschlagen; er lehnte es daher ab, irgend etwas damit zu tun zu haben.

Statt dessen wandte er sich der normalen Beschäftigung junger zwanzigjähriger Männer zu: der Aufnahme gerichtlicher Verfahren vor dem Gerichtshof. Die ganze Erziehung eines jungen Römers der Oberschicht drehte sich um das öffentliche Leben und die Beredsamkeit, und Cäsar war durch einen ehemaligen Sklaven, Antonius Gnipho, einen sanften und umgänglichen Mann, dem nichts an Geldverdienen gelegen war, vortrefflich erzogen worden; Gnipho, der seine Ausbildung in Alexandria und Rom erhalten hatte, war ein Meister der griechischen wie der lateinischen Rhetorik. Cäsar schrieb Verse und entwickelte einen sehr wirkungsvollen Stil der öffentlichen Rede, indem er eine klare und einfache Sprache benutzte, die Stimme etwas hochschraubte und heftig dazu gestikulierte.

Diese Anklagereden politischer Aspiranten suchten ehemaligen Provinz-Statthaltern etwas anzuhängen, deren Verhalten sie in der Tat für Anklagen wegen Erpressung, Veruntreuung oder sogar Verrat allzu oft verwundbar machte. Solche Verfolgungen dienten letzten Endes persönlicher Rache oder der Ausschaltung eines Rivalen und waren ein beliebter Weg für vorwärtsdrängende junge Männer, um bekannt zu werden und ihre Vermögen aufzubessern. Im Jahre 67 z. B. wurde der Ankläger von Marcus Cotta, ein Vetter von Cäsars Mutter, mit der Konsulwürde des verurteilten Mannes belohnt, obgleich er nur ein Tribun war. Das war, was auch Cäsar erstrebte, als er einen älteren Adligen, Cnaeus Dolabella, beschuldigte, er habe sich in Mazedonien bestechen lassen, als er dort regierte (77). Diese Anklage war auch noch aus zwei anderen Gründen nützlich für ihn. Sie war darauf angelegt, dem Ankläger in der Provinz Freunde zu gewinnen, die ihm später nützlich sein sollten, und stellte einen Mann bloß, der bekannt dafür war, daß er Sulla gegen Cäsars Onkel Marius unterstützt hatte. Dolabella, der mit unfreundlichen Bemerkungen über das Verhältnis seines Anklägers zu dem König von Bithynien zurückschoß, wurde freigesprochen. Aber Cäsar veröffentlichte seine Rede und erhöhte damit seinen Ruf. Dasselbe glückte ihm mit einer Anklage im folgenden Jahr, die gegen einen besonders wichtigen Agenten Sullas, Gaius Antonius Hybrida, gerichtet war, der die Griechen gnadenlos ausgeplündert hatte. Die Untersuchung verlief ohne Ergebnis, aber Cäsar machte sich neue Freunde in der Provinz.

Leben und Reden in der Öffentlichkeit

Für geringere Ansprüche hatte Cäsar nicht schlecht gesprochen; den Stil seiner öffentlichen Reden jedoch mußte er noch verbessern. Er gab deshalb bekannt, er werde sich zu Studienzwecken auf die Insel Rhodos begeben. Sein Lehrer dort war der berühmte griechische Rhetor Apollonius Molon; zu seinen Füßen hatte schon Cicero gesessen, sechs Jahre älter als Cäsar und der hervorragendste junge Redner seiner Zeit. Auf seinem Weg nach Rhodos wurde Cäsar von Piraten entführt, mit denen er im Mittelmeer bereits einige Erfahrungen gemacht hatte. Als man von ihm ein Lösegeld von sechzigtausend Pfund verlangte, zwang er die örtlichen Behörden, die Summe aufzubringen, fiel dann aber aus eigener Initiative über die Piraten her, nahm eine beträchtliche Anzahl von ihnen gefangen und ordnete, ohne dazu berechtigt zu sein, an, daß sie gekreuzigt wurden. Dann griff er — wieder auf eigene Verantwortung — in den Kampf gegen Mithridates von Pontus ein, mit dem Rom gerade den dritten Krieg begonnen hatte, weil er sich gegen die Annexion des benachbarten Bithynien durch Rom auflehnte. Cäsars zwei Jahre im Osten endeten schließlich damit, daß er sich für kurze Zeit einem römischen Beamten anschloß, der versuchte, mit der Bedrohung durch die Piraten aufzuräumen.

Im Jahre 73 kehrte er nach Rom zurück; er hatte vom Tode des Vetters seiner Mutter, Gaius Cotta, gehört, und es gelang ihm nun, dessen Sitz im Priesterkollegium für sich zu gewinnen. Diese Priester (pontifices) waren alle Adlige, meist Männer aus den vornehmsten Familien, und da Staatshandlungen von religiösen Feiern begleitet werden mußten, war es politisch von Vorteil, Mitglied dieses Kollegiums zu sein. Daß Cäsar noch vor einigen Jahren adlige ehemalige Statthalter gerichtlich verfolgt hatte, scheint diese Herren nicht veranlaßt zu haben, ihn als einen Gegner des Regimes zu verdammen, das Sulla zu ihren Gunsten aufgepolstert hatte. Nun aber zeigte er sich wiederum jenem System feindlich gesinnt, indem er eine Bewegung unterstützte, die einen bedeutenden Teil von Sullas Werk rückgängig machen wollte. Es handelte sich dabei um die Volkstribunen, deren altes Amt ihnen das offizielle Recht gab, gegen Vorschläge von Staatsbeamten — welchen Rang sie auch hatten — ihr Veto einzulegen. Die Türen der Tribunen waren niemals verschlossen, und jedermann aus dem Volke konnte sie bei Tag oder Nacht wegen eines angeblichen öffentlichen Unrechts anrufen. Diese antiken Ombudsmänner hatte der Senat seit langem unter seine Kontrolle gebracht, bis die Gracchen ihre Macht erneuerten, um die konservative Obstruktion anzugreifen. Die beiden jungen Männer waren jedoch eines unnatürlichen Todes gestorben, und im Jahre 100 starb auch Saturninus, dessen Pläne den Tribunen fast diktatorische Macht geben sollten, auf die gleiche Weise. Sulla, dem es darum ging, die Führung durch den Senat wiederherzustellen, hatte beschlossen, die Tribunen völlig zu entmachten. Er beschnitt ihre exekutive und richterliche Gewalt, engte ihr Vetorecht stark ein und verfügte vor allem, daß ein Tribun niemals ein anderes Amt bekleiden dürfe. Im Jahre 75, zwei Jahre vor seinem Tod, erreichte Cäsars Verwandter Gaius Cotta, daß diese Bestimmung gestrichen wurde — der erste legale Abstrich an Sullas Verfassung —, und zwei Jahre später unterstützte Cäsar selbst einen Antrag, die anderen Rechte der Tribunen, die sie verloren hatten, wieder aufleben zu lassen. Im Jahre 70 war der Prozeß beendet. Inzwischen hatte Cäsar eine kurze Zeit im militärischen Staatsdienst verbracht, der Vorbedingung für eine politische Karriere. Als diese Zeit vorbei war, sprach er sich dafür aus, Gegnern Sullas, die in der Verbannung lebten, eine Amnestie zu gewähren. In seiner Rede, der ersten, die er vor der Volksversammlung hielt, betonte Cäsar seine besondere Verpflichtung, sich für die Rückberufung des Bruders seiner Frau einzusetzen, der zu diesen Verbannten gehörte.

Eine Drohung für die Konservativen

Der antikonservative Marius-Trend dieses jungen Politikers wurde bald noch deutlicher. Als seine Tante, die Witwe des Marius, im Jahre 69 starb, hielt Cäsar die Rede bei den öffentlichen Begräbnisfeierlichkeiten. Und mehr noch, im Widerspruch zu einer Anordnung Sullas wurden Bilder von Marius und seinem Sohn in der Prozession mitgetragen. Charakteristischerweise verband Cäsar mit dieser Beleidigung der Konservativen die Erinnerung, daß er sie alle mit seinem Stammbaum ausstechen konnte, denn er betonte in seiner Ansprache, zwei unendlich große Familientraditionen verbänden sich in ihm: erstens der Anspruch, daß die Julier von der Göttin Venus selbst abstammten, und zweitens, daß die Ahnen der Mutter der toten Frau auf einen römischen König aus ferner, legendärer Vergangenheit, auf Ancus Marcius, zurückgingen. Sofort danach wandte er sich wieder an die »populare« Marius-Richtung, als ein anderes Mitglied seiner Familie starb: seine Frau Cornelia, die ihm eine Tochter, Julia, geboren hatte, wahrscheinlich das einzige Kind, das er jemals zeugte. So jungen Frauen stand für gewöhnlich keine öffentliche Grabrede zu, aber Cäsar ehrte sie auf diese Weise, und seine bewegten Worte machten großen Eindruck. Bei dieser Gelegenheit konnte er es natürlich nicht unterlassen, mit lobenden Worten ihres Vaters Cinna zu gedenken, des Verbündeten und Mitarbeiters von Marius.

Zu dieser Zeit war Cäsar gerade zu der untergeordneten Stellung eines Quästors ernannt worden. Seit Sulla hatte es zwanzig Männer auf diesem Posten gegeben, die genau wie die höheren Beamten jedes Jahr gewählt wurden. Dies Amt, das man ab dreißig bekleiden konnte, trug die Zulassung zum Senat in sich. Zu Hause, in Rom, waren die Quästoren die Hüter des Staatsschatzes, im Ausland waren sie Mitarbeiter der Provinzstatthalter. Cäsar wurde nicht in eines der ehrenvolleren hauptstädtischen Ämter berufen, sondern dem Statthalter von Hispania ulterior (Südwestspanien) zugeteilt. In diesem Gebiet, das stark römisch beeinflußt war und sich im Tal des Guadalquivir erstreckte, war seine Hauptaufgabe die Rechtsprechung. Bei Aufgaben dieser Art konnte sich ein junger Politiker manche Dankesschuldner schaffen, die ihm in seinem zukünftigen politischen Leben nützen konnten. Cäsar lernte auch viel über die hervorragenden Männer der letzten Dekade, wie etwa Sertorius, der sich von den Konservativen in Rom abgewandt und die Frage der Reform des Marius in Spanien bis vor vier Jahren lebendig erhalten hatte. Er war ein Mann von starker Einbildungskraft, eine magnetische Persönlichkeit, ein selten begabter militärischer Führer, der plötzlich beunruhigende Truppenbewegungen durchführte, die wohl einen Widerhall im Herzen Cäsars finden mochten.

Trotzdem lag ihm daran, zum Nabel der römischen Welt, nach Rom, zurückzukehren; es lag ihm so viel daran, daß er, kaum hatte

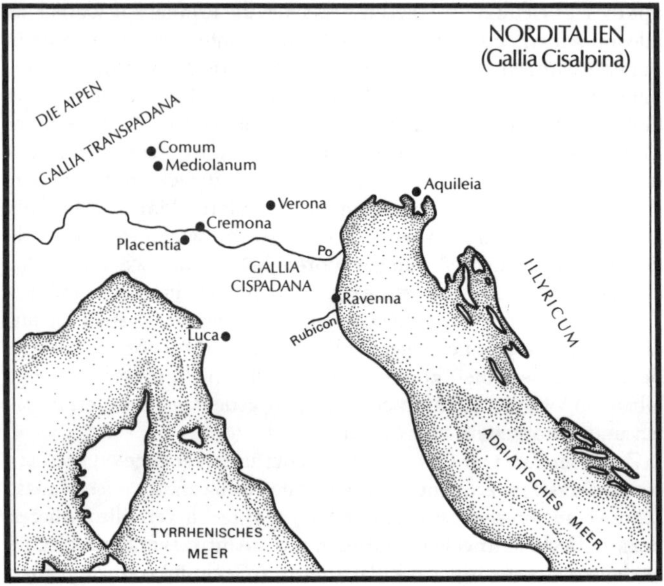

er sein Jahr abgeleistet, noch vor dem Statthalter selbst die Provinz verließ. Bei seiner Rückreise machte Cäsar im cisalpinen Gallien halt, jenem Gebiet, das wir heute Norditalien nennen, das aber damals nicht zum römischen Stammland gehörte, nachdem es zunächst eine Art unbestimmtes Anhängsel der italischen Halbinsel gewesen war und während der letzten zwanzig Jahre eine römische Provinz. In den Städten südlich des Po hatten die Bewohner die gleichen römischen Bürgerrechte wie im ganzen übrigen Italien. Nördlich des Po erfreuten sich aber nur zwei Städte dieser Rechte, Aquileia und Cremona. Das übrige Gebiet der Transpadana befand sich noch im Zwischenstadium des Latinischen Rechts, was besagt, daß nur die städtischen Beamten und Räte römische Bürger waren. Diese Ungleichheit aber rief Ressentiments hervor, da das Gebiet, trotz seiner außergewöhnlichen Rassenmischung, stark römisch, volkreich und wohlhabend geworden war. Daher wetteiferten die römischen Politiker miteinander, den Bewohnern seiner Städte die vollen Bürgerrechte zu verschaffen; auch Cäsar befaßte sich auf seinem Rückweg aus Spanien mit diesen Bestrebungen, in der Hoffnung, sich in diesem lebenswichtigen Gebiet dankbare Klienten zu gewinnen. Er handelte in der Tat so nachdrücklich, daß zwei Legionen, die für den Osten bestimmt waren, von der Regierung in Italien zurückgehalten wurden, was eine beachtliche Anerkennung seines steigenden Wertes als Ärgernis-Erreger war.

Nach Rom zurückgekehrt, heiratete Cäsar Pompeia, denn er brauchte ihre Mitgift, da ein politischer Aufstieg ohne Geld unmöglich war. Sie war, wenn überhaupt, kaum mit Cäsars älterem Zeitgenossen Pompeius verwandt. Aber ihre Großväter waren Sulla und ein Konsul, der zu seinen Gefolgsleuten zählte. Das besagt, daß Cäsar, wenn er auch für die Sache des Marius eintrat, es immer noch für geraten hielt, einen Fuß im anderen Lager zu haben. Über Pompeias eigene Gefühle ist nichts überliefert, aber wenn das Gerücht recht hat (und es ist so übereinstimmend, daß wir annehmen müssen, es habe recht, auch wenn wir glauben, daß es manchmal übertreibt) war Cäsar, sogar für seine Zeit und seine Stellung ein ganz ungewöhnlich ungetreuer Ehemann. Was immer die Wahrheit über seine homosexuelle Vergangenheit sein mag, hatte er eine ungewöhnlich hohe Zahl von Liebesverhältnissen mit Frauen. Seine lebenslange Mätresse und Freundin war Servilia, eine raubgierige und ehrgeizige Patrizierin, Mittelpunkt einer großen Familie, die ein Netz politischer Intrigen spann. Sie diente ihm als unschätzbare Quelle für Nachrichten und als Instrument seines Aufstiegs.

Im Schatten von Pompeius und Crassus

Pompeius, der sechs Jahre älter war als Cäsar, hatte bereits eine wesentlich brillantere Karriere gemacht. Er erbte große persönliche Macht und eine Tradition der Gewalt von seinem Vater, einem grausamen, geizigen und verräterischen Konsul, der sich eine Hausmacht in seiner Heimat Picenum (Marche) aufbaute und einer der wichtigsten Generale Sullas war. In seiner Jugend zeigte Pompeius schon früh eine tiefe Mißachtung von Tradition und Menschenleben. Als er Mitte zwanzig war und bereits ein höherer Offizier, war es sogar für Sulla schwer, mit ihm fertig zu werden; nach dem Tode des Diktators unterdrückte er zunächst die Marius-Rebellion des Sertorius in Spanien und dann den Sklavenaufstand des Spartakus in Italien (71).

Als er im folgenden Jahr zusammen mit Crassus Konsul wurde, in einem Alter, das weit unter dem gesetzlich vorgeschriebenen lag, enthüllte er seine Verachtung für das konservative Erbe Sullas, indem er die Restauration der Rechte der Tribunen unterstützte, die sein Verwandter, Gaius Cotta, begonnen hatte. Und nun erhielt der frühreife Jüngling Gelegenheit, noch sensationellere Lorbeeren zu pflücken. Diese Gelegenheit bot ihm die skandalöse Beherrschung des Mittelmeeres durch Piraten, die in geheimem Einverständnis mit Roms Feind Mithridates nicht nur römische Beamte von hoher Geburt — wie Cäsar — entführten, sondern auch vom gesamten Reich Lösegeld erpreßten. Schon acht Jahre zuvor hatte sich Gaius Cotta gezwungen gesehen, dem Volk von Rom mit vielen Entschuldigungen zu erklären, daß der Mangel an Nahrungsmitteln auf das Konto der Seeräuber käme. Inzwischen hatten diese das Handelszentrum der Ägeis, Delos, geplündert und sogar gewagt, die Küsten Italiens bis hinauf nach Ostia an der Tibermündung zu überfallen. Der Tribun Aulus Gabinius, der, wie Pompeius, aus Picenum stammte, schlug nun vor, um ein für allemal mit dieser Pest aufzuräumen, seinem Landsmann ein Kommando mit weiten Vollmachten zu übertragen. Damals war längst klar, daß Pompeius und seine radikalen oder vielleicht sogar autokratischen Absichten den Senatoren viel zu verdächtig waren, als daß mit ihrer Zustimmung zu rechnen gewesen wäre. Gabinius legte daher den Gesetzentwurf direkt der Volksversammlung vor.

Dort griff jeder Senator, der sprach, den Entwurf heftig an, außer Cäsar, der begeistert für die Opposition sprach und sich dadurch sehr verdächtig machte. Dennoch war sein Verhalten nicht nur vernünftig, es bot ihm auch die Gelegenheit, den Konservativen einen Schlag zu versetzen. Diese Parteinahme war zugleich ein Angebot an die Ritter, jene mächtigen Finanz- und Geschäftsleute außerhalb des Senats, Männer, die wie Ciceros Geschäftsfreund Atticus heimliche Macht und solide Gewinne einem öffentlichen Amt vorzogen. Diese Ritter, wie sie genannt wurden, besaßen ein Mindestkapital von zwanzigtausend Pfund und waren in den aufeinanderfolgenden Krisen, die den Staat seit dem 2. Jahrhundert v. Chr. erschütterten, zu einer unabhängigen Macht erstarkt. Die Interessen dieser beiden Klassen überschnitten und vermischten sich oft, aber Gaius Gracchus hatte für ständige Reibung zwischen ihnen gesorgt, indem er ein Gesetz erließ, demzufolge Ritter die Senatoren in den lukrativen und einflußreichen Geschworenengerichten ersetzen sollten. Sulla hatte diese Entscheidung zugunsten der Adligen umgestoßen, aber im Jahre 70 hatte Lucius Cotta, der Bruder des Gaius, mit Hilfe von Pompeius und Crassus den Rittern einen beträchtlichen Anteil der Geschworenensitze zurückgegeben — ein Drittel — in Wirklichkeit aber zwei Drittel, da ein weiteres Drittel an eine Klasse ging, die den Rittern ähnelte, aber weniger vermögend war. (Das restliche, dritte Drittel behielten die Senatoren.) Nun waren diese Finanzherren, die einen gesicherten Seehandel wünschten, nicht der Meinung der Senatoren; sie unterstützten den Antrag von Gabinius und Cäsar, Pompeius zu berufen.

Das Gesetz ging durch, und nachdem Pompeius die Piraten in einem Blitzkrieg von drei Monaten besiegt hatte, erhielt er den noch bedeutungsvolleren Auftrag, gegen Mithridates von Pontus zu ziehen, der seit mehr als zwanzig Jahren unbesiegt der römischen Sicherheit und dem römischen Handel im gesamten lebenswichtigen Anatolien ständig Schaden zufügte. Die Konservativen bekämpften diese Ernennung auf das bitterste, da sie die Ausschaltung ihres eigenen Kandidaten, Lucullus, bedeutete, dessen anfängliche Erfolge allmählich in Meutereien zerronnen waren.

Aber Cicero, der sich keiner Konsuln unter seinen Vorfahren rühmte, sich jedoch vier Jahre zuvor in einem Sensationsprozeß gegen einen adligen Statthalter einen Namen gemacht hatte, sprach erfolgreich zugunsten des Pompeius, und es ist wahrscheinlich, daß auch Cäsar sich für ihn einsetzte. Denn es war besser, die Gunst von Pompeius zu gewinnen, als ihn zu beleidigen.

Crassus

Außerdem erschien es ganz zweckmäßig, Pompeius für ein paar Jahre aus dem Wege zu räumen. Denn Cäsar war es unangenehm, daß Pompeius sich so unfreundlich gegen Crassus stellte, den anderen, wichtigen Staatsmann des Tages. Im Jahre 70 hatten sie gemeinsam als Konsuln gewirkt, aber Crassus war immer noch gekränkt über die Art und Weise, in welcher Pompeius, zuerst in Sullas italischem Krieg und dann im Sklavenkrieg, sich den Ruhm für Unternehmungen zuschrieb, bei denen Crassus die Hauptlast getragen hatte. Auch Cäsar mußte sich an Crassus halten, der zu dieser Zeit reicher als Pompeius war. Crassus war ein höflicher, leutseliger, schlauer Mann, politisch ambitioniert, aber ohne Führerqualitäten, die er durch Geld auszugleichen suchte. Sein Spürsinn für Finanzgeschäfte war ungeheuerlich. Obwohl ein Gesetz den Senatoren verbot, sich an geschäftlichen Unternehmungen zu beteiligen, so durften sie doch Geld ausleihen und Kapital in Landkäufen investieren. Hierdurch und durch andere Geschäfte stieg Crassus' Vermögen von dreihundertfünfzigtausend Pfund auf über zehn Millionen Pfund an. Er war es auch, der die Behauptung aufstellte, niemand könne als Führer gelten, der nicht in der Lage wäre, ein Heer aus seinem Einkommen zu unterhalten. Es liefen viele Geschichten um über seine scharfsinnigen Spekulationen. Wenn Häuser brannten, kaufte er sie billig und löschte dann das Feuer. Als er angeklagt war, eine Vestalin verführt zu haben, stellte sich heraus, daß er während ihrer langen Zusammenkünfte unter vier Augen nur versucht hatte, von ihr Land unter Preis zu kaufen. Politisch gehörte er der Mitte an. Er fand Ehegatten mit prächtigen Stammbäumen für seine Töchter, und doch war er, gegen die Interessen der Adligen, bereit, Pompeius zu helfen, die Tribunen wieder in ihre Rechte einzusetzen. Er begünstigte ständig die Ritter, von deren Wohlwollen seine Finanzoperationen abhingen. Jetzt war Pompeius fort, und es scheint, daß Crassus vorhatte, wenn er es auch stets sorgfältig zu verschleiern trachtete, seine eigene

Macht weiter auszubauen, ohne öffentlich mit Pompeius zu brechen, den man vielleicht brauchte, falls er zurückkam.

Crassus hatte die Kunst entwickelt, andere für sich arbeiten zu lassen, und er war bereit, große Summen zu investieren, um die Laufbahn eines vielversprechenden ehrgeizigen, jüngeren Politikers zu fördern, der solche Hilfe benötigte und ihm seinerseits helfen konnte. In Cäsar fand er dies alles vereint. Überdies war Cäsar verzweifelt verarmt. Die Kosten des öffentlichen Lebens zu dieser Zeit waren verheerend. Politik kostete astronomische Beträge, man mußte ein großes Haus führen und die Bevölkerung mit reich ausgestatteten Spielen unterhalten. Alles war mehr und mehr auf Wettbewerb eingestellt und wurde immer teurer; die unvermeidlichen Ausgaben für Bestechung waren vielfältig und hoch. Die einzige Hoffnung, wieder zu Geld zu kommen, war, ein Amt in Rom zu erhalten und dann eine Statthalterschaft in der Provinz, die, auch wenn sie nur ein Jahr dauerte, riesige Möglichkeiten zu legalen, quasi-legalen und illegalen Gewinnen bot.

Cäsar hatte mit bescheidenen Mitteln begonnen, die er aber laufend vermehren mußte, bevor er an eine erfolgreiche öffentliche Karriere denken konnte. Er war auch ziemlich extravagant, zum Teil weil es ihm Spaß machte, und zum Teil, weil es nicht klug war, auszusehen, als stünde man unter finanziellem Druck. Er war ein leidenschaftlicher Kunstsammler und kaufte gern hübsche Sklaven. Schon in den siebziger Jahren hatte er sich ein teures Landhaus am Nemi-See gebaut, es aber, weil er damit unzufrieden war, wieder niederreißen lassen. Am Ende der siebziger Jahre ging das Gerücht, er hätte 1,6 Millionen Pfund Schulden und jetzt, fünf Jahre später und angesichts der schmalen Bezüge eines Quästors in Spanien, war seine tatsächliche Schuld wahrscheinlich bei weitem höher. Und doch brauchte er jetzt und hier Vermögen, denn wenn er irgendeine seiner Ambitionen verwirklichen wollte, so mußte er seine Berufung in ein öffentliches Amt in Rom betreiben.

Unter Crassus' Fittichen

So verbrachte Cäsar die nächsten Jahre als einer von Crassus' Klienten. Dienten sie ihm gut, so ließ der Finanzgewaltige seinen Agenten die Zügel locker. Es gelang Cäsar, Kurator der Via Appia zu werden, der Straße von Rom nach Capua, die er auf eigene oder besser Crassus' Kosten wiederherstellen ließ, wodurch er sich die Gemeinden, die an dieser Straße lagen, verpflichtete. Dann, im Jahre 65, wurde er Curulischer Ädil. Dieser Posten in der Hauptstadt befaßte sich mit der prosaischen Aufgabe der Aufsicht über die öffentliche Ordnung und die Bauwerke, aber seine Bedeutung lag in der Gelegenheit, Popularität zu gewinnen, indem man Theaterspiele, Gladiatorenwettkämpfe und Tierhetzen organisierte. Mit Crassus' Hilfe war es Cäsar möglich, die gesetzlich vorgesehenen zweiundzwanzig Tage für solche Unterhaltungen durch eine Reihe prachtvoller Gladiatoren-Zweikämpfe zu Ehren seines längst verstorbenen Vaters zu bereichern. Alarmiert, erließ der Senat hastig eine Verfügung, die die Zahl der Gladiatoren, die auftreten durften, begrenzte, aber Cäsars dreihundertundzwanzig silbergeschmückte Kämpferpaare waren ohnehin ein Rekord. Er hatte eine wichtige Seite seiner Persönlichkeit aufgezeigt — seine ungewöhnliche Begabung als Showman und Propagandist seiner selbst. Er stahl dem übellaunigen und protestierenden Konservativen Bibulus, der sein Mitädil war und einen eigenen Beitrag zu den Geldern von Crassus geleistet hatte, völlig die Schau. Diese widerlichen Spiele gewannen Cäsar in dem Jahr, das vor ihm lag, eine Menge Stimmen. Als stichhaltigen Beweis seiner Moral rief er dem Volke die Begräbnisfeierlichkeiten von vor vier Jahren ins Gedächtnis, indem er dafür sorgte, daß die Trophäen von Marius' Siegen, die Sulla hatte entfernen lassen, wieder auf dem Forum aufgestellt wurden. Das wiederum gefiel Catulus, dem angesehenen Führer des rechten Flügels, ganz und gar nicht, was auch kaum zu erwarten war, da Marius seinen Vater ermordet hatte und er selbst eine ausgesprochene Abneigung gegen Crassus, den neuen Patron Cäsars, hatte. Über Cäsar sagte Catulus, die Zeit, in der er die Republik heimlich unterminiert hätte, sei nun vorüber, jetzt fahre er die Maschinen zu ihrer Zerstörung in aller Öffentlichkeit auf. Dadurch wurde Catulus zu einem der beiden Männer, die Cäsar sein Leben lang haßte: der andere sollte Cato sein.

Crassus ließ auch mit Cäsars Hilfe ein paar politische Versuchsballons steigen, die jedoch keinen sofortigen Erfolg einbrachten. So zeigte er z. B. Mitgefühl mit den Anliegen der Transpadana, die Cäsar vor ein paar Jahren erfolgreich auszubeuten begonnen hatte. Er stellte auch versuchsweise den Antrag, Rom möge Hand auf den Reichtum des halb-unabhängigen Staates Ägypten legen, den einer seiner Könige vor sechzehn Jahren vorgeblich Rom vererbt hatte, der aber noch nicht wirklich in Besitz genommen worden war. Vielleicht beabsichtigte er, Cäsar für seinen Antrag einzuspannen. Doch nun sorgte die konservative Opposition, unterstützt von Cicero, der auf einen Konsulposten hoffte, dafür, daß aus dieser Idee nichts wurde. Crassus und Cäsar sahen auch günstige Gelegenheiten in einem weitreichenden Agrargesetz, das von einem Tribun namens Rullus im Dezember 64 eingebracht worden war. Wieder wurde es von Cicero blockiert. Cäsar aber hatte sich für die Zukunft den Plan des Rullus notiert, eine Kommission einzusetzen, die einen Teil des beträchtlichen städtischen Proletariats, verarmte, müßiggängerische Parasiten, auf ländliche Distrikte verteilte. Cicero stellte so etwas gern als traurige Niederlage für Crassus und Cäsar dar; aber man konnte nicht erwarten, daß alles auf Anhieb glückte, und ihre Anträge hatten den beiden Freunde gewonnen, Verwirrung unter ihre Feinde getragen und den Weg für späteres Handeln bereitet.

Oberpriester

In den ersten Monaten des Jahres 63 verbuchte Cäsar den größten Erfolg seines Lebens. Er war bereits siebenunddreißig Jahre alt und hatte sich noch nicht besonders ausgezeichnet. Nun aber wurde er in das frei gewordene Amt des Oberpriesters des römischen Staates — des Pontifex Maximus — gewählt. Dieser Titel sollte das Heidentum überleben und zur Bezeichnung für die Päpste werden. Das Amt des Oberpriesters, das dem Adel reserviert war, war ein öffentliches Amt von besonderer Art, da es nicht nur für ein Jahr wie die übrigen hohen Staatsämter, sondern auf Lebenszeit besetzt wurde und nicht mit zwei oder mehreren gleichberechtigten Männern, sondern mit einem Mann allein. Der Inhaber dieses Amtes, dem es keineswegs versagt war, noch andere Ämter zu bekleiden, war der Oberste der gesamten Staatspriesterschaft und hatte die Befugnis, über Fragen der Heiligen Gesetze zu entscheiden. Diese aber waren in Rom so eng mit der Politik verquickt, daß das Amt des Oberpriesters ein bedeutender Faktor für politischen Erfolg war und ein Mittel zur Patronage.

Das Verblüffende an Cäsars Berufung war, daß er mit Leichtigkeit zwei andere Bewerber mit viel höherem Dienstalter ausstach. Einer davon war der Statthalter, unter dem Cäsar vor fünfzehn

Jahren in Cilicien gedient hatte, und der andere der hervorragende Konservative Catulus, der zwei Jahre zuvor Cäsars Ehrenbezeugungen für Marius scharf kritisiert hatte. Diese beiden Männer verdankten ihren früheren Aufstieg Sulla, so daß die Wahl Cäsars ein eindrucksvoller Erfolg seines Eintretens für Marius war. Aber wie schon früher, verband er die Sache der »Popularen« mit einem snobistischen Hinweis auf das ehrwürdige Alter seines Hauses. Keiner seiner Rivalen konnte sich des auserlesenen Vorteils rühmen, einer seiner Ahnen habe dieses Amt bereits einmal innegehabt, und Cäsar wiederholte — oder erfand — die Geschichte, daß sein entfernter und mythischer Ahnherr Iulus, der Begründer des Julischen Hauses, Oberpriester von Roms Keimzelle Alba Longa gewesen sei. Eine solche Behauptung wurde damals von den Römern nicht mit der nötigen Skepsis betrachtet, denn alte patriotische Erzählungen waren große Mode, und zweifellos hat diese Fabel ihren Teil zu Cäsars Sieg beigetragen. Nach fast siebzig Jahren kam mit ihm das Amt zum erstenmal wieder vom plebejischen Adel an einen Patrizier zurück.

Oberpriester wurden berufen durch die Stimmen von 17 der 35 Wählergruppen (Stämme) der Volksversammlung, und Cäsars finanzielle Anreize an potentielle Wähler überboten die des Catulus, der versucht hatte, ihn zu bestechen, damit er sich zurückzöge, und damit unklugerweise verraten hatte, wie weit die ihm verfügbaren Mittel reichten. Cäsars Investierungen in seine Kandidatur, die zweifellos in der Hauptsache von Crassus stammten, waren so hoch, daß er, als er sein Haus verließ, um sich zur Wahl zu begeben, seine Mutter bat, ihn nicht zurückzuerwarten, falls er nicht gewänne: wenn er verlöre, müsse er außer Landes gehen. Sein Einsatz war waghalsig, denn sogar ein Erfolg konnte kaum seine Finanzen wiederherstellen, ein Mißerfolg aber wäre die Katastrophe gewesen. Aber er gewann die Wahl. Dieser Sieg bedeutete auch einen Wechsel seines Wohnsitzes, da er nun aus dem Familienhaus in der überfüllten Subura in die offizielle Residenz des Oberpriesters zog. Dies imposante Haus, das er für den Rest seines Lebens bewohnte, lag neben den Büros des Oberpriesters und den Archiven und war mit dem Heiligen Bezirk der Vesta, den die Vestalischen Jungfrauen betreuten, verbunden.

Cäsar war völlig ungläubig in religiösen Dingen, aber er führte die Gutachtertätigkeit seiner Familie, was Ritual und Tradition anging, streng weiter; und wie sein Mythos von Iulus zeigt, teilte er völlig jenes zeitgenössische Interesse an primitiven, nationalen religiösen Institutionen, das in der nächsten Generation in dem patriotischen Heldengedicht Vergils seinen Höhepunkt finden sollte.

Außerdem war er, wie schon andere Griechen und Römer vor ihm, sorgsam darauf bedacht, die Staatskulte für politische Zwecke zu nutzen. Die Lehre von Marx, daß Religion Opium für das Volk sei, war nichts Neues, und die römischen Politiker nutzten sie gern zu diesem Behuf.

Sehr bald zeigte Cäsar seine Kunstfertigkeit auf einem anderen Gebiet, indem er eine ausgedehnte Gesetzes-Scharade gegen einen alten Mann namens Rabirius inszenierte. Vor langer Zeit, im Geburtsjahr Cäsars, war Rabirius angeblich in eine Mordsache an dem unerfreulichen antikonservativen Politiker Saturninus verwickelt gewesen. Jetzt wurde die Aufmerksamkeit der Öffentlichkeit wieder darauf gelenkt, weil ein Notdekret des Senats den Aufstand, während dessen Saturninus ermordet worden war, ausgelöst hatte. Diese Dekrete, die ein Streitpunkt des ausgehenden 2. Jahrhunderts v. Chr. waren, wiesen die Staatsbeamten lediglich an, »alle notwendigen Maßnahmen« zu ergreifen, um den Staat zu schützen, drängten sie, ihren Entscheidungen neue Kraft zu geben und ihre Aufgabe nicht zu vernachlässigen. Ihre tatsächliche Macht wurde durch solch einen Erlaß nicht vergrößert, und doch konnte es dazu kommen, daß Männer ohne Untersuchung und ohne Appell an das Volk, worauf sie als Bürger Anspruch hatten, getötet wurden. Das Schicksal des Saturninus war eine alte Geschichte, aber Politiker der »popularen« Stimmungsmache meinten, sie sei nützlich, um den hysterischen Mißbrauch zu beweisen, den solche Dekrete herbeiführen könnten; sie hofften, damit zu verhindern, daß sie als eine Waffe der Konservativen wieder auflebten. So wurde Rabirius jetzt für sein lang zurückliegendes Verbrechen vor Gericht gestellt. Seinen fähigen Ankläger, den Tribun Titus Labienus, hatte man bereits im Verdacht, er habe das Gesetz gebeugt, um Cäsars Kandidatur für das Amt des Oberpriesters zu erleichtern. Nun fiel im Falle des Rabirius das Los, das die zwei Richter bestellte, durch einen verdächtigen Zufall auf Cäsar und einen seiner Verwandten, die sich daran machten, die Akten über uralte Hochverratsprozesse mit grausigen Strafen auszugraben. Der Fall, den Cicero verteidigte, ging vom Senat an die Volksversammlung, wo das Verhör plötzlich abgebrochen wurde, als auf dem Hügel Janiculus eine Flagge gehißt wurde, was nach einer seit Jahrhunderten nicht mehr gültigen Tradition bedeutete, daß ein etruskisches Heer nahe.

Wahrscheinlich lag der Schlüssel zu dieser Maskerade in der Herkunft des Labienus, der aus Picenum stammte und ein unbeugsamer Anhänger des Pompeius war, der dort von vielen Menschen unterstützt wurde. Diese warnende Demonstration gegen die Konservativen scheint von dem abwesenden Pompeius in Zusammenarbeit mit Cäsar und Labienus ausgeheckt worden zu sein. Aber sie hatten kein Interesse daran, den alten Rabirius wirklich hingerichtet zu sehen, und die Flagge wurde durch geheimes, betrügerisches Einverständnis des verantwortlichen Beamten, des Stadt-Prätors Metellus Celer, aufgezogen, der früher ebenfalls ein Offizier des Pompeius gewesen war.

Im Falle des Rabirius arbeitete Cäsar also mit Pompeius zusammen, da er fühlte, er müsse es mit dem Manne halten, dessen Eroberungen im Osten, die nun ihrer Vollendung entgegengingen, ihn zum weitaus Größten im Staate machten. Aber er und Cäsars anderer, älterer Partner, Crassus, kamen so schlecht miteinander aus, daß Cäsar froh war, ein wenig mehr Unabhängigkeit zu gewinnen, als er für das Jahr 62 zum Prätor gewählt wurde. Die Inhaber dieses Amtes für je ein Jahr waren acht an der Zahl und dienten als Richter in verschiedenen Gerichtshöfen. Am wichtigsten aber war der Anspruch jedes Prätors, nach seinem Amtsjahr zum Statthalter einer Provinz ernannt zu werden — mit allen sich daraus ergebenden Gewinnmöglichkeiten.

Die Verschwörung des Catilina

Eine größere Unabhängigkeit war für ihn um so wünschenswerter, als sich inzwischen in der Hauptstadt eine innerpolitische Krise zusammenbraute. Sie sollte Cäsars diplomatische Gaben auf eine harte Probe stellen. Es war die Verschwörung des Catilina, eines bis zum letzten Heller verschuldeten Patriziers von gefährlich schwankendem Charakter, aber unwiderstehlichem, magnetischem Charme, für den aristokratische Frauen und Jünglinge ebenso anfällig waren wie Proletarier. Seine Vergangenheit als Sullas Agent war trübe, seine Statthalterschaft in Afrika schmachvoll genug, um einen Prozeß zu rechtfertigen, und sein Name war verbunden mit einer angeblichen Verschwörung zur Ermordung der Konsuln von 65, um sie durch ein zweifelhaftes Paar zu ersetzen, das wegen übermäßiger Bestechung seine Sitze verlor. Welche Rolle, wenn überhaupt, Catilina in dieser Angelegenheit spielte, ist ungeklärt. Pompeius mag damit zu tun gehabt haben, denn einer der Amtsenthobenen war sein Schwager, aber Gerüchte, daß Cäsar und Crassus beteiligt waren, können als gegenstandslos angesehen werden: für Crassus konnte kein Massaker erwünscht sein, das für Vermögensbesitzer ein tödlicher Schlag gewesen wäre. Sie unterstützten also die weitere legitime Karriere Catilinas, den sie noch nicht als einen Revolutionär ansahen, sondern nur als einen weiteren verschuldeten und geschmeidigen Mietling. Dementsprechend war Catilina im Jahre 64 von einem Gericht unter dem Vorsitz Cäsars von der Anklage freigesprochen worden, zur Zeit Sullas Greueltaten begangen zu haben. Crassus und Cäsar scheinen ihn auch bei der Wahl zum Konsul für das kommende Jahr unterstützt zu haben.

Aber Catilina, der bereits zwei Jahre zuvor wegen seiner drohenden gerichtlichen Verfolgung als Kandidat abgelehnt worden war, verlor die Wahl. Die erfolgreichen Bewerber waren Gaius Antoninus Hybrida, ein erbärmlicher Adliger, den Cäsar vor dreizehn Jahren angegriffen hatte, und der schnell aufsteigende Cicero. Obwohl »neue Männer« wie er, die keine Konsuln unter ihren Ahnen aufzuweisen hatten, es bekanntlich schwer hatten, zur Konsulwürde aufzusteigen, war er den Konservativen doch lieber als Catilina, dessen Einstellung gegenüber ihrer Tradition — trotz seines blauen Blutes und seiner Beziehungen zu Sulla — angefangen haben muß, sie zu beunruhigen. Nach diesem Rückschlag für Catilina hörten Crassus und Cäsar auf, ihn zu unterstützen, da er nun ein scharfes, revolutionäres Programm entwickelte, das weit entfernt war von den plutokratischen Zielen des Crassus.

Ein solches Programm war eine Versuchung für verzweifelte Männer: der allgemeine Flammpunkt war niedrig, Mißstände überwogen. Die Gracchen hatten sich zu Recht über die katastrophale Lage auf dem italischen Lande beunruhigt, die Dezimierung seiner Gutsherren durch den Krieg und Industrialisierung, den Niedergang seiner bäuerlichen Betriebe in Etrurien und im Süden durch kapitalistische, von Sklaven betriebene Weidewirtschaft und Pflanzungen, von denen viele auf Gebiete übergriffen, die eigentlich Staatseigentum sein sollten. Das waren die Verhältnisse, um derentwillen sich viele Italiker, zusätzlich erbittert, weil man ihnen die vollen Römischen Bürgerrechte weiter vorenthielt, auf ihre furchtbare nationale Erhebung, den sozialen Krieg von 90/89, eingelassen hatten. Cäsars Verwandter, Lucius Julius Cäsar, hatte eine Gesetzesvorlage angeregt, die allen Gemeinden Latiums, die halbprivilegiert waren, und anderen, die sich nicht an dem Aufstand beteiligt hatten, das Römische Bürgerrecht anbot. Die verbliebenen Lücken füllte später ein weiteres Gesetz. Theoretisch konnte ein Mann jetzt ein loyaler Bürger seiner eigenen Stadt sein und doch zugleich ein Mitglied des großen souveränen Staates: Rom war nicht in Italien aufgegangen, sondern die Italiker wurden in die Bürgerschaft Roms aufgenommen. In praxi aber war die Lage wesentlich weniger befriedigend. Das lag weitgehend an den Überbleibseln der achtziger Jahre und daran — und das war am schlimmsten —, daß unter Sulla ein Bürgerkrieg nach dem anderen die Halbinsel in unablässige Massaker, Ächtungen, Enteignungen und Zwangsansiedlungen von ehemaligen Soldaten gestürzt hatte. Diese zerstörenden Ereignisse führten überall zu namhaften Verlusten, besonders in Etrurien und Mittelitalien. In Rom strömte eine gefährliche Menge mittelloser und potentiell gewalttätiger Männer zusammen, zu denen sich im Laufe der Zeit viele Ansiedler gesellten, denen es nicht gelungen war, ihr Glück zu machen, weil ehemalige Soldaten oft schlechte Bauern sind und ihr geschädigter Besitz oder erschöpfter Boden es ihnen unmöglich machte, mit dem Korn aus der Provinz und der Sklavenarbeit zu konkurrieren. Mißvergnügen herrschte überall in Italien; und dieses Elend auszunutzen, waren bankrotte, skrupellose Aristokraten in Rom bereit, von denen keiner verzweifelter oder gefährlicher war als Catilina, der schon mehrfach Rückschläge erlitten hatte.

So faßte er den Plan, die Regierung mit Gewalt zu stürzen. Als Crassus und Cäsar davon Wind bekamen, verließen sie ihn, wenn sie es nicht schon vorher getan hatten; sie informierten sogar den Konsul Cicero von dieser Verschwörung. Was sie berichteten, war Cicero wahrscheinlich nicht neu: er hatte sich durch die Mätresse eines der Verschwörer sorgfältig auf dem laufenden halten lassen. Aber die Geste bewies, daß die beiden Männer mit Catilina gebrochen hatten, wenn auch Cäsars konservative Feinde, vor allem Catulus, seine hohen Schulden als Gegenbeweis zitierten und Crassus Cicero ärgerlich beschuldigte, er verdächtige ihn, auch in die Verschwörung verwickelt zu sein. Die Phasen dieses Hin und

Her werden durch die unvergleichlichen, farbigen schriftlichen Umarbeitungen von Ciceros Reden enthüllt, die uns eine Orgie von Selbstlob für die Unterdrückung der Verschwörung überliefert haben. Schließlich erließ der Senat ein Not-Dekret gegen Catilina. Er floh nach Etrurien, um den Marsch auf Rom vorzubereiten, während in der Hauptstadt fünf seiner treuesten Anhänger festgenommen und führenden Senatoren zur privaten Haft übergeben wurden. Ihre Schuld war zweifelsfrei erwiesen, da bei einer Delegation von Galliern Briefe gefunden worden waren, die sie belasteten. Die Gefangenen, zu deren Bewachern Cäsar und Crassus gehörten, waren Männer von hohem Rang, darunter Senatoren. Was in aller Welt sollte mit ihnen geschehen?

Und nun folgte die berühmte Sitzung des Senats vom 5. Dezember 63, bei welcher Cäsar eine führende Rolle in der Diskussion über ihre Zukunft spielte. Crassus blieb lieber weg. Aber Cäsar als gewählter Prätor konnte nicht ohne weiteres wegbleiben.

Der gewählte Konsul, Silanus, dem die Verfassung die unangenehme Pflicht auferlegte, die Debatte zu eröffnen, schlug vor, die Gefangenen und vier andere Männer, deren man nicht hatte habhaft werden können, zum Tode zu verurteilen. Kein Wort des Widerspruchs kam aus dem Munde der vierzehn anwesenden Ex-Konsuln. Nun war Cäsar an der Reihe. Sprach er für die Todesstrafe, so unterstützte er eine legal zweifelhafte Aktion der Konservativen, die sich auf ein Not-Dekret der Senatoren beriefen — eine Aktion, die er schon durch sein Vorgehen gegen Rabirius hatte verhindern wollen. Damit hätte er auch seinen früheren Gefährten Catilina fallengelassen, dem noch viele zuneigten, da er ihnen als die wünschenswertere Alternative zur »Alten Garde« erschien. Außerdem hätte er den Tod von Männern veranlaßt, die durch Heirat zu seiner Verwandtschaft gehörten, und den eines Verwandten von Gabinius, der ein Anhänger des Pompeius war. Daß er andererseits die Rebellen verteidigte, kam überhaupt nicht in Betracht. Dies war ein kritisches Dilemma in seiner Karriere, und seine Rede, die uns durch den römischen Historiker Sallust ziemlich genau überliefert ist, war ein Meisterwerk an Geschicklichkeit. Während er sich völlig von dem distanzierte, was die Rebellen getan hatten, bedauerte er gleichzeitig die Todesstrafe und schlug statt dessen vor, die Verschwörer sollten auf Lebenszeit in italischen Landstädten gefangengehalten, ihr Vermögen beschlagnahmt und jeder Vorschlag, sie freizulassen, für alle Zukunft als Hochverrat betrachtet werden. Cäsar bewies hier sein besonderes Talent, seine Gegner ins Unrecht zu setzen, indem er verständliche Milde zeigte. Er lehnte emotionelle Entscheidungen ab und bestritt, daß noch ein solcher Notstand bestünde, der äußerste Maßnahmen rechtfertigte, da die Männer sich ja in Gewahrsam befänden. Auf jeden Fall würde eine so furchtbare und noch nicht dagewesene Maßnahme wie eine Hinrichtung viel zu viel Aufmerksamkeit erregen und aussehen, als wäre sie von emotioneller Rachsucht diktiert.

Cicero, als Vorsitzender, hielt eine vorsichtige und doppelsinnige Rede, in der er der Hoffnung Ausdruck gab, die Senatoren möchten die Kollektivverantwortung für die Hinrichtung übernehmen. Dann sprach der zweiunddreißigjährige Cato und unterstützte diesen Vorschlag mit heftigen Worten. Dieser junge Mann, der zum Tribun gewählt worden war, war ebenso starrköpfig und erstaunlich wie sein Urgroßvater, der Censor Cato, und seine altrömische, stoische Unbeugsamkeit sollte Legende werden. Ein Trinker, aber sonst nüchtern, selbstgerecht, wild und furchtlos, verteidigte Cato unnachgiebig seine eigene aristokratische Kaste und geißelte die unverdientermaßen reichen und gehaßten Finanzmagnaten. Er verachtete die Armen so sehr, daß er von seinen hohen Prinzipien herabsteigen und sie bestechen konnte, und seine Ansicht von Rom war so engstirnig, daß er die Italiker ausschließen und den alten Stadt-Staat wiederherstellen wollte. Obwohl sein Widerstand oft kurzsichtig war, war er doch klug genug, um im Mittelpunkt eines komplizierten Systems von Familienbündnissen zu stehen, das ihm, als Catulus älter wurde und Metellus erlahmte, die tatsächliche Führerschaft der Konservativen einbrachte, von denen keiner konservativer war als er selbst. Cato war gefühllos genug, um seine Frau einem anderen Mann zu überlassen und sie dann zurückzunehmen, als ihr zweiter Mann gestorben war und ihr Geld hinterlassen hatte. Aber er bedauerte Cäsars Verbindung mit Servilia, die seine Stiefschwester war, und er war wütend, als Cäsar während der Debatte einen Brief von ihr erhielt. Vor allem aber schmähte er Cäsars Politik, und Cäsar erwiderte, indem er diesen Hochmütigen, der für sich selbst Reklame machte, mit einem Haß angriff, wie er ihn nie für jemanden empfunden hatte, außer für Catos Vorgänger als Führer der Extrem-Konservativen, Catulus.

Jetzt wandte sich Cato mit heftigen Worten gegen Cäsars scheinbar gemäßigten Vorschlag und erklärte, er verwirre absichtlich den

Fall und außerdem sei er selbst an der Verschwörung des Catilina beteiligt. Er griff auch seinen Schwager Silanus wegen seines schwächlichen Gesinnungswechsels heftig an und kam zu dem Schluß, die Verräter blieben eine Gefahr, solange sie lebten, daher müßten sie zum Tode verurteilt werden. Im Licht späterer Ereignisse war es paradox, Cäsar für verfassungsmäßige Korrektheit und Cato für Zweckdienlichkeit eintreten zu hören; überzeugende Beredsamkeit gehörte übrigens nicht zu Catos Vorzügen. Aber in dieser historischen Debatte war er der Sieger des Tages, und die Verschwörer wurden sofort hingerichtet. Als Cäsar den Senat verließ, entging er selbst nur mit knapper Not dem Tode durch die Leibwache von Ciceros Rittern. Aber unter den Armen, die nichts durch eine Revolution zu verlieren hatten, war Cäsars Popularität gestiegen, weil er, wenn auch vergeblich, versucht hatte, das Urteil, das gegen die Catilinarier gefällt wurde, zu mildern.

Cäsar als Prätor

Seine ersten Tage als Prätor im Jahre 62 waren turbulent. Gleich am ersten Tag des neuen Jahres griff er Catulus auf das heftigste an. Dieser ältere Staatsmann hatte mit Cato behauptet, daß Cäsar an der Verschwörung beteiligt wäre; und nun schlug Cäsar zurück, indem er behauptete, die Wiederherstellung des Jupitertempels auf dem Kapitol, die dem alten Mann vor sechzehn Jahren übertragen worden und noch nicht beendet war, sei durch Korruption und strafbare Handlungen verzögert worden. Gleichzeitig versuchte Cäsar, einen Bruch zwischen dem rechten Flügel und Pompeius zustande zu bringen, dessen Rückkehr jetzt unmittelbar bevorstand, indem er vorschlug, man solle ihm — anstatt Catulus — diese Aufgabe übertragen.

Er erklärte auch seine Übereinstimmung mit Metellus Nepos aus der großen Familie der Caecilier, der ihn als Tribun lanciert hatte, indem er voll Eifer vorschlug, Pompeius, mit dem er durch Heirat verwandt war, solle seine Armee mit zurückbringen, um die Ordnung in Italien wiederherzustellen. Dieser Gedanke mit seinen erschreckenden Folgen war wahrscheinlich eher von den Gefolgsleuten des Pompeius ausgegangen, als von ihm selbst. Crassus war sich mit den Adligen einig in der Ablehnung; er wollte nicht, daß es zu Kämpfen käme. Aber Cäsar wußte, daß keine Gefahr bestand, und so unterstützte er den Vorschlag des Metellus in der Absicht, Pompeius von der konservativen Sache zu lösen. Als Cato sich der Maßnahme widersetzte, verlor er, obgleich er jetzt Tribun war, fast sein Leben in einem der schlimmsten Aufstände, die Rom in langen Jahren erlebte. Der Senat sprach Cäsar für diese Unruhen sein Mißfallen aus, enthob ihn und Metellus ihrer Funktionen und verriet die Furcht, die hinter dieser Maßnahme steckte, mit der Erklärung, jeder, der die Hinrichtung des Catilina und seiner Mitverschworenen kritisiere, sei ein Staatsfeind. Als aber große Volksmassen, zu denen auch Leute gehörten, die mit Catilina sympathisiert hatten, die Wiedereinsetzung Cäsars verlangten, nahm der Senat, beruhigt durch seine souveräne Art, mit der erregten Menge umzugehen, die Gelegenheit wahr, wieder einzulenken.

Nun unternahm Cato einen Schritt, um die gefährliche Popularität von Cäsar und Pompeius zu überbieten: er überredete den Senat dazu, die monatliche Verteilung von ein und einem Viertel Scheffel Weizen an dreihundertzwanzigtausend römische Bittsteller zú weniger als dem halben Marktpreis zu genehmigen. Das bedeutete auf viel breiterer Basis die Wiederaufnahme eines Verfahrens, mit dem Sulla aufgeräumt hatte. Seit dem 4. Jahrhundert v. Chr. war die Welt um das Mittelmeer der Ansicht, die Regierung müsse für billige und hinreichende Nahrungsmittel sorgen. Cato gab gewöhnlich nichts umsonst; jetzt aber öffnete er trotz all seiner hohen Prinzipien offensichtlich den verhaßten »popularen« Politikern die Tür, die ihn überbieten wollten, indem sie genau dasselbe taten.

Dieser Maßnahme wurde zugestimmt, da Catilina sich im Apennin verschanzt und begonnen hatte, Krieg gegen den Staat zu führen. Bald aber wurde er eingekesselt und fiel bei Pistoria. Der erfolgreiche General war Marcus Petreius; Ciceros Amtskollege Gaius Antoninus Hybrida, der sich tief mit Catilina eingelassen hatte, konnte eines diplomatischen Gichtanfalls wegen die Führung des Heeres nicht übernehmen. Da Catilina ihnen nun nicht mehr im Wege stand, wagten die Konservativen, schärfer gegen seine Anhänger in Rom vorzugehen. Obgleich Cäsar als Prätor Immunität genoß und nicht vor Gericht gestellt werden konnte, denunzierte ihn ein berüchtigter Informant namens Lucius Vettius bei dem Kommissar, der die Untersuchungen zu leiten hatte. Aber Cäsar schlug zurück und ließ ihn einsperren; die Einrichtung seines

Hauses wurde demoliert, und der Kommissar wurde verhaftet, weil er genehmigt hatte, daß solch ein Fall gegen einen höheren Beamten in seinem Gericht angehört wurde. Cäsar wandte sich auch an Cicero mit der Bitte, ihm zu bestätigen, daß er den Behörden Informationen über die Verschwörer gegeben habe, und Cicero fühlte sich gezwungen zu bezeugen, daß dem so war —, denn er hatte große Schulden bei Crassus gemacht, um sich ein neues Haus zu kaufen, und dies war ein Teil der Zinsen, die er zu zahlen hatte — obgleich er in einem Memorandum, das erst nach seinem Tod veröffentlicht werden durfte, der Überzeugung Ausdruck gab, beide, Crassus und Cäsar, seien an der Verschwörung beteiligt gewesen.

Ein öffentlicher Skandal

Am Ende des Jahres war Cäsar in einen Vorfall verwickelt, der ein groteskes Licht auf das politische, soziale und religiöse Leben in Rom wirft. Die Gute Göttin (Bona Dea) wurde ausschließlich von Frauen verehrt. Ihre Riten wurden im Dezember eines jeden Jahres im Hause eines hohen Beamten gefeiert, und diesmal sollte das Fest bei Cäsar stattfinden, dem Prätor und Oberpriester. Das Ritual umschloß merkwürdige Gebräuche aus unvordenklich alter Zeit. Unter anderem erhielten die Frauen Wein, da die Überlieferung besagte, die Gute Göttin sei von ihrem Vater betrunken gemacht worden, aber man sprach nur von Milch und vom Weinkrug als Honigtopf. Das Gerücht besagt, die Frauen hätten bei diesen Gelegenheiten viel zuviel getrunken. Das strikteste Tabu, mit dem dieses Fest belegt war, verbot jegliche Anwesenheit eines Mannes. Sogar Gemälde oder Mosaiken, auf denen Männer dargestellt waren, wurden für dieses Fest verhüllt.

Am Morgen nach der Feier des Jahres 62 erfuhren die vornehmen Familien von Rom mit Entsetzen, daß es einem Mann gelungen war, als Frau verkleidet dieser Zeremonie beizuwohnen. Ein Sklavenmädchen hatte die Täuschung durchschaut und sie sofort Cäsars Mutter Aurelia hinterbracht, die, bevor sie den Eindringling hinauswarf, feststellte, daß es Publius Clodius Pulcher war, der hübscheste und liederlichste junge Mann von Rom. Sofort wurde behauptet, diese Maskerade habe ihm dazu gedient, sich Cäsars Frau Pompeia zu nähern. Ihr Mann ließ sich sofort von ihr scheiden, wobei er die Frage ihrer Schuld auf sich beruhen ließ, aber in einem Epigramm äußerte, Mitglieder seines Hauses müßten nicht nur frei von Schuld, sondern auch frei von jedem Verdacht sein. Es gibt verschiedene Versionen dieses Wortes, am berühmtesten ist die von Plutarch überlieferte: »Cäsars Gattin muß über jeden Verdacht erhaben sein.« Was immer seine Worte gewesen sein mögen, so waren sie wohl nicht ohne bitteren Bezug auf die umlaufenden Gerüchte über seine eigene catilinarische Vergangenheit. Aber die Tatsache, daß er die Gelegenheit benutzte, sich scheiden zu lassen, läßt vermuten, daß Pompeia, die ihm kein Kind geboren hatte, für ihn nicht mehr wichtig war. Und keinesfalls war er gewillt, die Rolle des Gehörnten, die er — wie man sagt — so gern anderen anhängte, zu spielen.

War Clodius wirklich dagewesen? Aurelia, die »die junge Frau niemals aus den Augen ließ«, könnte die Geschichte sehr wohl erfunden haben, um Pompeia zu verleumden. Andererseits war ein so unwahrscheinliches, schwieriges und blasphemisches Unternehmen genau die Art übler Scherze, die Clodius gern trieb. Ein Verfahren wegen Schändung des Heiligtums wurde gegen ihn vorbereitet, weitgehend in der Hoffnung, Cäsar zu schaden. Zwischen Clodius und den führenden Konservativen kam es zu einem heftigen Austausch von Schmähungen. Sie warfen ihm mit gutem Grund zusätzlich vor, er triebe Unzucht mit seinen drei Schwestern. Cicero schloß sich dieser Attacke an. Seine Frau war der Ansicht, daß auch er zu sehr an dem bemerkenswertesten dieser drei Mädchen interessiert sei (sie brach das Herz des Dichters Catull). Auf jeden Fall aber war Cicero tief verletzt durch die Nachricht, Clodius habe über ihn als Konsul gespottet. Nun ging er daran, das Alibi des Angeklagten für die Nacht des angeblichen Abenteuers zu zerpflücken, und schuf sich so einen gefährlichen und lebenslangen Feind. Cäsar jedoch, der zu Beginn seine Rolle als Vorsitzender des Priesterkollegiums gespielt hatte, überraschte durch seine Weigerung, gegen Clodius auszusagen. Der Ehre war Genüge getan, und Cäsar, ganz zu schweigen von seinem Patron Crassus, erkannte einen nützlichen und völlig skrupellosen Alliierten, wenn er ihm begegnete. Clodius wurde freigesprochen. Cicero nannte die Richter eine Gesellschaft, schmutziger, als man sie in irgendeiner Spielhölle finden könnte, und behauptete, Crassus hätte sie, um Clodius freizubekommen, mit Geld, Frauen und der Einführung zu Jünglingen der obersten Gesellschaft bestochen.

Dies war ein Riesenskandal, aber verglichen mit dem wirklich bedeutungsvollen Ereignis des Monats nur ein Sturm im Wasserglas. Denn viele Augen richteten sich jetzt sorgenvoll nach Brundisium (Brindisi), wo Pompeius, aus dem Osten kommend, mit fast vierzigtausend ihm ergebenen Soldaten gelandet war. Er hatte ungeheure, noch nie dagewesene Taten vollbracht. Er hatte Mithridates, den erbitterten Feind Roms während eines Vierteljahrhunderts, endgültig besiegt und sein großes Königreich in Nordanatolien annektiert. Er hatte auch Syrien, Kern und Überbleibsel des historischen Königreichs der Seleukiden, der Nachfolger Alexanders des Großen, erobert. Er hatte Jerusalem gewonnen. Die Konservativen mochten sagen, Pompeius heimse nur die Siege seines aristokratischen Vorgängers Lucullus ein. Er konnte jedoch für sich in Anspruch nehmen, eintausendfünfhundertachtunddreißig Städte oder Festungen mit zwölf Millionen einhundertachtundsiebzigtausend Bewohnern erobert zu haben. Neununddreißig neue Städte verdankten ihm ihre Gründung. Er hatte die Adler Roms bis zum Kaukasus, an das Asowsche Meer und das Rote Meer getragen. Der Höhepunkt der Siege eines römischen Feldherrn war der Triumph, den er bei seiner Rückkehr in die Hauptstadt feierte. Und der Triumph des Pompeius für die Siege über nicht weniger als fünfzehn Nationen mit dreihundertvierundzwanzig gefangenen feindlichen Fürsten und ihren Söhnen in seinem Zug war von einer Pracht, die alle Träume früherer Feldherren überstieg. Pompeius zahlte vierundzwanzig Millionen Pfund in den Staatsschatz, und seine Eroberungen und seine Beute erhöhten das Jahreseinkommen Roms um nicht weniger als siebzig Prozent, von zehn auf siebzehn Millionen. Griechische Städte ernannten ihn zum »Hüter von Land und Meer«. In seinem Winterquartier hatten ihm zwölf Könige gleichzeitig gehuldigt, er konnte sich rühmen, daß ganze Länder und ihre Herrscher sich als seine gehorsamen Klienten hatten einschreiben lassen. Mit Hilfe von Finanzexperten, unter denen der Bankier Cluvius hervorstach, machte sein Besitz an Schuldverschreibungen ihn zu mehr als dem Patron des Ostens: er war sein Besitzer. Die Summen, die er persönlich von den Monarchen dort erhielt, überstiegen alles bisher Dagewesene. So ergriff Cäsar — ohne mit Crassus zu brechen — die Initiative und schlug die Ehrungen vor, mit denen Rom Pompeius überschüttete.

Das dreiköpfige Ungeheuer

Cäsar hatte sich der Übermacht des Pompeius gebeugt, indem er dessen politische Interessen in Rom vertrat. Nun aber konnte er versuchen, seine eigene Zahlungsfähigkeit wiederherzustellen, indem er die Statthalterschaft einer Provinz übernahm, auf die er als Prätor einen Anspruch hatte. Es war ihm wohl auch nicht unwillkommen, Rom für eine Weile zu verlassen, wo der zurückgekehrte Eroberer ihn völlig in den Schatten gestellt hatte. Außerdem hatte er noch einen besonderen Grund, nicht zu Hause zu bleiben. Man munkelte, während Pompeius im Osten war, habe Cäsar mit seiner Gattin Mucia eine Liebschaft gehabt. Obgleich sie Pompeius drei Kinder geboren hatte, ließ er sich sofort nach seiner Rückkehr von ihr scheiden. Er gab keine Gründe dafür an, machte aber angeblich eine vieldeutige Bemerkung über Ägisthos, der Klytämnestras Liebhaber geworden war, während ihr Gatte Agamemnon vor Troja lag. So war es für Cäsar an der Zeit, für eine Weile außer Landes zu gehen.

Ihm war als Provinz das westliche Spanien zugewiesen worden. Er konnte nur schwer von Rom fort, da Geldverleiher, von denen er geborgt hatte, unter der Androhung, ihn zu verhaften und sein Gepäck zu beschlagnahmen, Sicherheiten von ihm forderten. Man sagt, seine Verpflichtungen hätten fünf Millionen Pfund betragen und Crassus, der immer noch auf seine Zukunft setzte, habe ihm fast ein Fünftel des Betrages vorgestreckt, genug, um seine drängendsten Gläubiger zufriedenzustellen. Dann endlich konnte Cäsar abreisen, und er tat es so schnell wie möglich, sogar noch ehe seine Ernennung durch ein formelles Dekret des Senats bestätigt war. Die Notwendigkeit militärischer Operationen gegen Banditen, die die Berge von Lusitanien (Portugal und Westspanien) unsicher machten, bot ihm den Vorwand. Denn ein Statthalter war nicht nur der oberste Richter und der oberste Zivilbeamte seiner Provinz, er war auch ihr Oberkommandierender.

Nach einer Reise von drei Wochen erreichte Cäsar Corduba (Cordova), die Hauptstadt der Provinz. Als er merkte, daß die Banditen sich nicht in die Ebene herunterbequemten, hob er neue Truppen gegen sie aus, griff sie zwischen Tagus und Durius an und befriedete diesen Teil seiner Provinz. Dann segelte er von Gades

(Cadiz) nach Brigantium (Betanzos) hinauf bis zur äußersten Nordwestecke der Halbinsel, und beförderte damit zum ersten Mal römische Soldaten auf den Wassern des Atlantik. Irgendwie gelang es ihm, aus diesen Operationen eine große Summe Geldes herauszuschlagen. Seine politischen Feinde klagten ihn an, er habe Städte, die keinen Widerstand leisteten, geplündert und unerhörte Geschenke angenommen. Er aber sorgte dafür, in Rom keinen schlechten Namen zu bekommen, indem er große Geldbeträge in die Hauptstadt schickte, einschließlich »freiwilliger« Beiträge von spanischen Städten. Infolgedessen bewilligte man ihm einen Triumph. Aber er fand auch Möglichkeiten zur Bereicherung seiner Soldaten, die ihrem siegreichen Feldherrn (imperator) zujubelten. Auf jeden Fall aber behielt er eine ungeheure Summe Geldes für sich selbst und benutzte sie, um seine Schulden zu bezahlen, die ihn so hart drückten.

Jedoch waren die Anschuldigungen, Cäsar habe alle Zivilverwaltung zugunsten von Krieg und Gewinn vernachlässigt, nicht ganz gerechtfertigt, da er in der kurzen Zeit, die ihm in Spanien blieb, den praktischen Versuch gemacht hatte, eine gänzlich verfahrene örtliche Situation zu bereinigen. Auch sie bezog sich auf Schulden, ein Thema, das ihm nur zu wohl vertraut war. Die Völker Spaniens waren durch Kriege und ungleichmäßige wirtschaftliche Vorteile finanziell geschwächt. Ihre Verschuldung hatte erschreckende Ausmaße angenommen. Das geltende Recht erlaubte den Gläubigern, das ganze Einkommen ihres Schuldners einzuziehen. Cäsar beschränkte dies auf zwei Drittel. Selbst das erscheint uns noch unbarmherzig, aber es war milder als das, woran die Menschen gewöhnt waren. Diese Reform brachte dem Statthalter viele dankbare Klienten, die ihm in Zukunft von Nutzen sein konnten, und es war ein Hinweis auf Cäsars spätere, viel weitergehende Gesetzgebung in Rom.

Aber noch in anderer und viel bedeutenderer Hinsicht war seine Statthalterschaft für ihn ein Wendepunkt. Sie veränderte sein ganzes Leben. Die erste Erfahrung als Heerführer in der Schlacht — in dem Lande, in dem Sertorius, der Freund seines Onkels Marius, vor ihm gekämpft hatte — war eine Erleuchtung. Denn obwohl es sich nur um ein relativ kleines Unternehmen handelte, so zeigte sie ihm doch, was er am besten konnte und was er am liebsten tat.

Cäsars politischer Ehrgeiz

Diese neuentdeckte Berufung mußte jedoch noch eine Weile warten, weil er seine Karriere im Augenblick nur fördern konnte, indem er nach Rom zurückkehrte; und da gab es gewisse Komplikationen. Wie jeder andere erfolgreiche römische Politiker, strebte auch Cäsar nach dem Amt des Konsuls, dem Höhepunkt aller normalen Ambitionen, den seine Vorväter erreicht hatten. Es war auch Ehrensache, daß er sich in »seinem Jahr«, dem ersten Jahr, in dem er wählbar war, um dieses Amt bewarb. Üblicherweise war dies das Jahr, in dem ein Mann dreiundvierzig wurde; ein Patrizier durfte zwei Jahre jünger sein. Das hieß, daß Cäsar, der am dreizehnten Juli 100 geboren war, bereits im Jahre 59 Konsul werden und sich im Juli des vorhergehenden Jahres um dieses Amt bewerben konnte.

Ihm genügte das Konsulat jedoch nicht. Er wollte auch den Triumph, den ihm seine großen Geldsendungen aus Spanien gesichert hatten. Ein Feldherr, dem der Triumph zugestanden war, durfte nicht in die Stadt einziehen, bevor die Feierlichkeiten stattfanden. Andererseits verlangte ein neues Gesetz, daß jeder Kandidat für das Amt des Konsuls persönlich in der Hauptstadt erscheinen und seinen Namen an einem bestimmten Tag, ungefähr einen Monat vor den Juliwahlen, eintragen mußte. So schnell Cäsar auch Spanien im Jahre 60 verlassen hatte — er erreichte Rom nicht vor Juni, und damit geriet er in Zeitdruck. Es war jedoch schon vorgekommen, daß der Senat einem Kandidaten bewilligt hatte, *in absentia* für die Würde des Konsuls zu kandidieren, und Cäsar verlangte diese Ausnahme für sich. Aber Cato sprach während des ganzen letzten Tages, an dem die Sache hätte verhandelt werden können, so daß die Genehmigung nicht erteilt wurde. Vielleicht ist er damit der Erfinder der Filibuster-Rede. Jedenfalls schlug er damit alle Türen für eine vielleicht noch mögliche harmonische Zusammenarbeit zwischen der Republik und Cäsar zu. Cicero schrieb an seinen Freund Atticus, den Empfänger so vieler seiner faszinierenden Briefe, er habe die Hoffnung, Cäsar, »der gerade den Wind in den Segeln hat«, zu einem besseren Bürger zu machen. Doch die Aussicht — wenn es sie überhaupt gab —, daß Cäsar sich als guter Konservativer in Rom niederließ, war durch das Verhalten Catos völlig außer Frage gestellt.

Aber der Senat scheint sich noch eine weitere unfreundliche

Geste gestattet zu haben. Zu jener Zeit mußten die Provinzen, die von den Konsuln nach ihrem Amtsjahr übernommen werden sollten (und natürlich bedeutender waren als die für einen Prätor), benannt werden, ehe die Namen der Amtsinhaber bekanntgegeben wurden. Bei dieser Gelegenheit jedoch hatte der Senat angenommen, daß Cäsar gewählt würde; man wollte seine Macht beschneiden und bezeichnete für die Konsuln des Jahres 59 eine Provinz »Wälder und Viehweiden«. Dies konnte ein Gebiet in Südostitalien sein, das normalerweise von einem der vergleichsweise niedrigrangigen Quästoren verwaltet wurde. In jedem Fall war es ein lächerlich triviales Amt für einen Konsul. Vielleicht meinte man, daß die Unordnung in Italien solch eine Ernennung rechtfertigen könne oder daß es nur eine symbolische Zuweisung war, um später für eine wertvollere Provinz zu stimmen, je nach Lage der zukünftigen Entwicklung in den Grenzgebieten. Aber die Zuweisung dieses minderen Auftrags wirkt wie eine absichtliche Beleidigung Cäsars durch die Konservativen.

Da Cäsar nun nicht Triumph und Konsulat zugleich haben

konnte, verzichtete er auf den Triumph und bewarb sich um das Konsulat, zu dem er auch gewählt wurde, wie es sich gehörte. Sein Mitkonsul war Bibulus, ein entschiedener Reaktionär, der schon als Ädil und dann als Prätor widerwillig mit Cäsar zusammengearbeitet hatte. Um Konsul zu werden, war Bibulus von seinen Prinzipien herabgestiegen und hatte Cäsar Geld angeboten, falls dieser ihn bei der Wahl unterstütze. Aber Cäsar lehnte ab. Sein eigenes Vermögen war jedoch noch nicht groß genug, um damit Konsul zu werden. Vor kurzem noch hatte er sich an Crassus um Hilfe gewandt; aber diesmal, soweit wir wissen, tat er es nicht. Der wahrscheinliche Grund dafür war eine Meinungsverschiedenheit wegen Pompeius. Dessen überwältigende Siege mußten für einen so neidischen Mann wie Crassus schwer zu ertragen sein, wohingegen Cäsar, der noch immer weniger gut placiert war, es für geraten hielt, den Eroberer zu unterstützen. So kam sein Darlehen diesmal nicht von Crassus, sondern von einem dritten Kandidaten für das Konsulat, dem reichen Lucceius. Lucceius jedoch gewann die Wahl nicht, da alle Konservativen, einschließlich Cato, sich zu einer groß angelegten Bestechungsaktion vereinten, die Bibulus den Platz des zweiten Konsuls sicherte.

Pläne für ein Triumvirat

Die Aussicht, diesen Mann zum Kollegen zu haben, war trostlos für Cäsar und ließ ihn um so eifriger einen Plan betreiben, an dem er jetzt arbeitete. Er wollte die beiden bedeutendsten Männer Roms miteinander und mit sich selbst zusammenbringen, um gemeinsam die traditionalistische republikanische Fraktion zu unterdrücken, die sich ihrem Ehrgeiz so entschlossen in den Weg stellte. Die Zeit war reif, denn die Konservativen hatten nicht nur Cäsar gedemütigt, sondern, was viel schlimmer war, auch Pompeius und zu einem guten Teil auch Crassus. Pompeius' Entfremdung vom Adel, der seine militärischen Erfolge nicht gern sah, war durch seine Scheidung von Mucia beschleunigt worden; ihre Halbbrüder, Metellus Celer und Metellus Nepos, gehörten zu dem mächtigsten Familienclan von Rom. Mucia hatte ihrem Gatten Pompeius und ihrem vermutlichen Liebhaber Cäsar geholfen, im Jahre 63 die Unterstützung Celers im Prozeß gegen Rabirius zu gewinnen, und es war ihr auch zweifellos zum Teil zu verdanken, daß Nepos

Das Forum Romanum.
Nach einer Rekonstruktion aus dem
19. Jahrhundert

Triumphzug
eines römischen Imperators

Römisches Gastmahl,
Holzstich 1873

Das Forum Julianum,
Rekonstruktion von Rehleder,
19. Jahrhundert

wieder in Verbindung mit Cäsar die Interessen des Pompeius vertreten hatte, als dieser sich auf dem Heimweg befand. Aber nach der Scheidung hörte Celer, der sein Ressentiment so lange unterdrückt hatte, bis er Konsul geworden war, auf, ihn zu begünstigen, und auch Nepos kühlte zu gegebener Zeit ab. Die Verbindung des Pompeius mit dem großen Clan der Caecilii Metelli, die fünfzehn Jahre überdauert hatte, war zunächst zu Ende.

Zu dieser Zeit schaute sich Pompeius, der gern verheiratet war und während seines Lebens fünfmal aus politischen Gründen geheiratet hatte, nach einer neuen passenden Gattin um. Erst dachte er daran, seine Verbindung mit den Konservativen aufzufrischen. Er warf sein Auge auf eine von Catos Nichten und schlug vor, er wolle die eine und sein jüngerer Sohn solle die andere heiraten. Cato aber lehnte den Antrag mit dem Bemerken ab, er ließe sich nicht durch Weiber einfangen. Die Damen seiner Familie sollen diese Entscheidung bedauert haben, bis die zu sichtbare Bestechung von Wählern des Cato durch Pompeius sie einsehen ließ, daß Cato recht hatte. Aber die schlimmste Zurückweisung kam, als es Pompeius, der bei der Ordnung der Angelegenheiten im Osten mit ungeheurer Selbstherrlichkeit gewaltet hatte, nicht gelang, den Senat zur Billigung seiner Handlungen zu veranlassen und das Gesetz durchzubringen, das für seine bis dahin unvorstellbar siegreichen Truppen Land bereitstellen sollte. Celer war jetzt gegen ihn und natürlich auch Cato, und im Sommer 60 mußte Pompeius zusehen, wie das Agrargesetz fallengelassen wurde.

Die Konservativen hatten sich von ihm abgewandt aus Angst, er wolle Diktator werden. Aber sie irrten: als Pompeius nach Italien zurückkam, hatte er pflichtgemäß seine Armee entlassen und damit offen demonstriert, daß er sich gesetzmäßig zu verhalten wünschte. Er war unlauter, kleinlich, selbstsüchtig und unaufrichtig. Achtmal in seinem Leben wechselte er die Partei. Aber er war an einer ordnungsgemäßen Regierung interessiert. Was er für sich wollte, war nicht die oberste Gewalt, sondern Beifall; aber er scheute vor den Konsequenzen zurück, zu denen sein Ehrgeiz führen konnte. Pompeius war nicht der Mann, der die Republikaner schockierte, indem er Sullas Marsch auf Rom wiederholte. Er wollte nur den Beifall aller Adligen in der Stadt. Und jetzt, mit sechsundvierzig, am Ende seines konstruktiven Lebens, als seine Entschlußkraft erlahmte und sein Versäumnis, politische Verfahrensweisen in jungen Jahren, während seines kometenhaften Aufstiegs, zu erlernen, sich als Hindernis erwies, wurde er von den reaktionären Kräften, die er gern geführt hätte, grausam zurückgestoßen.

Auch Crassus, dessen Ressentiments gegen Pompeius sich immer mehr verstärkt hatten, beteiligte sich eifrig an der Unterdrückung des Agrargesetzes. Und doch hatten Crassus und Pompeius etwas gemeinsam, denn auch Crassus wurde nun durch die extreme Rechte gedemütigt. Es handelte sich um eine Finanzfrage. Die Ritter, die sich seiner besonderen Protektion erfreuten, waren die Patrone großer Gesellschaften, die von der Regierung das Recht auf die Bauernlandsteuern in Roms reichster Provinz, Asien, kauften. Nun fanden sie, sie hätten zuviel dafür geboten — mit anderen Worten: sie hätten sich bei ihrem Geschäft mit der Regierung zu ihren Ungunsten verrechnet. Sie verlangten, daß der Steuervertrag umgestoßen und ein neuer, der ihre Verpflichtungen wesentlich reduzierte, an seine Stelle gesetzt würde. Crassus unterstützte sie. Cicero wußte, daß dies eine unerhörte Forderung war, legte aber großen Wert auf die Zusammenarbeit zwischen Senat und Ritterschaft und unterstützte sie daher auch. Cato jedoch brachte diesen Anschlag zu Fall, indem er sich höchst beleidigend über die Ethik dieser Finanzherren äußerte, die so oft mit seinen adligen Standesgenossen in der Provinz auf dem Kriegsfuß standen. Die Konservativen waren offensichtlich bereit, keine Unkosten zu scheuen, um die Pläne von Männern zu durchkreuzen, die die Vorherrschaft ihrer Cliquen bedrohen konnten. Aber diesmal hatten sie zu hoch gespielt. Denn indem sie der starren Haltung Catos folgten, brachten sie all das zu Fall, was sie so gern bewahren wollten.

Pompeius, Crassus und Cäsar vereinen ihre Kräfte

Im gleichen Jahr begruben Pompeius und Crassus ihre Differenzen und vereinigten sich mit Cäsar, um — durch die Kräfte der Tradition angespornt — die private, aber allmächtige und diktatoriale Einigung zu bilden, die als das Erste Triumvirat bekannt ist. Cäsar hatte von den dreien noch den geringsten Einfluß, aber er war bei weitem der fähigste Unterhändler, und sein Interesse an der Reform des Marius zog Leute an, denen Pompeius, der General Sullas, und

Crassus, der Geschäftemacher unter Sulla, verdächtig waren. Außerdem war er es, dem das Kunststück gelang, die beiden an einen Tisch zu bringen. Wahrscheinlich hatten er und Pompeius vor den Wahlen im Juli 60 bereits ein begrenztes Übereinkommen erzielt, das ihm das Amt des Konsuls für das kommende Jahr sicherte. Crassus ist wohl erst später dazugestoßen, denn wäre es vorher vereinbart worden, so hätte Cäsar es kaum nötig gehabt, sich anderswo um Kampfgelder zu bemühen. Auf jeden Fall war das vollständige Dreierübereinkommen am Ende des Jahres perfekt, wenn es auch vorläufig noch ein Geheimnis blieb.

Cäsars Pläne, die anderen zu versöhnen, wurden Cicero von Lucius Cornelius Balbus hinterbracht, der bei dem Übereinkommen, wie bei den meisten bedeutenderen Ereignissen der nächsten Jahre, eine wichtige Rolle spielte. Er war einer der wichtigsten, begabtesten und farbigsten Männer aus Cäsars Stab und stammte aus Gades (Cadiz); zu seinen Vorfahren gehörten zweifellos semitische Phönizier, die diese Stadt gegründet hatten. Balbus hatte sein öffentliches Leben in Abhängigkeit von Pompeius während dessen spanischen Kriegen gegen Sertorius in den siebziger Jahren begonnen und Dienste geleistet, für die er mit dem römischen Bürgerrecht belohnt worden war. Ein ausnehmend gut aussehender Jüngling mit literarischen und philosophischen Talenten, war er von dem griechischen Agenten und Historiker des Pompeius, dem reichen Theophanes von Mytilene, begönnert worden, der ihn zur Zeit des Ersten Triumvirats adoptierte und ihm später sein ganzes Vermögen hinterließ. Aber die bedeutendste Freundschaft verband Balbus mit Cäsar, der unter den leitenden Männern von Gades während seiner zwei Dienstzeiten in Spanien auch diesen unschätzbaren Organisator, Drahtzieher und Vermittler kennen- und schätzengelernt hatte.

Bei dieser Lage der Dinge war es wertvoll, daß Balbus Pompeius und Cäsar nahestand, und nun instruierte ihn Cäsar, dem Triumvirat ein respektableres Gesicht zu geben, indem er Cicero dazugewänne, dessen Dienstalter und unvergleichliche Beredsamkeit wertvolle Pluspunkte waren, so eitel und schwankend er auch war. Im Dezember 60 besuchte Balbus den Redner. Sein außergewöhnliches Talent schien ihn fast zu gewinnen, aber nicht ganz. Cicero war voller Bitterkeit. Er war entrüstet über die Konservativen, deren kompromißlose Ablehnung von Pompeius, Crassus und Cäsar die nationale Einheit zerstört zu haben schien, von der er überoptimistisch behauptete, er habe sie in der Catilina-Zeit aufgebaut. Aber sein Unbehagen den drei Potentaten gegenüber war noch größer. Crassus hatte zugegebenermaßen getan, als priese er Ciceros Arbeit als Konsul, aber er war der Komplizenschaft mit Catilina dringend verdächtig und hatte den Versuch Ciceros, Clodius wegen Sakrilegs zu belangen, vereitelt. Was Pompeius anging, so war Cicero ihm gegenüber höchst taktlos verfahren, indem er ihm ein Riesendokument zusandte, in dem er ausführte, seine eigene Behandlung der Catilina-Affäre sei, um es mild auszudrücken, den Leistungen des Eroberers im Osten ebenbürtig. Der Empfänger hatte natürlich kalt reagiert, und Ciceros bisherige Bewunderung für Pompeius, oder besser sein Idealbild eines Pompeius, den es nie wirklich gegeben hatte, geriet zeitweilig ins Wanken.

Was seine Haltung zu Cäsar anbetraf, so waren die letzten Fassungen von Ciceros Catilina-Reden voll geschmeidiger Höflichkeit; sie wurden veröffentlicht, als man erwartete, daß Cäsar Konsul würde. Aber Cicero überwand nie seine tiefverwurzelte Abneigung gegen diesen Mann und behauptete, er sei der erste gewesen, der Cäsar durchschaute »und ihn fürchtete wie die glatte Oberfläche des Meeres«.

Während der nächsten zehn Jahre blieb das Triumvirat das Steuerorgan der römischen Politik. Das war nicht, wie man es gern nannte, eine Niederlage der Demokratie. Der Streit war nicht zwischen der Senatorenregierung und der Demokratie, die es in Rom nie gegeben hatte und niemals geben würde, entbrannt, sondern zwischen einer hochmütigen, reaktionären korrupten Oligarchie und einer ebenso unbarmherzigen Tyrannis dreier Männer. Sie hatten das Spiel gewonnen.

Land für die Veteranen

Als das schlecht zusammenpassende Paar Cäsar und Bibulus zur Jahreswende das Konsulat übernahm, legte Cäsar als erstes ein Gesetz über die Neuverteilung von Bauernland in Italien vor. Zu den Nutznießern sollten die Armen Roms gehören, die unter den Zwang ihrer Patrone fallen konnten, vor allem aber ehemalige Soldaten — insbesondere die Veteranen des Pompeius, deren Versorgung im Vorjahr gescheitert war. Diese erste Maßnahme sah dafür die nicht sehr großen restlichen Ländereien der öffentlichen Hand in Italien mit Ausnahme von Campanien, südöstlich von Rom, vor, wo es besonders ausgedehnte und bedeutende Staatsgüter gab. Der Gesetzentwurf sah auch Maßnahmen für den Erwerb von zusätzlichen Privatgütern in kleinen Parzellen vor, vorausgesetzt, daß ihre Vorbesitzer willens waren, zu verkaufen; und es wurde garantiert, daß der Preis nicht unter dem Marktwert lag. Eine Landkommission aus zwanzig Mann sollte eingesetzt werden, der ein interner Exekutivausschuß von fünf Mann vorstand. Wenn das Gesetz auch umstritten sein mußte, war doch die Macht der Kommission weit weniger umfassend als die in dem abgelehnten Entwurf, den Crassus und Cäsar vier Jahre zuvor vertreten hatten. Im allgemeinen waren die Vorschläge gemäßigt und bedacht. Das galt auch für die Art ihrer Vorlage, da Cäsar den Senat nicht überging, sondern ehe er die Maßnahme der Volksversammlung vorlegte, sie korrekt den Senatoren zur Stellungnahme unterbreitete. Aber diese äußerlich konziliante Politik traf nur auf Obstruktion unter der Führung Catos (wie es Cäsar wohl auch vorhergesehen hatte), der den ganzen Antrag als eine tödliche Verschwörung betrachtete, von der man schwer sagen konnte, ob in ihr die revolutionären Kräfte oder ihre natürlichen Feinde, die Finanziers, aktiver waren. Überdies glaubte er, daß ein Konsul, der einen solchen Zündstoff beantragte, was traditionellerweise nur Tribunen taten, sein Amt auf die gefährlichste Weise mißbrauchte. Cäsar, dessen übliche scheinbare Ruhe Cato manchmal durchstoßen konnte, beging den seltenen Fehler, die Geduld zu verlieren; er beendete Catos Dauerreden, indem er ihn ins Gefängnis setzen ließ. Diese Entscheidung machte er rasch wieder rückgängig. Aber sie behielt eine ominöse Bedeutung auch aus einem anderen Grund: der Senat hatte seine letzte geschichtliche Chance vertan, als eine verständige und konstruktive Körperschaft zu arbeiten.

Nun war es unvermeidlich, daß Cäsar den Gesetzentwurf vor die Volksversammlung brachte. Dort legten drei Tribunen ihr Veto ein; ihre Intervention wurde für ungesetzlich erklärt, und sie fühlten sich gekränkt. Auch Cäsars Mitkonsul, Bibulus, versuchte, das Gesetz zu blockieren, aber jetzt demaskierte sich das Triumvirat auf dramatische Weise. Zum allgemeinen Erstaunen sprach nicht nur Pompeius, sondern auch Crassus für das Gesetz. Außerdem stürmten Soldaten des Pompeius, die Cäsar sich von ihm geliehen hatte, in die Versammlung. Wenn er auch nicht selbst

Gewalt gebrauchen wollte, so war er doch bereit, sie in die Hand seines Alliierten zu legen. Jemand leerte einen Kübel voll Exkremente über den Kopf des Bibulus, und die Abzeichen seines Amtes wurden zerbrochen. So wurde ein Teil der Opposition außer Gefecht gesetzt und die übrigen durch die unerwartete neue Allianz gelähmt. Das Gesetz ging durch. Doch die offenbare Unrechtmäßigkeit des Verfahrens hing Cäsar lange Jahre wie ein Mühlstein am Hals; obwohl die Römer oft heftig reagierten, blieben sie paradoxerweise doch im Herzen legalistisch. Er ergriff alle Vorsichtsmaßnahmen, die es nur gab, indem er dem Gesetz eine neue Klausel anfügte, die den Senat und die Bewerber um ein öffentliches Amt zwang, zu schwören, daß sie dieser Maßnahme treu bleiben würden. Der Senat war eingeschüchtert genug, diesem Zwang nachzugeben. Selbst Cato, dem Cicero hart zusetzte, schloß einen Kompromiß mit seinem Gewissen, um seine Haut zu retten. Und so begann die Landkommission ihr Werk. Zu ihren Mitgliedern gehörten ein Fachmann für Schweinezucht und andere Agrarexperten, wie etwa der Enzyklopädist Varro, der eine Abhandlung darüber schrieb. Zu den Kommissaren gehörten auch Pompeius und ein Schwager Cäsars.

Bibulus griff nun zu einer Taktik, die keinerlei Verwandtschaft mit moderner Politik hat, von der man aber sagen kann, daß sie im Sinn der historischen, ja prähistorischen Verfahren der römischen Verfassung und Religion eine gewisse unheimliche Gültigkeit besaß. Die antike Institution der Vogelschau basierte auf der Theorie, daß die Götter Mittel und Wege hätten, um die Menschen wissen zu lassen, ob eine bestimmte Handlung ihrem Willen entspräche. Cäsar glaubte nicht daran, und es ist zweifelhaft, ob die meisten seiner gebildeten Zeitgenossen gläubiger waren. Aber es war eine ehrwürdige und patriotische Praxis, und wie Cicero berichtet, hatte sie sich oftmals als bequemes Mittel bewährt, um umstürzlerische Zusammenkünfte zu beenden. In der Tat, keine öffentliche Handlung konnte auch nur begonnen werden, ehe nicht der präsidierende Konsul oder Prätor den Himmel beobachtet hatte, um sicher zu sein, daß kein Blitz und kein anderes ungünstiges Zeichen zu sehen war. Sah er ein solches, so wurde die betreffende Handlung abgebrochen. Schon die Ankündigung, daß ein Beamter oder ein Augur den Himmel beobachtete, konnte eine öffentliche Aktion lahmlegen.

Bibulus kündigte nun an, er werde gerade dies tun. Er gab offen zu, es sei seine Absicht, Versammlungen des Volkes zu verhindern, so daß keine Gesetzgebung möglich wäre. Cäsar kümmerte sich keinen Deut um das, was sein Kollege sagte, und fuhr fort, Versammlungen und Sitzungen der Senatoren einzuberufen, wie es ihm gut schien. Man darf annehmen, daß er technisch berechtigt war, dies zu tun, denn zu entscheiden, ob der beispiellose Gebrauch oder Mißbrauch der Auspizien durch Bibulus wirklich legal war, stellte selbst die hocherfahrenen römischen Religionsjuristen vor ein schwieriges Problem. Trotzdem, auf der Höhe seines verfassungswidrigen Verhaltens in der Frage des Landgesetzes, kostete die Kühnheit, mit der er die Staatsreligion mißachtete, Cäsar die Achtung derjenigen Römer, die ritualistischer dachten. Bibulus bemühte sich, durch eine ähnliche Obstruktion Cäsar auch wegen der Senatssitzung ins Unrecht zu setzen. Ein Gesetz besagte, ein Konsul könne den Senat nicht ohne die Einwilligung seines Mitkonsuls einberufen und von nun an gab er seine Zustimmung nicht mehr. Während der ganzen letzten acht Monate seines Konsulats verließ Bibulus sein Haus nicht mehr.

Inzwischen fuhr Cäsar — unbeirrt durch die Anklage der Illegalität — fort, Maßnahmen im Interesse aller drei Triumvirn zu treffen. Den Finanzbeamten des Crassus in Asien wurde die Verminderung ihrer vertraglichen Verpflichtungen, die sie erbeten hatten, mit 33 Prozent verschwenderisch genehmigt. Cäsar begleitete diese Konzession mit der Warnung, dies dürfe nicht wieder vorkommen, aber er selbst hatte ein direktes Interesse an der Steuerpacht und zog eine große Summe aus dieser Einrichtung. Auch die Unternehmungen des Pompeius im Osten wurden gutgeheißen.

Neue Ehebande

Nun schien es ihnen aber beiden geraten, ihre Zusammenarbeit, die auf zufälligen, vorübergehenden gemeinsamen Interessen basierte, durch eine Heirat zu zementieren, um ihre Allianz noch dauerhafter zu festigen. Pompeius, der sich von Mucia hatte scheiden lassen und dann Catos Nichte nicht bekommen hatte, brauchte eine Frau, und wenn Cäsar dazu beigetragen hatte, die frühere Ehe des Pompeius zu zerbrechen, so war es das wenigste, was er tun konnte, ihm dafür seine eigene Tochter zu geben. Diese junge Frau, Julia, wäre fast nicht in Frage gekommen, da sie einem Verwandten von Cäsars Mätresse Servilia versprochen war. Jetzt aber mußte Cäsar Servilia überreden, daß Julia statt dessen Pompeius heiraten sollte. Diese Änderung des Plans kann Servilia nicht gefallen haben, besonders da Pompeius ihren ersten Gatten ermordet hatte; angeblich schenkte ihr Cäsar, um diesen Schlag abzumildern, eine Perle im Wert von dreitausend Pfund. Jedenfalls heiratete der siebenundvierzigjährige Pompeius im April die siebzehnjährige Julia. Erstaunlicherweise war diese Heirat ein großer Erfolg, und Pompeius, von dem die Prostituierte Flora behauptete, er ließe sich nicht von Frauen beugen, nahm seine junge Frau wiederholt zu Ferienaufenthalten an die See mit. Cicero glaubte, der Vorschlag für diese Ehe sei von Pompeius ausgegangen, der Cäsars politisches Geschick benötigte. Cäsar akzeptierte das gern, da seine illegalen und halbwegs legalen Handlungen, die er zu eigenen Gunsten und zugunsten seiner Mittriumvirn unternommen hatte, ihn für alle Arten späterer Vergeltungen verwundbar gemacht hatten, falls er nicht die starke Unterstützung des Pompeius besaß. Die neue Lage spiegelte sich im Protokoll. Bei Senatssitzungen war es üblich, daß ein Konsul die Beamten das ganze Jahr über in der gleichen Reihenfolge aufrief, und bislang hatte Cäsar mit Crassus begonnen. Von nun an aber, was Crassus auch empfinden mochte, rief Cäsar Pompeius als ersten auf.

Zur gleichen Zeit heiratete auch Cäsar wieder, der seit dem Skandal um die Gute Göttin unverehelicht war. Seine Wahl fiel auf Calpurnia, deren Vater, Lucius Piso, ein Literat von schwärzlicher Hautfarbe, mit haarigen Wangen, schlechten Zähnen und einem schiefen Gesicht im nächsten Jahr als Kandidat für das Konsulat benötigt wurde, um für Gabinius, den Pompeius vorgeschlagen hatte, ein Gegengewicht abzugeben. Cato klagte, es sei untragbar für die römische Nation, wie ein Heiratsbüro behandelt zu werden.

Gestärkt durch diese Ehe-Arrangements, betrieb Cäsar sein zweites Agrargesetz immer energischer. Das erste scheint nicht den gewünschten Erfolg gehabt zu haben. Wahrscheinlich hatten Spekulanten die Hand auf dem Land, das zur Verteilung gelangen sollte, und verlangten dafür überhöhte Preise. So wurden die staatseigenen Territorien in Mittel- und Nord-Campanien, die man bisher noch unangetastet gelassen hatte, zur Verteilung aufgerufen. Dies war das letzte Bauernland, das sich noch im öffentlichen Besitz befand. Vieles davon war Pachtland, oft von wohlhabenden

Leuten, und das regelmäßige Einkommen daraus war die Grundlage des Staatshaushaltes. Jetzt, im Mai, wurden diese Besitzungen unter zwanzigtausend Veteranen des Pompeius und unter Cäsars zivile Klienten verteilt, wobei große Familien, so sagt man, besonders berücksichtigt wurden. Die Kompensationsmethoden scheinen viel härter gewesen zu sein als die, die man zu Anfang des Jahres angewandt hatte, da jetzt viele kleine Grundbesitzer vertrieben oder zu hohen Pachtsätzen als Unterpächter installiert wurden. Cato stemmte sich gegen das Gesetz, so gut er konnte, aber er wurde mehr als einmal zum Schweigen gebracht und von der Tribüne gestoßen.

Cäsars umfassendes Programm enthielt auch ein Gesetz, das Provinzstatthalter hindern sollte, ihren Untertanen das Fell über die Ohren zu ziehen — das heißt: so weit wie möglich, denn die Durchführung war schwierig, und Sanktionen wurden nur gegen Statthalter angewandt, nicht aber gegen Finanzherren, die sich genauso übel benahmen. Ein anderes Gesetz sah die Publikation aller Verhandlungen der Volksversammlung und aller Erlasse des Senats vor. Diese waren bisher nur bei einigen besonderen Gelegenheiten veröffentlicht worden, und die neue Maßnahme war ein wohltätiger, wenn auch verspäteter Versuch, die öffentliche Meinung zu erziehen. Aber er war auch als Waffe gegen die Adligen gedacht, deren Widerstand gegen Volksgesetze nun allgemein bekannt werden sollte.

Pläne, um Geld aufzutreiben

Bisher hatte Cäsar während seiner Konsulatszeit im Jahre 59 mehr für seine Mittriumvirn als für sich selbst getan. Gewiß, er hatte aus der Änderung der asiatischen Steuerverträge und der Ansiedlung von Leuten, die ihn unterstützten, in Campanien und an anderen Stellen Gewinn gezogen. Aber er wollte viel mehr als nur das. Es ist wahrscheinlich nichts an dem Gerücht, er habe dreitausend Pfund aus dem Staatsschatz genommen und sie durch vergoldete Bronze ersetzt, denn dies hätte einen zu großen Skandal heraufbeschworen. Aber Cäsar und Pompeius legten ihre Hand auf eine andere Goldmine. Das war das Königreich Ägypten, das, obwohl es sich nur einen Schatten seiner früheren Unabhängigkeit erhalten hatte, ungeheuren Reichtum besaß, weit über die Reichtümer von Asien und Syrien hinaus, die nacheinander die Finanzen des römischen Staates bereichert hatten. Ein ägyptischer König hatte in einem Testament von zweifelhafter, aber möglicher Echtheit den Wunsch ausgedrückt, sein Land Rom zu hinterlassen (80 v. Chr.), und Crassus war daran interessiert, das Erbe anzutreten. Aber daraus war nichts geworden, und jetzt einigten sich Cäsar und Pompeius darauf, den römischen Senat und die Volksversammlung zu veranlassen, den regierenden König Ptolemäus XII. (bekannt als »der Flötenspieler«) als Gegenleistung für die unwahrscheinliche Summe von 7,2 Millionen Pfund anzuerkennen; diese Summe aufzubringen, wurde selbst dem König schwer, und er mußte sie zu diesem Zweck von dem römischen Bankier Rabirius Postumus borgen.

Dies war ein unerwarteter Glücksfall. Aber er hinderte nicht Cäsars Entschlossenheit, die er mit jedem römischen Konsul teilte, eine erstklassige Provinz zu erhalten, die ihm Ruhm und Beute einbringen sollte, wenn seine Amtszeit vorüber war, nicht nur »Wälder und Viehweiden«, wie sie den Konsuln dieses Jahres zugedacht waren, ehe das Triumvirat an die Macht kam. Zu diesem Zweck berief Cäsar einen seiner tüchtigsten Agenten, Publius Vatinius, einen freundlichen, populären, unerschrockenen Plebejer, der mit Geschwülsten im ganzen Gesicht und Nacken entsetzlich aussah. Cäsar hatte die Berufung des Vatinius als Tribun durchgesetzt, und Vatinius hatte seinerseits erreicht, daß die Handlungen des Pompeius und die Steuerermäßigungen, die Crassus wünschte, gutgeheißen wurden. Cäsar hatte ihn daraufhin mit den in die Höhe schnellenden Anteilscheinen der Gesellschaft belohnt. Als der Tribun in das Haus des Bibulus einzudringen wünschte, um ihn ins Gefängnis zu bringen, war sein Übereifer von seinem Patron gezügelt worden. Aber zwei Monate später, im Mai, tat Vatinius, was hauptsächlich von ihm verlangt wurde, indem er in der Volksversammlung — ohne Befragung des Senats — ein Gesetz durchbrachte, das Cäsar seine Provinz anwies. Sie umschloß Gallia Cisalpina (Norditalien) und Illyricum — und nicht wie üblich für ein oder zwei Jahre, sondern für fünf, während welcher Zeit er seine eigenen Unterbefehlshaber ernennen konnte.

Cäsars Gegner erklärten, das Gesetz sei ungültig, weil Bibulus gerade die Vorzeichen am Himmel beobachtete. Aber Cäsar ließ für einen Augenblick die Höflichkeit der Rede fallen, die für gewöhnlich seine ärgsten Schläge begleitete, stieg statt dessen auf das Niveau der Schimpfworte, die Bibulus selbst benutzte, hinab und schrie den Senat an, er habe, was er trotz all ihres Gestöhns hätte haben wollen, und von jetzt an werde er ihnen allen über den Kopf wachsen. Jemand erwiderte roh, daß dies einer Frau kaum möglich sein werde; aber Cäsar nahm diesen zwanzig Jahre alten Witz auf und erwiderte, die Amazonen und die Königin Semiramis von Syrien hätten ihre Sache trotz ihres Geschlechts gar nicht so übel gemacht.

Von den vierzehn Legionen, die das stehende Heer der acht Provinzen Roms bildeten, wurden drei Cäsar zugesprochen. Sie waren in Aquileia stationiert, am Nordende der Adria. Man einigte sich, daß die meisten anderen in die Hände von Parteigängern des Pompeius gelangen sollten. Gallia Cisalpina, ein blühender, volkreicher Landstrich in einiger Nähe Roms, war ein unvergleichliches Gebiet für Truppenaushebungen — ein enormer Vorteil für Cäsar —, aber auch Pompeius war zufrieden damit, daß sein Verbündeter diese Provinz bekam; wenn er selbst vielleicht Truppen brauchte, um die Hauptstadt zu bedrohen, konnte er sich auf die Gemeinden in der Cisalpina verlassen, weil sein Vater ihnen geholfen hatte, das Bürgerrecht zu erhalten. Cäsar wurde durch ein zusätzliches Gesetz des Vatinius ermächtigt, eine der Städte in diesem Gebiet, Novum Comum (Como) durch neue Siedler zu verstärken, und er machte sich sofort daran, fünftausend Kolonisten dort anzusiedeln. Genaugenommen hatte diese Stadt, wie fast alle Städte jenseits des Po, nur den Latinischen Status, nach welchem nur Beamte und Ratsmitglieder römische Bürger wurden; Cäsar jedoch behandelte alle Einwohner als römische Bürger und Novum Comum als eine völlig römische Gemeinde. Stillschweigend gewährte er allen anderen Städten der Transpadana den gleichen Status. Cäsars Feinde, die sein Vorgehen in jedem Fall illegal nannten, weil Bibulus gerade den Himmel beobachtet hatte, lehnten es ab, diese Maßnahmen anzuerkennen. Aber Cäsar paßte es so, weil es ihm ermöglichte, sich einen Kern dankbarer Vasallen zu erhalten, die er überdies von Zeit zu Zeit vorübergehend nach Rom bringen konnte, um seinen Kandidaten zu helfen, ihre Wahlen zu gewinnen. Außerdem konnten, wenn man es genau nahm, nur römische Bürger als Legionäre eingezogen werden, und er konnte nun sagen, daß die zwei neuen Legionen, die er — zumindest vorgeblich — zu mobilisieren begann, aus Männern mit diesem

Status bestanden. Diese Annahme ermutigte die Angeworbenen, die noch weiter durch den Gedanken stimuliert wurden, Cäsar werde sich — wenn sie aus dem Dienst ausschieden — darum kümmern, daß sie als Vollbürger behandelt und entsprechend mit Land belohnt würden.

Der zweite Teil der Provinz, die Cäsar zugewiesen worden war, Illyricum, bestand aus dem Oststreifen der Adriaküste. Wie Gallia Cisalpina, so lag auch dies Gebiet bequem nahe bei Italien. Es bot zugleich die Möglichkeit, eine lange Liste nicht überzeugender Erfolge früherer Generale gegen die Grenzstämme nahe der Garnison Aquileia zu verbessern.

Cäsar erhält die Gallia Narbonensis

Die ursprüngliche Zuweisung von Provinzen an Cäsar erstreckte sich nicht über die Westalpen hinaus auf das narbonensische Gallien, den entwickelten südlichen Teil Frankreichs zwischen den Cevennen und der Küste des Mittelmeeres. Ein Hilferuf von Roms Verbündetem, dem griechischen Hafen Massilia (Marseille), gegen örtliche Stämme hatte 121 v. Chr. zur Annexion dieses Landes geführt, und während der letzten Jahre war es allmählich als Provinz organisiert und von römischen Geschäftsleuten ausgebeutet worden. Aufstände jenseits seiner Nordgrenzen, die einem ehrgeizigen römischen General beträchtliche Möglichkeiten boten, hatten den Senat veranlaßt, die beiden Gallien (Cisalpina und Transalpina) den Konsuln des Jahres 60 zuzusprechen, zum Zeichen dafür, daß diese Gebiete zur Zeit als die kritischsten des Reiches angesehen wurden. Einer der Konsuln, der Schützling des Pompeius, Afranius, machte Cäsar in der Cisalpina Platz, aber sein Kollege Metellus Celer war begierig, in der Gallia Transalpina eigene Lorbeeren zu ernten. Jedoch verzögerte sich seine Abreise in die Provinz, und er starb, ehe er Rom verlassen konnte.

Das war ein glücklicher Zufall, der Cäsar die Möglichkeit bot, dieses Gebiet seiner eigenen Provinz zuzuschlagen — ein Akt von ungeheuren Rückwirkungen auf die Weltgeschichte. Nach dem Tod Celers, oder bereits als er sehr krank war, hatte er keine Zeit verloren und seinen Schwiegervater Piso und seinen Schwiegersohn Pompeius aufgefordert, den Senat und die Versammlung zu veranlassen, die unerwartet herrenlos gewordene Provinz seinem

Kommando zu unterstellen. Inzwischen wandte sich Cäsar energisch gegen die Dankfeste, die ein anderer General für Siege in diesem transalpinen Gebiet feierte: ihm lag daran, zu zeigen, daß keine militärischen Operationen beschlossen waren, und um dies zu bekräftigen, blieben er, Vatinius und andere in gemeinsamem Einverständnis der Zeremonie fern. Jedoch waren die Vorbereitungen der Gebietsübernahme durch Cäsar zu der Zeit, als das Gesetz des Vatinius ihm die anderen Gebiete zusprach, offenbar noch nicht abgeschlossen, da die Gallia Narbonensis noch nicht dazu gehörte. Doch bald darauf, wahrscheinlich im Juni, schlug Pompeius im Senat vor, Cäsars Provinz möge um dies Gebiet erweitert und ihm außerdem eine zusätzliche Legion bewilligt werden. Obwohl die Übertragung nur für ein Jahr galt und dann erneuert werden mußte, während die anderen Provinzen auf fünf Jahre übertragen wurden, und die Vereinigung der beiden Gallien unter einem Statthalter kein Novum war, erklärte Cato, »der Senat setze sich den Tyrannen in die Zitadelle«. Die Senatoren jedoch machten aus der Not eine Tugend und gaben nach, da eine Ablehnung des Gesetzentwurfs nur bedeutet hätte, daß er sofort der Volksversammlung vorgelegt worden und dort durchgegangen wäre. Einige Mitglieder mögen sich auch mit dem Gedanken getröstet haben, diese Aufgabe werde Cäsar wenigstens von einer Einmischung in Rom fernhalten, denn Eindringlinge bedrohten die Grenzen, und vielleicht kam er dabei um.

Schon in Rom hatte ein Sklave, zweifellos auf Anstiftung anderer, versucht, ihn zu ermorden. Das Datum ist ungewiß, es mag im Jahre 59 gewesen sein. Im Juli des gleichen Jahres gab es einen anderen mysteriösen Anschlag. Die trübe Zentralfigur war der Informant Vettius, der drei Jahre zuvor versucht hatte, Cäsar der Teilnahme an der Verschwörung des Catilina zu verdächtigen. Diesmal behauptete Vettius im Verhör, eine Gruppe Konservativer plane, Pompeius zu ermorden. Um Cäsar zu gefallen, änderte Vettius die Namensliste, die er übergeben hatte, und strich den jungen Brutus, einen Sohn Servilias, der Geliebten des Triumvirn. Diese Änderung gab Cicero Gelegenheit zu einem bissigen Witz. Er sagte, eine *Nacht* liege zwischen beiden Angaben, und in dieser Zeit sei eine nächtliche Berufung erfolgt. Dann starb Vettius auf geheimnisvolle Weise im Gefängnis, vielleicht durch die Hand des Vatinius und zweifellos ohne daß Cäsar dagegen Einspruch erhob. Ursprünglich mochte ihn der Skandal als Mittel, die Konservativen zu diskreditieren, amüsiert haben, bis es jemand einfiel, Vettius zu überreden, auch den Sohn der Servilia auf die Liste zu setzen. Von diesem Punkt an wurde Vettius entbehrlich.

Dieser Fall trug aber kaum zur Seelenruhe des Pompeius bei, der sich sehr über die bittere und kritische Atmosphäre erregte und öffentlich sein Bedauern und Unbehagen über die Methoden der starken Hand ausdrückte, die im Schwange waren. Aber Cäsar hielt sich klug im Hintergrund, so daß man, als Cicero höhnisch von »orientalischer Potentatenregierung« sprach, dies auf Pompeius bezog. Inzwischen säte Bibulus eifrig Verdacht durch Bemerkungen, Pompeius sei, während er im Osten war, von Cäsar betrogen worden. Die Kampagne der Opposition war nicht ganz erfolglos. Selbst wenn die Triumvirn nicht so verzweifelt unpopulär waren, wie Cicero es seinen Freunden hoffnungsvoll versicherte, waren sie doch das Ziel feindseliger Demonstrationen im Theater, und Bibulus gelang es, die Wahlen für das Konsulat bis zum Herbst hinausschieben zu lassen, obgleich, als sie endlich stattfanden, die Triumvirn Piso und Gabinius durchbrachten.

So ging Cäsars allzu ereignisreiches Konsulatsjahr zu Ende. Es war bemerkenswert wegen einiger wohltätiger Maßnahmen. Vor allem aber hatte er viele Fäden gesponnen, die er später zu seinem Vorteil aufnehmen konnte, wie es seine Art war. Obwohl er, was Cato beklagte, nicht nur Tribun, sondern Konsul war, folgte er in seiner Amtszeit den beliebten revolutionären Methoden der Gracchen, die den Senat ignoriert und die meisten Angelegenheiten direkt vor die Volksversammlung gebracht hatten. Die Senatoren, das ist wahr, verhielten sich völlig ablehnend. Aber Cäsar seinerseits griff ohne Bedenken zur Gewalt. Seine ersten Verordnungen waren illegal, weil das Veto der Tribunen nicht beachtet worden war. Der Rest war von zweifelhafter Legalität, weil die Omina nicht beachtet worden waren. Man konnte andererseits sagen, daß erstens weder Tribunen noch Omina jemals als Mittel einer so völlig negativen Obstruktion gedacht waren. Zweitens hatte der Senat seine eigene Stellung untergraben, indem er, wenngleich zugegebenermaßen unter Zwang, dem Agrargesetz zustimmte, und indem er Cäsar, etwas freiwilliger, die narbonensische Provinz zugebilligt hatte. Immerhin, die Unregelmäßigkeiten dieses Jahres bedeuteten, daß Cäsar von nun an jeden Augenblick des Hochverrats angeklagt werden konnte, wenn er nicht durch ein öffentliches Amt Immunität genoß.

Diese Lage trat sofort ein, als sein Konsulat abgelaufen war. Denn schon in den ersten Tagen des Jahres 58 verlangten zwei neue Prätoren, der Senat solle alle Handlungen aus Cäsars Amtszeit für null und nichtig erklären. Einer dieser Männer war Lucius Domitius Ahenobarbus. Seine Feinde nannten diesen streng reaktionären Konservativen unglaubwürdig, blutdürstig und feige: »Auf jedem Glied seines Körpers trägt er das Mal eines Lasters oder eines Verbrechens«, und was er in der Folgezeit tat, zeigte, daß er dumm und selbst für einen in der Wolle gefärbten Adligen ungewöhnlich arrogant war. Dieser Mann aber (der Ururgroßvater des Kaisers Nero) gebot über ein fürstliches Erbe und Armeen von Bauern und hauptstädtischen Klienten. Er hatte keinen Grund, Pompeius zu lieben, der als junger Mann seinen Bruder umgebracht hatte. Außerdem hegte er eine besondere Abneigung gegen Cäsar, teils ihrer gegensätzlichen politischen Ansichten wegen, vor allem aber, weil sein eigener Vater sich in der Gallia Narbonensis sehr viele Abhängige erworben hatte, und er es kaum erwarten konnte, selbst als Statthalter dorthin zu gehen. Der zweite Prätor, der Cäsar im Senat denunzierte, war Gaius Memmius. Daß Lukrez ihm sein wunderbares Gedicht »Über die Natur des Universums« widmete, bürgt für seinen literarischen Geschmack. Memmius selbst schrieb erotische Gedichte, wie sie zu einem Mann paßten, der wie Cäsar Venus als Patronin verehrte. Er hatte wie dieser einen starken Hang zum Ehebruch und schickte sogar einen Gelehrten vor, um der Tochter Cäsars, die Pompeius geheiratet hatte, unzüchtige Angebote zu machen. Gleichzeitig waren die homosexuellen Neigungen des Memmius alarmierend stark, wenn man den Details, die der Dichter Catull überliefert, glauben darf. Aber Catull war voreingenommen, da er im Stabe von Memmius gedient und nichts dabei herausgeschlagen hatte.

Dieses seltsame Beamtenpaar löste eine dreitägige Debatte aus, während der — was auch immer die eigenen Gewohnheiten des Memmius waren — die alten moralischen Verleumdungen gegen Cäsar wieder und wieder vorgebracht wurden, zusammen mit wirkungsvolleren Anklagen gegen seine Konsulatsführung und besonders gegen die Agrargesetze. Leider sind uns die drei Reden, mit denen Cäsar darauf antwortete, nicht erhalten. Die Debatte führte zu keiner Entscheidung; Cäsar hielt es für geraten, Rom zu verlassen, denn einmal außerhalb der Mauern Roms — auch wenn er seine Provinz noch nicht erreicht hatte — galt er schon als Statthalter und war damit immun gegen jede Verfolgung. Drei Monate blieb er in der Nähe von Rom. Es gelang ihm nicht, einen seiner Untergebenen von der Anklage zu retten, aber es gelang ihm, zu veranlassen, daß der Antrag eines Tribuns, er solle selbst vor Gericht erscheinen, durch ein Veto zunichte wurde. Durch den drohenden Hinweis auf seine Soldaten außerhalb der Mauern erreichte er auch, daß die übrigen Tribunen befanden, man dürfe nicht versuchen, zum eigenen Nachteil von dem Gesetz abzuweichen — was besagte, daß gegen Männer, die im öffentlichen Dienst abwesend waren, keine gesetzlichen Maßnahmen ergriffen werden dürften.

Solche Vorkommnisse machten Cäsar klar, daß er so viele römische Beamte wie nur möglich auf seiner Lohnliste haben mußte, wenn er für so lange, wie es seine Absicht war, nach Gallien ging. Da er nicht in der Hauptstadt sein konnte, schien es ihm gut, wenn auch seine einflußreichsten Kritiker von der Bildfläche verschwänden. Mit diesen Gedanken mietete er einen Günstling, der ihn in Rom vertreten sollte, neben dem sich Vatinius wie ein schüchternes Veilchen ausnahm. Es war Clodius. Cäsar hatte ihn schon damals, als er angeblich mit Cäsars Frau in Cäsars Haus ein Verhältnis unterhielt, außerordentlich tolerant behandelt. Clodius war ein brillanter, frühreifer, gewandter und schöner Missetäter, der skrupellos die einflußreichen Ehemänner seiner Schwestern ausnützte oder vernichtete, von denen eine, die brühmte Clodia, die Catull so hoffnungslos liebte, die bekannteste Nymphomanin von Rom war. Es scheint nicht unmöglich, daß die politischen Ziele ihres Bruders noch Platz ließen für eine echte, seltene Sympathie für die vom Schicksal Benachteiligten. Was ihm aber die meiste Freude machte, war die Zerstörung von Autorität, und was er in dieser Richtung tat, zeigte eine hemmungslose, unberechenbare Unabhängigkeit eigener Art. Trotzdem war Cäsar der Meinung, er könne Clodius mit finanzieller Unterstützung seiner Mittriumvirn genügend unter Kontrolle halten und durch ihn die Konservativen so stark beschäftigen und beunruhigen, daß sie keine Zeit übrig hatten, gegen ihn selbst zu intrigieren.

Die Triumvirn beschlossen also, Clodius' Bewerbung um einen Posten als Tribun im Jahre 58 zu unterstützen. Das war nun ein gesetzliches Problem, denn die Tribunen, die traditionellen Verteidiger der Rechte des Volkes, mußten Plebejer sein, während der nun vorgeschlagene Kandidat, Clodius, ein Mitglied der großen Patrizierfamilie der Claudier war. Dieser Schwierigkeit wurde man Herr durch die typisch römische Institution der Adoption — in diesem Fall durch einen Plebejer. Adoption war häufig und wurde durchdacht zu politischen Zwecken gehandhabt. Sie konnte in jedem Alter stattfinden; trotzdem schockierte Clodius — dem jede Art eines Scherzes gegen das Establishment lag — viele Leute, indem er sich von einem neunzehnjährigen Mann — er war so alt wie sein Sohn — adoptieren ließ. Das korrekte Verfahren war langwierig und umfassend. Doch jetzt wurde es noch vor den Wahlen durchgebracht — mit Cäsar, dem Oberpriester, als Vorsitzenden und Pompeius als Augur, der den Himmel vergeblich nach einem Zeichen des Unwillens der Götter absuchte. Clodius machte sich nicht die Mühe, dem üblichen Gebrauch zu folgen und den Namen seiner Adoptiveltern anzunehmen, sondern schrieb seinen Namen von nun an mit einem »o«, um seine neuen plebejischen Bindungen von der Patrizierfamilie der Claudier zu unterscheiden.

Das Tribunat des Clodius

Das Tribunat des Clodius ließ sich munter an. Zuerst stoppte er die Abschiedsrede des Bibulus, indem er ihm einfach die Hand auf den Mund hielt. Dann stach er Catos Gesetz über den öffentlichen Verkauf von billigem Korn aus, indem er dessen kostenlose Verteilung durchsetzte. Dieses sensationelle Angebot zur Unterstützung des Volkes verschlang mehr als die halben Ostgewinne des Pompeius und ein Fünftel des gesamten Staatseinkommens. Dann genügte Clodius seiner Pflicht gegenüber dem Triumvirat, indem er ihm Cicero und Cato aus dem Weg schaffte. Seine Forderung nach Verbannung für Cicero begründete er mit der angeblich illegalen Hinrichtung der Catilinarier während seines Konsulats vor vier Jahren. Die Triumvirn verhielten sich ausweichend. Pompeius und Cäsar sagten, sie hätten Clodius angewiesen, nicht gegen den Redner vorzugehen. Doch erst vor kurzem hatte Cicero heftig öffentliche Kritik an Cäsar geübt, der gewiß nicht willens war, ihn in Rom zu lassen, um dort die Ereignisse vergangener Jahre aufzurühren. Jedoch versuchte er den Schlag zu mildern oder ihm ein respektableres Gesicht zu geben, indem er Cicero nacheinander eine Reihe von Stellen im Ausland anbot — die diplomatische Mission in Ägypten, eine Stellung in seinem Stab in Gallien und schließlich eine in der Kommission, die das Land neu verteilte. Aber Cicero wies alle diese einträglichen Vorschläge zurück. Um ihn irrezuführen, erzählte ihm Pompeius, Clodius werde ihm keinen Schaden zufügen; dann riet er ihm unehrlicherweise, zu bleiben und die Sache auszufechten. Dabei ließ er durchblicken, Cäsars Rat, fortzugehen, wäre keineswegs von freundschaftlichen Motiven bestimmt. Als aber Cicero eine weitere Unterredung verlangte, drückte er sich. Crassus war keine Hilfe mehr. So ging Cicero im März 58 ins Exil auf den Balkan, wo er sechzehn Monate verbrachte, die er später als die düsterste Erfahrung seines Lebens beklagte.

Erstaunlicherweise konnte man Cato leichter loswerden. Man bot ihm an, die Annexion Zyperns zu organisieren, das dem Bruder des Königs von Ägypten gehörte, und er zog diesen patriotischen Auftrag, der Roms Einkommen erhöhen sollte, der Aussicht vor, unter den Kumpanen von Clodius zu leben. Cäsar war froh, ihn aus dem Weg zu haben, und Clodius, ihn in Konflikt mit dem König von Zypern zu bringen, gegen den er einen Groll hegte, weil dieser ein zu geringes Lösegeld gesandt hatte, als Clodius einst von Seeräubern entführt worden war.

Grausamkeiten gegen Gallier und Germanen

In der Überzeugung, daß alle konservative Opposition durch die Banden des Clodius gelähmt werde, machte Cäsar sich auf den Weg in die Gallischen Kriege, die ihn während der nächsten acht Jahre seines Lebens beschäftigen sollten. Über sie sind wir besser informiert als über irgendeine militärische Unternehmung des Altertums, weil wir sieben Bücher von Cäsar selbst darüber besitzen, die Kommentare zum Krieg in Gallien, »De Bello Gallico«. Sie sind der einzige zeitgenössische Bericht eines großen Krieges im Ausland, der uns überliefert ist, geschrieben von seinem Hauptakteur. Theodor Mommsen erklärte, »der Unterschied zwischen diesen Kommentaren und allem, was sonst römische Geschichte genannt wird, kann gar nicht angemessen gewürdigt werden«.

Kein Wunder, daß dieses Werk von Praktikern des Krieges, wie etwa Turenne, Napoleon und Wellington, zukünftigen Heerführern zum Studium empfohlen wurde. Die »Kommentare« (es ist ein wenig unfair, von Schulbuben zu verlangen, daß sie sie entsprechend würdigen) sind in meisterhaftem Stil geschrieben, in klarer, unrhetorischer »attischer« Diktion, einleuchtend, kompakt und in Worten, die einfach sind und mit sicherem Gefühl gewählt. Das lateinische Wort für »Kommentar« bedeutet »Memorandum« oder »Notizbuch« oder meistens etwas zwischen »offiziellem Tagebuch« und »historischem Kommentar« — die Meldung eines Generals, verbrämt mit Ansprachen und dem gerade benötigten Hintergrund. Cäsar mögen dabei die Memoiren des griechischen Politikers Stoatus von Sicyon (271—213 v. Chr.) als Muster vorgeschwebt haben.

Cäsars Buch ist in der Tat höchst originell. In ihm entwickelte er sorgfältig seine eigene Art und einen neuen Stil, ohne Furcht, mit den berühmten literarischen Namen der Vergangenheit verglichen zu werden. Wie römische Schriftsteller es oft taten, nahm er dabei in einer historiographischen Auseinandersetzung Partei, die sich vor vierhundert oder fünfhundert Jahren bei den Athenern entwickelt hatte. Denn mit seinem Stil erklärte Cäsar sich mittelbar als Anhänger des Thukydides, der als Mann der Tat aus praktischer, persönlicher Erfahrung berichtete, und gegen die gezierte rhetorische Lehrhaftigkeit der von Isokrates beeinflußten Historiker, die zu dieser Zeit in Rom in Mode kam. Später wurde Livius der Hauptexponent dieser blumenreichen Schule, aber schon Cicero hatte eine Neigung zu ihren dramatischen Rundungen. Vielleicht erklärt dies seinen Hinweis, Cäsars Werk sei nicht das Endprodukt, sondern das Rohmaterial, obgleich er hinzufügt, seine gefällige, klare und korrekte Kürze könne kaum verbessert werden. Ein Offizier Cäsars, Hirtius, dem aufgetragen war, das Werk mit einem letzten, achten Buch abzurunden, betonte nicht nur die hervorragende Gliederung von Cäsars Stil, sondern auch die Leichtigkeit und Schnelligkeit, mit der er schrieb. Diese Schnelligkeit macht die ganze Geschichte ungeheuer lebendig, und man sollte die »Kommentare« am besten mit der gleichen Schnelligkeit lesen. Selbst für unsere moderne Zeit, die an reinen Erzählungen nicht sehr interessiert ist, sprechen Cäsars Taten, gleichermaßen aufregend und furchtbar, so packend für sich selbst, als wären sie eben geschrieben worden. Die Betrachtung ist auf ein paar wesentliche Punkte beschränkt. Auch Lob und Tadel sind sparsam und ausgewogen verteilt, desgleichen die Informationen über Menschen. Und doch ist dieser erdgebundene, brutale Bericht mit gelegentlichen, unerwarteten, persönlichen Zügen und plötzlichen Blitzlichtern durchsetzt, die ihn auf unerreichte literarische Höhen heben.

Die »Kommentare«

Pollio, selbst ein Berichterstatter bedeutenden Zeitgeschehens, dessen Buch verloren ist, bemerkt, daß Cäsar manchmal die Berichte seiner untergeordneten Offiziere zu treulich abschrieb, ein Fehler, den er bei einer revidierten Ausgabe verbessert haben würde. Pollio, der unter Cäsar diente, fügt hinzu, manchmal habe ihn sein Gedächtnis im Stich gelassen. Das ist kaum verwunderlich, aber Pollio geht weiter und meint, es gäbe auch absichtliche Verdrehungen; und das wirft die Frage der Zuverlässigkeit der »Kommentare« auf.

Cäsars Buch schielte mit einem Auge auf die Nachwelt, war aber vor allem für seine eigene Generation geschrieben: die regierende politische Schicht in Rom, die er während der langen Jahre in Gallien niemals aus den Augen verlor. Er ging in den Krieg, immer umgeben vom Sturm seiner Kritiker, und ihre Kritik wuchs in dem

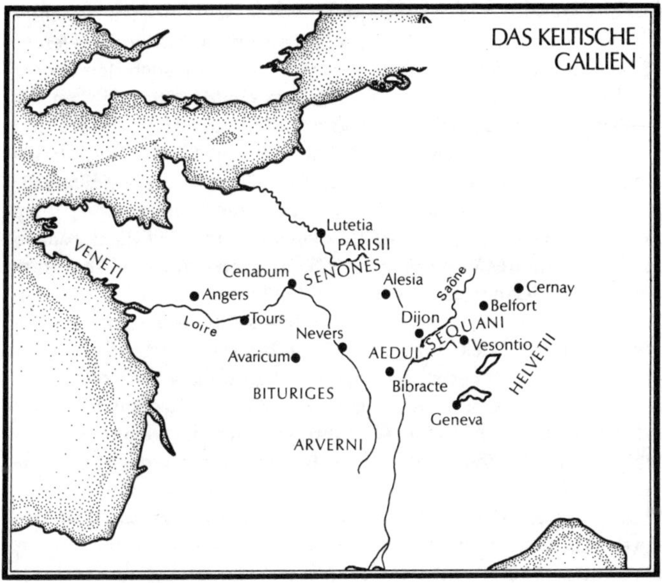

Maße, in dem die Feindseligkeiten fortschritten. Es war der Hauptzweck der »Kommentare«, dieser Kritik entgegenzutreten. Es wäre zweifellos überoptimistisch, zu erwarten, daß er damit seine erbittertsten Gegner zum Schweigen gebracht hätte, aber er hatte eine Chance, die schwankenden Wähler auf seine Seite zu ziehen. Um sie zu gewinnen, zeigte Cäsar wiederum sein meisterhaftes Talent, seine Gegner ins Unrecht zu setzen, indem er die patriotische Korrektheit all seiner Aktionen darlegte und ihre absolute Übereinstimmung mit dem ihm von der Regierung von Rom übertragenen Mandat.

Dabei durfte er nicht lügen. Eine gelegentliche Übertreibung oder Verdrehung mochte unterlaufen, aber direkte Lügen konnten allzuleicht aufgedeckt werden, denn Cäsar war keineswegs der einzige Römer, der nach Hause schrieb und vielleicht sogar aus dem Gallischen Krieg heimkehrte.

Die in die »Kommentare« eingestreuten Reden, das ist wahr, sind nicht wortwörtlich protokolliert. Sie konnten auch nicht, wie jeder weiß, der einmal versucht hat, zu einer Versammlung unter freiem

Himmel zu sprechen, an die große Masse der Soldaten gerichtet sein, von denen man annehmen soll, sie seien die Zuhörer gewesen. Diese Methode der Erzählung war aber kein Versuch, jemandem Sand in die Augen zu streuen, sondern ein Zugeständnis an die Leser des Tages, um ihnen das Verständnis von Hintergrund und Beweggründen zu erleichtern. Manchmal legt Cäsar diese Reden sogar seinen größten Feinden in den Mund; sie wirken so überzeugend, wie es ihm ein Anwalt nur hätte raten können, denn seine Geschichte wäre nicht vollständig gewesen ohne die Erklärungen der anderen Seite. Von besonderer Selbstkritik finden wir naturgemäß keine oder nur geringe Spuren. Sie begegnet uns nur selten in den Memoiren von Generälen, und man kann sie kaum in einem Werk erwarten, das vor allem dazu bestimmt war, Cäsar vor Leuten, die in Rom etwas zu sagen hatten, politisch zu rechtfertigen. Gute Propaganda, die einem solchen Zweck dienen soll, muß auswählen und ein wenig schönfärben, und die »Kommentare« gehören zur überzeugendsten Propaganda, die je geschrieben wurde.

Dieses überredende Element erscheint besonders stark in den ersten Abschnitten, die sich auf eine Zeit beziehen, in der es am dringendsten gebraucht wurde: und es sieht so aus, als sei dieser Teil des Buches und jeder der Jahresberichte, die folgen, am Ende des Jahres, von dem sie berichten, überarbeitet worden. Wann die einzelnen Bücher veröffentlicht wurden, ist ein anderes Problem. Vielleicht wurden sie von führenden Persönlichkeiten Jahr um Jahr gelesen, so wie sie geschrieben wurden, um Unterstützung in den einanderfolgenden Krisen und Wahlen zu finden, und erst veröffentlicht, als der Krieg weit fortgeschritten oder beendet war.

Die Feindseligkeiten spielten sich alle in Gebieten nördlich der Gallia Narbonensis ab. Das heißt, der Krieg wurde außerhalb der damaligen Grenzen des römischen Reiches geführt. Das ganze Gebiet zwischen den Flüssen Garonne und Seine — das heutige Frankreich ohne seine äußersten südwestlichen und nordöstlichen Teile — wurde von rund zweihundert verschiedenen keltischen Stämmen (Galliern) bewohnt, den Nachkommen von Völkern, die vor sieben- oder achthundert Jahren über den Rhein ins Land gekommen waren und die ursprünglichen Einwohner unterworfen hatten. Die Bevölkerung des ganzen Gebiets mag zehn bis fünfzehn Millionen betragen haben. Außerordentliche administrative Schwäche verhinderte nicht nur ihre Einigung, sondern ließ auch die

Zentralfiguren der Exekutive eines jeden Stammes ständig schwanken. Die Regierung lag gewöhnlich in den Händen zweier gewählter Beamten, analog den römischen Konsuln; daneben gab es auch überlebende Beispiele eines früheren Systems von erblicher Stammeshäuptlingschaft. Die Stämme waren mehr oder weniger Ansammlungen von kleineren Gemeinden, die miteinander durch Blutsverwandtschaft oder räumliche Nachbarschaft verbunden waren. Wesentlich für den Zusammenhalt war ein starker Loyalitätsfaktor, wie bei dem Klientensystem in Rom, das reiche Schutzherrn und arme Abhängige miteinander verband, wie hier die schwächeren Staaten mit ihren stärkeren Nachbarn.

Abgesehen von dieser gefährlichen administrativen Schwäche, die Eindringlinge so verlockend anzog, war die Zivilisation der Gallier ziemlich fortgeschritten. Die Landwirtschaft brachte gute Erträge, die Aufzucht importierter Pferde und Schweine war weit entwickelt, und die Metallbearbeitung hatte eine solche Höhe erreicht, daß gallische Schwerter in keinem Land außer Spanien ihresgleichen fanden. In den Ebenen lagen Reihen von Weilern und auf den Hügeln darüber kleine wohlbefestigte Städte. Die stolzen Flüsse Galliens ermutigten zu einem Handel, von dem die reichlichen und verschiedenartigen Münzen vieler Stämme zeugen, die griechische und römische Münzen nachahmten, aber auch schöne Beispiele eines eigenen keltischen Stils zeigen. Zu den Kunsterzeugnissen gehörten bemalte Töpfereien, Spiegel, durchbrochenes Pferdegeschirr; die Gallier liebten auch Balladen und schätzten Redegewandtheit fast so hoch ein wie kriegerische Heldentaten.

Aber im Kriege waren sie in der Regel eher eindrucksvoll als wirklich gefährlich. Frühere Einbrüche in Italien hatten ihnen einen gewissen Respekt in Rom verschafft, und der erste Angriff ihrer behosten und mit buntkarierten Röcken bekleideten Infanterie mit Landschwertern und Schilden aus Holz ober Flechtwerk war immer noch furchterregend. Aber nach dem ersten Rückschlag wurden diese Fußsoldaten sehr schnell zu einer schwierigen, unlenkbaren Masse — »mehr als Männer beim ersten Angriff, weniger als Weiber nach einem schweren Rückschlag« —, nicht so wild wie die Barbaren, nicht so gut organisiert wie die Römer. Außerdem war den führenden Galliern der Dienst bei der Infanterie nicht fein genug; sie neigten dazu, ihn den Ureinwohnern, die sie versklavt hatten, zu überlassen. Die gallischen Führer mit ihren Ringen, Armreifen, goldenen Halsreifen, ihren federgeschmückten

Helmen und Kettenpanzern dienten lieber in der Kavallerie, die viel furchtbarer war, jedoch selten gut genug, um einen disziplinierten Feind zu schlagen.

Die mächtigsten Stämme, an denen die Römer hauptsächlich interessiert waren, waren die Sequaner in der Franche-Comté und die Aeduer in Burgund. Diese Völkerschaften siedelten nordöstlich und nördlich der römischen Provinz Gallia Narbonensis. Die Provinz verdankte ihre Existenz der Drohung, die die Arverner (Auvergne) im späten 2. Jahrhundert v. Chr. für Roms griechischen Verbündeten in Massilia (Marseille) darstellten. Damals hatte der Stamm, ausgehend von seiner befestigten Hauptstadt, Gergovia, sein Gebiet bis zu den Pyrenäen und zum Atlantik ausgedehnt. Aber die Römer hatten sie daran gehindert, sich bis zum Mittelmeer auszubreiten, und danach beschränkte sich die Macht der Arverner auf die Oberherrschaft über kleine Stämme in unmittelbar angrenzenden Gebieten. Mit Massilia zusammen hatten sich die Aeduer an Rom gewandt, und seitdem war dieses Volk der wichtigste gallische Verbündete Roms, das immer gern einen »cordon sanitaire« aus solchen abhängigen Staaten jenseits seiner formalen Grenzen zog, eine Art von Klientenschaft, verwandt der Verbindung von Klient und Patron, die so lange im sozialen und politischen Leben Roms und auch Galliens eine Rolle gespielt hat. Die Hauptstadt der Aeduer war Bibracte (Mont Beuvray), das auf einem Hügel oberhalb des späteren Autun lag. Die Stadt hatte ein hochentwickeltes städtisches und industrielles Leben; Ausgrabungen haben rechteckige Steinhäuser, deren Fugen mit Lehm abgedichtet waren, mit Höfen und Treppenhäusern im Inneren und zentralen Heizungsanlagen zutage gebracht.

Die Arverner und die Aeduer, beide von einem Ring abhängiger Stämme umgeben, verewigten die gallische Uneinigkeit, schufen aber ein gewisses gefährliches Gleichgewicht im Lande. Sie wurden von den Helvetiern, einem weiter östlich wohnenden Stamm, bedroht. Die Helvetier waren Kelten, die allmählich aus Süddeutschland in die Schweiz abgedrängt worden waren. Aber auch da war das Land, das sie besetzten, ständig dem Druck germanischer Stämme ausgesetzt, und im Jahr 61 hatten sie sich entschlossen, alle zusammen in einem Zuge westwärts zu wandern, quer durch Gallien, um an der Atlantikküste eine neue Heimat zu suchen. Wenn auch die Helvetier alte Feinde Roms waren — der Urgroßvater von Cäsars Frau hatte sein Leben in einer vernichtenden Schlacht gegen sie verloren —, so war doch dieser in Aussicht genommene Auszug aus der Schweiz Rom unwillkommen, denn sie hatten als nützliche Barriere zwischen Italien und den wilden Germanenstämmen jenseits der Grenze gedient. Und weiter hätte der passendste Weg für ihren Treck durch den Nordteil der Gallia Narbonensis geführt, wo Stämme, die unter dem drückenden römischen Regiment verzweifelten, durch ihre Gegenwart in Unruhe versetzt werden konnten. Man hatte in Rom auch Angst vor der Infanterie der Helvetier, die für einen keltischen Stamm ungewöhnlich kampfkräftig war.

Während der Jahre, die Cäsars Statthalterschaft unmittelbar vorangingen, war es ein paarmal zur Panik wegen der helvetischen Wanderungen gekommen. Schon die Aussicht auf Unruhen hatte ihn wünschen lassen, das transalpine Gebiet mit unter seinem Oberbefehl zu haben. Jetzt, im März 58, eilte er in acht Tagen nach Genava (Genf) — wobei er jeden Tag neunzig Meilen zurücklegte — und sorgte sofort dafür, daß die Brücke, die dort über die Rhône führte, zerstört und alle anderen Wege nach Westen blockiert wurden. Als die Helvetier sahen, daß sie nicht durch die Gallia Narbonensis marschieren konnten, entschlossen sie sich, auf einem nördlicheren Weg, der die Provinz nicht berührte, zum Atlantik zu ziehen. Das hätte Cäsar des Vorwandes für einen Kampf beraubt. Um aber die Gelegenheit für eine militärische Auszeichnung nicht zu verlieren, beschloß er, auch diesen Weg als eine Bedrohung für seine Provinz anzusehen. In der Tat verlangte eine zeitgenössische politische Doktrin, daß Rom seine Macht auch in den quasi unabhängigen Gebieten, die jenseits seiner Grenzen lagen, verstärken müsse. Außerdem wurde ihm — nachdem er seine Truppen in Eilmärschen aus Norditalien herbeigeholt hatte — eine viel einleuchtendere Entschuldigung für militärisches Eingreifen geboten, denn die proromische Partei der Aeduer rief ihn offiziell um Hilfe gegen die helvetische Bedrohung an.

Auf diese Weise beispielhaft gerechtfertigt, überfiel Cäsar das wandernde Volk an der Saône und erschlug ein Viertel davon. Nach einem erfolglosen Versuch, zu unterhandeln, zog der Rest der Helvetier, denen es — im Gegensatz zu ihren Unglücksgefährten — gelungen war, über den Fluß zu entkommen, zwei Wochen lang weiter nach Norden. Sie wurden in fünf Meilen Abstand von den Römern verfolgt. Jetzt aber erlitt Cäsars Kavallerie, die durch die Reiterei der Aeduer auf viertausend Mann verstärkt worden war, eine Niederlage. Auch die Kornversorgung, die die Gallier ihm versprochen hatten, brach zusammen, offenbar infolge Verrats der antirömischen Partei bei den Aeduern. So mußte Cäsar einen Umweg über deren Hauptstadt Bibracte machen, die siebzehn Meilen von seinem Wege lag, um dort Lebensmittel zu holen. Ermutigt durch diesen anscheinenden Rückzug begannen die Helvetier, seinen Heerwurm ständig zu belästigen. In der heftigen Schlacht, die daraufhin entbrannte, wurden sie überwältigt, ihre Wagenburg erstürmt und die, denen es gelang zu entkommen, mußten sich ergeben.

Die Überlebenden wurden gezwungen, in ihre ursprünglichen Wohngebiete zurückzukehren. Cäsar schätzte ihre Zahl auf einhundertzehntausend und die der Gefallenen auf zweihundertsechsundzwanzigtausend. Das mag stimmen, es kann aber auch aus Propagandazwecken übertrieben sein. Stimmt das, so rechnete Cäsar damit, daß die öffentliche Meinung in Rom gern hörte, daß so viele Barbaren wie möglich erschlagen worden waren.

Sieg über die Germanen

Den zweiten Sieg des Jahres 58 gewann er nicht gegen die Gallier, sondern gegen die Germanen. Rom hatte die erschreckenden Invasionen, die nun schon ein halbes Jahrhundert zurücklagen, nicht vergessen. Damals waren germanische Horden in ungeheurer Zahl nach Südfrankreich und selbst bis nach Italien vorgedrungen und hatten mehrere römische Armeen überwältigt, bevor Marius sie endgültig vernichten konnte. Um darzutun, daß die laufende Bedrohung ebenso ernst war, übertreibt Cäsar vielleicht ein wenig den Gegensatz zwischen den vergleichsweise kultivierten Galliern und der ungebändigten Wildheit der Germanen. Der Rhein war nicht die dramatische Grenze, wie man nach seinem Buch glauben möchte; auf jeder Seite des Flusses gab es noch Kelten und keltisierte Völker, und es war noch nicht lange her, daß man erkannt hatte, man müsse die Germanen ebenso als »Nation« ansehen wie die Gallier. In dieser Auffassung folgte Cäsar dem griechisch-syrischen Gelehrten Poseidonios aus der vorigen Generation, und so kann man die Meinung, die Germanen von jenseits des Rheins seien eine die Gallier bedrohende Macht, als eine Erfindung dieser beiden Männer betrachten.

Es ist jedoch wahr, daß die germanischen Nomaden, die man Sueben nannte, und die im ersten vorchristlichen Jahrhundert aus dem Osten zum Main und Rhein gezogen waren, zähe Gesellen waren, die ihr Leben mit Kampf und Jagd verbrachten, wenn sie auch zunehmend Interesse an Landbesitz zeigten. In den siebziger Jahren oder noch ein wenig später hatte Ariovist, ein Häuptling der Sueben oder eines verwandten Stammes, den Zug nach Westen wieder aufgenommen und bedrängte nun die Kelten in Ostfrankreich und der Schweiz. Besonders die Sequaner, ein starker Stamm zwischen der Grenze der Aeduer und dem Elsaß, fanden, daß Ariovist ihnen beträchtlich viel Land wegnahm. Doch da sie die überragende militärische Tüchtigkeit der Germanen anerkennen mußten, nutzten sie ihn als Verbündeten, und gewannen im Jahre 61 eine bedeutende Schlacht gegen die Aeduer, mit denen sie eine Meinungsverschiedenheit über die Zollabgaben im Saône-Tal hatten. Nach dem Sieg aber zeigte sich Ariovist noch härter darauf bedacht, sie aus ihren Wohnsitzen zu vertreiben, und forderte mehr und mehr sequanisches Gebiet. Obwohl sich dies alles weit jenseits der Grenzen der Provinz abspielte, beunruhigte es die Römer. Um Zeit zu gewinnen, erkannte die Regierung — offensichtlich auf Cäsars Veranlassung — Ariovist als König und Freund des römischen Volkes an.

Das war im Jahre 59. Aber im folgenden Jahr, als Cäsar mit den Helvetiern fertig war, sah er die Gelegenheit für einen neuen spektakulären Feldzug. Wieder hatten Roms Verbündete, die Aeduer, passenderweise um Intervention gebeten, und Rom war mit der Drohung einer neuen germanischen Invasion in Italien stets aufzuschrecken. Verhandlungen mit Ariovist endeten mit einem Ultimatum, das für ihn unannehmbar sein mußte, und so zog er westwärts zur Hauptstadt der Sequaner, Vesontio (Besançon), einer Festung, die auf drei Seiten von Wasser umgeben war. Cäsar kam vor ihm dort an und besetzte sie, aber einmal dort, erlitt er für kurze Zeit eine Schlappe, deren Anlaß in der schlechten Moral einiger römischer Offiziere lag.

Darauf folgte eine Konferenz mit Ariovist, bei welcher Cäsar, der seinen gallischen Reitern mißtraute, ihre Pferde an Legionäre übergab, die seine Eskorte bildeten. Ariovist erklärte ihm spöttisch, er wisse alles über Cäsars Feinde in Rom; und so kam die Unterredung zu keinem Resultat, gerade wie Cäsar es beabsichtigt hatte. Denn er hatte Eile; der Herbst stand vor der Türe, und ein

Vorwand, um den Waffenstillstand zu brechen und die Germanen anzugreifen, fand sich schnell. Diese außerordentlich riskante Schlacht, die in der Nähe von Cernay oder Belfort stattfand, wurde für die Römer in der Hauptsache durch einen jungen Offizier, Publius, den jüngeren Sohn des Crassus, gewonnen, der auf eigene Initiative Cäsars letzte Reserven in den Kampf warf, um den gefährdeten linken Flügel zu retten. Das etwa einhundertzwanzigtausend Mann starke germanische Heer wurde fast völlig aufgerieben. Unter denen, die von Cäsars Kavallerie niedergemacht wurden, befanden sich auch die beiden Frauen Ariovists. Er selbst entkam in einem kleinen Boot und starb bald darauf.

Als die Nachrichten über diese Ereignisse Rom erreichten, gelang es Cäsars Schwiegervater, der gerade Konsul war, nicht, eine sehr enthusiastische Reaktion auszulösen. Die Hauptstadt war mit einem Bandenkrieg befaßt, den Clodius dirigierte, und weil auch seine Feinde — vorgeblich zur Verteidigung der Gesellschaft — ihrerseits starke Banden organisierten, waren Straßenkämpfe an der Tagesordnung.

Feldzüge gegen die Belgier

Inzwischen begann Cäsar eine neue Phase seines gallischen Unternehmens. Als er bei den Sequanern Winterquartiere bezog, ging diesen auf, daß sie nur einen fremden Herrn gegen einen anderen vertauscht hatten, und die örtliche Popularität, die Cäsar durch seine Siege über die Helvetier gewonnen hatte, verwandelte sich in Abneigung. Während des Winters merkte er, daß diese feindselige Haltung auf die belgischen Völker jenseits der Marne und Seine übergesprungen war. Diese Belgier, die seit über ein und einem halben Jahrhundert in Nordostfrankreich und Belgium saßen — einige Stämme an der Westseite der Ardennen — waren stolz auf ihre germanische Abstammung und hielten an germanischen Gebräuchen — wie z. B. der Totenverbrennung — fest. Aber sie hatten sich mit den Kelten vermischt, und viele ihrer Institutionen und ihre Sprache, die sich kaum von der ihrer Nachbarn unterschied, waren keltisch.

Die Nachricht, daß sie jetzt ein Heer, das auf dreißigtausend Mann geschätzt wurde, gegen Cäsar zusammenzogen, war ihm eher willkommen als alarmierend: sie bot ihm die Gelegenheit, das

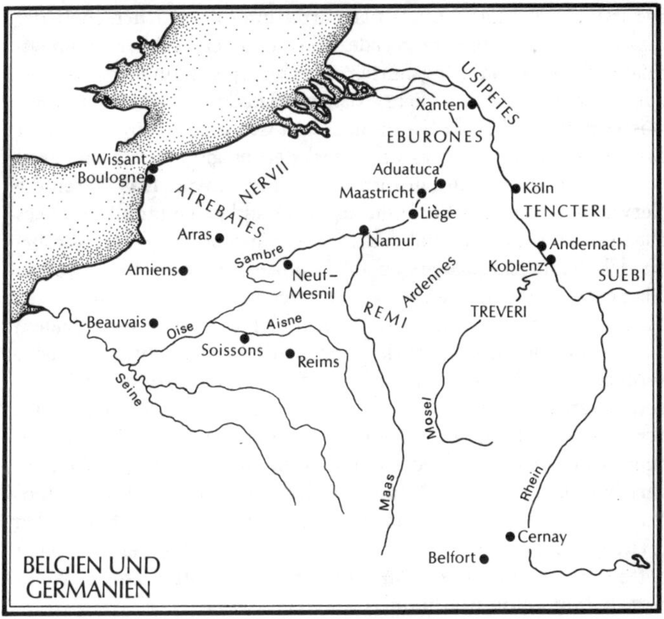

ganze weite Gebiet nördlich der narbonensischen Provinz zu überrennen und Siege zu erringen, ebenso groß, wenn nicht größer als die des Pompeius, die sich in Rom entsprechend auswirken mußten. So hob Cäsar an der Jahreswende in seinem cisalpinen Gebiet zwei neue Legionen aus und brachte sein Heer auf das Doppelte der Zahl, die ihm die Regierung in Rom gestattet hatte.

Die Belgier vertrauten das Kommando über ihr Bundesheer dem König der Suessionen (Soissons) an. Jedoch ihre Nachbarn, die Remi (Reims), unzufrieden, weil sie den Suessionen untergeordnet waren, schlossen ein Bündnis mit Cäsar; und obgleich ihre Hoffnung, sich aus den Kämpfen heraushalten zu können, trog, blieben sie seine loyalsten Verbündeten in Gallien oder, anders gesehen, die infamsten Kollaborateure des Landes. Auch die Aeduer wurden veranlaßt, den Römern wieder zu Hilfe zu eilen. Als aber Cäsar nordwärts bis zu einem Punkt an der Aisne, wahrscheinlich Berry-au-Bac, vorgerückt war, wo man ein Lager gefunden hat, bedurfte es nur kleinerer Scharmützel, um zu erreichen, daß der große belgische Feind in geradezu lächerlicher Weise zusammenbrach, da sein Nahrungsmittelnachschub nicht funktionierte — oder, besser gesagt, gar nicht existierte. Die Stämme durften überleben, mußten aber Tribut zahlen, und Cäsar rückte rasch weiter nach Nordosten vor, gegen die stärksten belgischen Stämme, mit denen er noch nicht in Berührung gekommen war. Das waren die Nervier aus Flandern, berühmt für ihre erstklassige Infanterie. Dies alles erwartete Cäsar hinter dem seichten Fluß Sambre nahe bei Neuf Mesnil (Maubeuge) an der französisch-belgischen Grenze. Die Schlacht, die nun folgte, war eine der gefährlichsten, die er je zu bestehen hatte. Er wurde vom Heer der Nervier, das in einem dichten Walde von der aufklärenden römischen Kavallerie nicht entdeckt worden war, völlig überrascht. Die Verluste seiner Legionen waren alarmierend — eine Kohorte verlor alle sechs Centurionen. Cäsar rettete die Lage durch persönliche Initiative und mit dem Mut, den er in verzweifelten Situationen aufbrachte. Er berichtet darüber: »Der Name der Nervier wurde fast vom Erdboden vertilgt.« Die alten Männer des Stammes, die sich mit den Frauen und Kindern in den Bachtälern und Marschen versteckt hatten, berichteten ihm, von sechzigtausend waffenfähigen Männern hätten kaum fünfhundert überlebt.

Der Erfolg des Feldzugs wurde durch einen heftigen Angriff auf die östlichen Nachbarn der geschlagenen Nervier abgerundet. Diese, die Aduatuker, hatten sich in Marsch gesetzt, um die Nervier zu treffen; doch als sie von der Schlacht hörten, waren sie in ihre Wohnsitze in der Nähe von Namur zurückgekehrt. Dort unterwarfen sie sich, eingeschüchtert von den Belagerungsmaschinen der Römer, brachen aber unklugerweise den Waffenstillstand und gaben Cäsar damit Anlaß für eine furchtbare Vergeltung. Er lehnte es ab, ihnen freien Abzug zu gewähren, und verkaufte alle dreiundfünfzigtausend Einwohner des Ortes auf einer Auktion als Sklaven. Er erzählt uns dies selbst, und zweifellos wird er die Maßnahme damit verteidigt haben, das Beispiel sei notwendig gewesen und das Volk viel zu barbarisch, als daß man ihm hätte trauen können.

Inzwischen war der junge Publius Crassus in Nordwest-Gallien einmarschiert und nahm die Kapitulation der Küstenstämme in der Normandie und der Bretagne entgegen. Zu dieser Invasion lag keinerlei Anlaß vor; sie zeigt jedoch, daß Cäsar im Sinn hatte, das ganze Land zu annektieren oder wenigstens ein Netzwerk abhängiger Staaten darüber zu spannen, wie Pompeius es bei seinen asiatischen Eroberungen getan hatte. Während er sich im Winter endlich um den illyrischen Teil seiner Provinz kümmerte, wurde Gallien durch Garnisonen im Norden, längs der Loire bei Angers, Tours und Orléans, dem alten Cenabum, und in der Schweiz niedergehalten. Cäsar betrachtete den Krieg im Grunde als beendet.

Zustimmung in Rom

Diese Taten hatten inzwischen eine erhebliche Erregung in Rom verursacht. Die neuen Aussichten, die sie eröffneten, waren sensationell; und einiges aus der ungeheuren Kriegsbeute gelangte bereits in die Hauptstadt. Die meisten Senatoren waren der Ansicht, daß solche klingenden Erfolge alle Erinnerung an frühere Illegalitäten ausmerzten. Pompeius beantragte das längste Dankesfest, das es bis dahin gegeben hatte, und Cicero stimmte zu. Er tat es hauptsächlich aus Dankbarkeit für Pompeius, der ihn kürzlich aus dem Exil zurückgeholt hatte. Der Feind des Redners, Clodius, hatte sich als äußerst unzuverlässig erwiesen, nicht nur, indem er die zweifelhaften Ereignisse während Cäsars Konsulats aufgriff, sondern auch, indem er Pompeius selbst schwer bedrängte. Nun aber war Clodius fast völlig außer Gefecht gesetzt: seine Popularität, die weithin auf der kostenlosen Verteilung von Nahrungsmitteln — für die er sich eingesetzt hatte — beruhte, war durch einen bedenklichen Mangel an Getreide infolge schlechter Ernten und skrupelloser Händler-Intrigen erheblich im Kurs gesunken. Clodius behauptete auch, wohl zu Unrecht, Pompeius hätte die Teuerung absichtlich verschlimmert; sie bewirkte nämlich, daß er einen Sonderauftrag zu ihrer Behebung erhielt. Ein Tribun beantragte, dieser Posten solle universale und übergeordnete Autorität haben; dennoch ist nicht wahrscheinlich, daß er selbst hinter diesem Antrag stand, und in der Tat wurde keine solche Macht mit dieser Ernennung verbunden. Aber der Auftrag sollte fünf Jahre gelten, von denen die beiden letzten über die Zeit von Cäsars Statthalterschaft hinausreichten. Das gegenseitige Vertrauen zwischen den Triumvirn war nicht groß genug, als daß Cäsar den zwei Jahren von Pompeius' Macht in Ruhe hätte entgegenblicken mögen.

Schon wurde der Verdacht laut, die armselige Leistung des Pompeius — die Aufrechterhaltung der Ordnung und die Versorgung mit Nahrungsmitteln — sei durch seine Hoffnung diktiert worden, als Retter zum Diktator berufen zu werden. Und von all seinen ehrenden Vorschlägen zugunsten Cäsars einmal abgesehen, konnte auch ein weniger eitler Mann als er neidisch auf die Siege in Gallien werden, die begannen, seine eigenen Erfolge im Osten in den Schatten zu stellen. War es ihm deshalb vielleicht nicht so eilig, Cäsars Berichte im Senat zu verlesen? Man schlug ihm sogar vor, sich von Julia scheiden zu lassen und zur konservativen Partei zurückzukehren. Das lehnte er ab, wandte sich jedoch inzwischen sehr scharf gegen Crassus, den er für die Beleidigungen durch Clodius verantwortlich machte und den er sogar beschuldigte, einen Mordanschlag auf ihn angestiftet zu haben.

Natürlich war das alles der extremen Rechten willkommen. Sie hatte inzwischen sichergestellt, daß im Jahre 56 ein Mann, der die Triumvirn haßte, Konsul werden sollte; überdies hoffte man, das Konsulat des darauffolgenden Jahres werde an Ahenobarbus gehen, den es nach Cäsars narbonensischer Provinz gelüstete. Unter diesen Umständen gewann auch Cicero wieder Zuversicht. Es war vereinbart worden, daß er — nach seiner Rückkehr aus dem Exil — die Triumvirn unterstützen werde, nun aber begann er statt dessen, einen Keil zwischen Pompeius und Cäsar zu treiben. Er nannte das Gesetz, auf Grund dessen Cäsar die Provinz erhalten hatte, ein »Massaker der Verfassung der Väter«. Außerdem kündigte er im Frühjahr 56 seine Absicht an, einen Tribun zu unterstützen, der das campanische Agrargesetz aus Cäsars Konsulat angegriffen hatte.

Hiermit aber ging er zu weit; denn er erinnerte damit die Triumvirn daran, daß sie sich gegenseitig brauchten. Wenn man auch annahm, der Tribun, der Cäsars Agrargesetz angriff, sei ein Parteigänger des Pompeius, so widersprach seine Initiative doch dem Interesse des Pompeius, dem an der Ansiedlung seiner Veteranen aufgrund dieses Gesetzes lebhaft gelegen war. Auch Crassus kam offensichtlich zu dem Schluß, er hätte viel zuviel in das Triumvirat investiert, um es fallenzulassen, zumal er die Freundschaft seiner beiden Kollegen benötigte, um das höchste Ziel seines Ehrgeizes zu erreichen: ein militärisches Kommando, das ihm den gleichen Ruhm wie ihnen einbringen und seine finanzielle Bedeutung verdoppeln sollte.

Deshalb machte sich Crassus im April nach Ravenna auf, das

Landung Cäsars in England
55/54 v. Chr.

Marcussäule in Rom:
Germanen und römische Legionäre

Der Gallierfürst Vercingetorix
ergibt sich dem Julius Cäsar,
Holzstich 19. Jahrhundert

noch zur Cisalpina gehörte, wo er Cäsar traf und ihn vor Ciceros feindlichen Absichten warnte. Als nächstes erfolgte eine Zusammenkunft aller drei Triumvirn, und Mitte des Monats konferierten sie gemeinsam in Luca (Lucca), das wie Ravenna an der Grenze der cisalpinen Provinz lag.

Zuerst wurde der Beschluß gefaßt, Cäsars Maßnahmen zu billigen; auch sollte das Schatzamt die Kosten für seine vier neuen Legionen übernehmen. Dies war eine etwas boshafte Geste gegenüber seinen Kritikern, denn Cäsar war nun reich und der Staatsschatz arm. Man gab ihm Zeit, die Ausbeutung seiner Provinz zu beenden. Pompeius sollte sich allein um Rom kümmern, und Crassus erhielt den militärischen Posten, den er sich wünschte. Selbst Clodius, obwohl man sich nicht auf ihn verlassen konnte, fand es tunlich, die Ämter-Kandidaten des Pompeius zu unterstützen. Was Cicero anging, so mußte er einfach zustimmen, weil sein Bruder Quintus auf Sardinien unter Pompeius diente, der den Redner seine Macht schmerzlich fühlen ließ. Außerdem wollte Quintus demnächst in die Dienste Cäsars treten, der ihn gleichfalls je nach dem Gehorsam seines Bruders behandelte. Wenn auch der Redner in privaten Briefen schrieb, er schäme sich, so zu handeln, begann er nun, servile Lobgesänge anzustimmen — einschließlich einer Rede, in welcher er jede erdenkliche Begründung dafür aufführte, daß Cäsar für ein Land von der geopolitischen Bedeutung Galliens immer noch der rechte Mann war. Cäsar mag bei dieser Schilderung seiner selbst, als früherer Antikonservativer, der nun überzeugt worden war, die Brauen hochgezogen haben; trotzdem erlaubte er Cicero, in einem wütenden Angriff auf den Vater seiner Frau Calpurnia, den der Redner haßte, weil er als Konsul seine Verbannung nicht verhindert hatte, Dampf abzulassen.

Die Vollmacht, die Cäsar in Luca für seine Operationen in Gallien erhalten hatte, war ihm willkommen; sie war überdies notwendig, denn was für imponierende Unternehmen er auch für das Jahr 56 geplant haben mochte, sie mußten zurückgestellt werden, als sich zeigte, daß das Land keineswegs befriedet war. Vielleicht weil sie glaubten, Cäsars Autorität in Rom sei untergraben, hatten die Stämme der Bretagne begonnen, reiflich über ihre Unterwerfung nachzudenken. Die Initiative ergriffen die kriegerischen Veneter, ein atlantisches Volk von Morbihan, das von keltischer Kultur kaum berührt war. Sie ließen sich zu dem gefährlichen Schritt verleiten, römische Offiziere, die requirierten, gefangenzunehmen.

Ihre östlichen und südlichen Nachbarn halfen ihnen dabei, so daß die römischen Streitkräfte zwischen den betroffenen Regionen geteilt werden mußten. Die Küstenstädte der Veneter lagen auf gebirgigen Halbinseln, durch die Flut abgeschnitten und vom Land aus unerreichbar. Cäsar konnte sie nicht erobern, bevor er nicht von seinem Hauptquartier in Angers aus den Bau von Kriegsschiffen auf der Loire veranlaßt und andere seefahrende Stämme zwischen Loire und Garonne mobilisiert hatte.

Die Veneter waren nicht nur bedeutende Überseehändler, sie hatten auch praktisch das Monopol für die Einfuhr von Zinn aus Britannien und waren die führende gallische Seemacht. Zuerst fanden sich die relativ leicht gebauten römischen Kriegsschiffe den schweren Eichenbarken der Veneter gegenüber im Nachteil, da diese flach gebaut waren, um Untiefen bei Niedrigwasser umfahren zu können, und Segel aus Leder hatten, um den Stürmen des Atlantik standzuhalten. Aber sie hatten weder Ruderer noch Bogenschützen an Bord, und die Römer erfanden lange Stangen mit scharfen Haken, um ihr Tauwerk abzureißen und sie manövrierunfähig zu machen. In der Quiberon-Bucht kam es zu einem entscheidenden Zusammenstoß. Eine plötzliche Windstille war Cäsars Glück, die hoffnungslos treibenden Barken wurden geentert und erobert. Die Veneter ergaben sich, und Cäsar selbst berichtet, er habe alle ihre Ratsmitglieder hinrichten lassen und die übrige Bevölkerung als Sklaven verkauft. Diese Tat fußte ohne Zweifel auf der Absicht, zu zeigen, daß Stämme, die sich einmal unterworfen hatten, nicht gut daran taten, zu rebellieren.

Inzwischen hatte eine militärische Unternehmung in der Normandie, die als Repressalie gedacht war, gleichfalls Erfolg. Gleichzeitig beendete der junge Publius Crassus siegreich eine nichtprovozierte Aggression gegen die iberischen Aquitanier zwischen der Garonne und den Pyrenäen. Auf die Gallier (Kelten), Belgier und Aquitanier beziehen sich die ersten Worte von Cäsars Buch »De Bello Gallico«: »Ganz Gallien ist in drei Teile eingeteilt« — berühmt bei Generationen von Gymnasiasten. Weiter im Norden endete das Kriegsjahr mit einer Art Antiklimax im dichtbewaldeten, wasserdurchtränkten Pas de Calais und Flandern, wo Regen und Schlamm Cäsar, wie anderen nach ihm, Schach boten.

Die militärische Besetzung Galliens

Wahrscheinlich war es der Feldzug des Jahres 56, der ihn zu der Überzeugung brachte, daß die ständige militärische Besetzung Nord- und Mittelgalliens unvermeidlich war. Um Rom machte er sich zu dieser Zeit verhältnismäßig wenig politische Sorgen; die Opposition war durch das erneute Einverständnis unter den Triumvirn stark behindert. Sie waren übereingekommen, daß Pompeius und Crassus im Jahr 55 das Konsulat übernehmen sollten. Und weil ein feindlicher Vorgänger versuchte, ihre Kandidatur wegen ungenügender Bekanntgabe zu verhindern, und die Wählerschaft drängte, frei zu wählen, solange sie noch eine Chance hatten, sorgten sie dafür, daß ein Tribun die Wahlen für den Rest das Jahres hintertrieb, so daß sie erst stattfinden konnten, nachdem die Amtszeit des obstruktiven Beamten abgelaufen war. Diese Verschiebung hatte den weiteren Vorteil, daß der jüngere Sohn des Crassus jetzt tausend von Cäsars Soldaten »auf Urlaub« nach Rom bringen konnte, die das Ergebnis der Wahlen sicherten, obwohl Cato dabei verwundet wurde.

Als erstes blockierten die neuen Konsuln Catos Kandidatur für das Amt des Prätors im gleichen Jahr durch Bestechung und die Behauptung, die Omina seien schlecht. Dann begannen sie schleunigst zu handeln. Ein Gesetzentwurf des Tribun Gaius Trebonius stellte sicher, daß sie nach Beendigung ihrer Amtszeit Spanien und Syrien für fünf Jahre erhalten sollten, wobei das Los so manipuliert wurde, daß Pompeius Spanien und Crassus Syrien erhielt. Beide erhielten alle Vollmachten zur Aushebung von Truppen und zur Kriegführung. Sie mobilisierten sofort Rekruten und entsandten Offiziere, um ihre Provinzen zu übernehmen. Trotz Catos ständigem Widerstand und trotz eines Aufruhrs, der vier Menschenleben kostete, kam das Gesetz durch; Crassus selbst verwundete einen Senator. Zuerst sagte man, Cäsars Freunde seien über dieses Gesetz beunruhigt; doch das erwies sich bald als Falschmeldung, denn gleich darauf wurde auch Cäsars Kommando durch einen Gesetzentwurf, für den die Konsuln selbst eintraten, für weitere fünf Jahre erneuert, also bis ins späte Jahr 50 oder frühe Jahr 49 hinein, wodurch er seinen Mittriumvirn für die voraussehbare Zukunft gleichgestellt wurde. Zusammenhalt war um so nötiger, als die Konservativen noch stark genug waren, in den Wahlen des kommenden Jahres das Konsulat für Ahenobarbus und das Amt des

Prätors für Cato zu gewinnen, worauf beide warteten. Pompeius hielt sich in der Nähe der Stadt auf, »um die Ordnung aufrechtzuerhalten«. Er verstieß damit zwar nicht gegen die Verfassung, aber es war eine anomale Situation für einen Mann, der zum Statthalter von Spanien ernannt worden war. Crassus reiste im November nach dem Osten ab. Da er wußte, daß sein Prestige nicht groß genug war, um ihm dauernde Popularität zu sichern, verteilte er vor seiner Abreise an alle Bürger Roms so viel Geld, daß sie drei Monate davon leben konnten, und rühmte sich, er habe danach noch sieben und eine halbe Million Pfund übrig.

Alle Triumvirn waren nun unermeßlich reich. Crassus hoffte, das Glück im Partherland zu finden; Pompeius und Cäsar schauten nach dem Königreich Ägypten. Vor vier Jahren hatten sie sich für die offizielle Anerkennung seines Pharao, Ptolemäus XII., des Flötenspielers, durch Rom gegen eine Zahlung von 7,2 Millionen Pfund verbürgt. Trotz seiner unendlichen Geldmittel hatte Ptolemäus sich dieses »douceur« von dem römischen Ritter Rabirius Postumus borgen müssen, dem Fürsten widerlicher, spekulierender Bankiers, der es gewöhnt war, der ganzen Welt des Mittelmeeres Darlehen dieser Art zu geben, wenn auch kaum in dieser Höhe. Aber schon im Jahr 58, gleich nachdem er Cäsar und Pompeius aus dieser Quelle belohnt hatte, war Ptolemäus von seinen Untertanen aus Alexandria vertrieben worden. Jetzt stand daher die lukrative Frage nach der Möglichkeit seiner Wiedereinsetzung im Raum. Freunde von Pompeius und Crassus hatten darauf hingewiesen, daß diese Aufgabe ihren Patronen wohl gefallen möchte; Feinde des Pompeius gaben zu bedenken, er sei es gewesen, der für die Vertreibung des Königs gesorgt habe, um ihn mit Gewinn wieder auf seinen Thron zurückführen zu können. Jedenfalls mußte Crassus nun anderswo Gelder auftreiben, und in Luca wurde beschlossen, daß seine Gefährten im Triumvirat die Sache regeln sollten. Das konnten sie natürlich nicht persönlich tun. Diese Restauration sollte der Günstling des Pompeius, Gabinius, betreiben, der Statthalter von Syrien werden sollte; er und sein Meister würden dann den Gewinn mit Cäsar teilen. Rabirius, der sein großes Darlehen noch nicht von Ptolemäus zurückerhalten hatte, erhielt die Genehmigung, Gabinius zu begleiten, um sich schadlos zu halten und die Hand auch im neuen Spiele zu haben. Schließlich machte ihn Ptolemäus, der nicht zahlen konnte, zu seinem Finanzminister, so daß er das Geld selbst auf die verschiedenste Art erheben konnte, unter anderem gelang es ihm durch den Handel mit Tuch und Glas.

Inzwischen aber hatte Gabinius den gefährlichen Fehler begangen, die römischen Ritter zu verärgern, die Syrien in ihren Finanzklauen hatten. Er hatte das getan, indem er zu fair gegen die eingeborene syrische Bevölkerung war, und nun beklagten sich die Ritter über das Bestechungsgeld, das er seinerseits von dem ägyptischen König erhielt. Als Rabirius nach Hause zurückkam, erklärte er, er sei ein armer Mann, aber das war kaum glaubhaft, und er und Gabinius wurden wegen illegaler Gewinne angeklagt. Cicero hatte schon früher Gabinius, der wie sein Mitkonsul Piso zu wenig getan hatte, um seine Verbannung zu verhindern, als einen verräterischen, diebischen, weibischen Playboy mit Lockenwicklern beschrieben. Jetzt aber zwangen ihn seine Verpflichtungen gegenüber den Triumvirn, seine Abneigung von einst zu vergessen und für den Mann zu sprechen, obwohl seine Verteidigung nicht akzeptiert wurde. Rabirius, den er erfolgreicher verteidigte, ließ offenbar seinen unbefriedigten Anspruch auf Ägypten auf Cäsar übertragen.

Ein blutiger Sieg

Inzwischen war Cäsar früher als üblich aus der Cisalpina in die Transalpina zurückgekehrt. Ein feindlicher Einfall aus dem Osten hatte ihm die Gelegenheit geboten, die Germanen ein zweites Mal anzugreifen. Von verschiedenen gallischen Stämmen willkommen geheißen, hatten zwei große germanische Stämme, die Usipeter und die Tenktherer, den Rhein von Westfalen her überquert und an Cäsar, während sie sich west- und südwärts bewegten, die Bitte um Land auf der linken Flußseite gerichtet. Statt dessen bot er ihnen ein Gebiet auf dem rechten Ufer an, wobei er der Tatsache, daß der Stamm, der bereits dort lebte, ein Verbündeter Roms war, erstaunlich geringe Beachtung schenkte. Während des Waffenstillstandes und der Verhandlungen kam es zu einem Reiterscharmützel. Ob zu Recht oder nicht, beschuldigte Cäsar die Germanen, damit begonnen zu haben, und, was noch schlimmer war, sie schlugen seine Reiterei, die sechsmal stärker war. Als sämtliche germanische Häuptlinge und Ältesten kamen, um sich zu entschuldigen, verhaftete Cäsar sie alle, überfiel ihr Lager in der Nähe von Maastricht und vernichtete beide Stämme. Cäsar vermerkt: »In ihrem Lager waren auch viele Frauen und Kinder, da sie alle ihre Familien mitgebracht hatten, als sie die Heimat verließen und den Rhein überquerten. Sie flohen in alle Windrichtungen und wurden von der Reiterei zu Tode gehetzt, die Cäsar zu diesem Zweck hinter ihnen herschickte.« Am Zusammenfluß von Rhein und Mosel wurden die erschöpften Flüchtlinge getötet oder ertränkt. Man schätzt, daß bei diesem Völkermord vierhundertdreißigtausend Menschen getötet wurden. Auf römischer Seite soll es nicht einen einzigen Toten gegeben haben.

Im Senat erklärte daraufhin der gewählte Prätor, Cato, daß Cäsar, weit entfernt davon, für dieses Blutbad geehrt zu werden, zur Sühne dem Feind übergeben werden sollte. Der Grund für diesen Antrag war nicht so sehr humanitär als politisch: konservativer Haß auf Cäsar und vielleicht altmodische Ablehnung von Annexionen. Das Hauptmotiv aber war religiös; Cato erklärte, der Treuebruch, von dem er glaubte, Cäsar habe ihn begangen, ziehe einen Fluch nach sich — und der dürfe nicht Rom, sondern müsse den Schuldigen treffen. Wenn man den Göttern Dank schulde, sagte er, so nur, weil sie nicht gestattet hatten, daß die Narrheit und Täuschung des Generals an seinen Soldaten heimgesucht wurde, denn sie hatten der Stadt Rom Vergeltung erspart. Statthalter aus

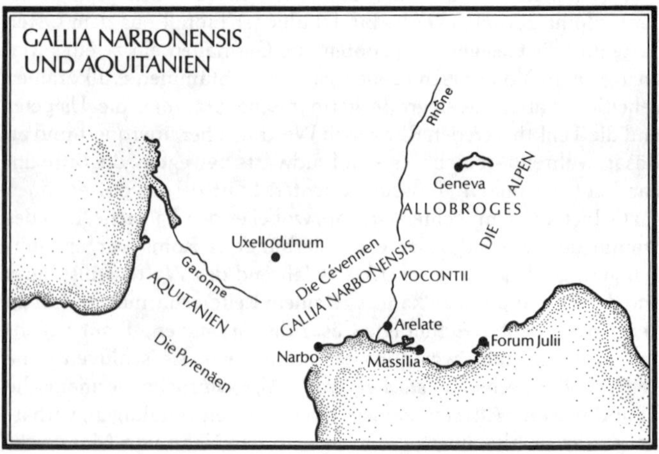

diesem religiösen Grunde an Ausländer zu übergeben, denen Unrecht geschehen war, war gerade gang und gäbe, denn kurz zuvor hatte Cicero den gleichen Antrag gegen Cäsars Schwiegervater gestellt. Natürlich wurde nichts aus dem Gedanken, Cäsar zu bestrafen; auch der andere Antrag, man solle eine Kommission entsenden, um die ständige Ausweitung seiner militärischen Unternehmungen zu untersuchen, fiel durch. Aber Cato war einer der wenigen Männer, die imstande waren, Cäsar zu kränken; Cäsar schrieb wütend an den Senat und beklagte sich über Catos Rede, wobei er argumentierte, daß man, ohne ein Exempel an diesen Horden germanischer Eindringlinge zu statuieren, weder den Hilferufen der Gallier entsprechen noch die römischen Eroberungen stabilisieren könne.

Überfälle auf Britannien und Germanien

Bevor diese Auseinandersetzung über Cäsars Gewalttaten stattfand, hatte er seine Stellung durch zwei weitere Unternehmungen gestärkt, die — wenn auch nicht von Dauer — so doch höchst spektakulär waren. Die erste war die Überbrückung und Überquerung des Rheins, den bisher noch kein römisches Heer überschritten hatte. Als Vorwand diente die Behauptung, einige Reiter der Usipeter und Tenktherer, die, weil sie fouragierten, dem Massaker entkommen waren, seien an das Ostufer zurückgekehrt und hätten bei einem anderen germanischen Stamm Schutz gesucht. Innerhalb von zehn Tagen — vom Beginn des Fällens der Bäume — bauten Cäsars Ingenieure eine Bockbrücke über den Fluß. Diese Brücke in der Nähe von Koblenz oder Andernach oder Köln oder Xanten war fünfhundert Meter lang und zwölf Meter breit. Niemals zuvor war ein so schneller oder tiefer Fluß überbrückt worden. Nach dem Übergang tat Cäsar jedoch sehr wenig. Feindliche Germanen traten nicht in Erscheinung, und nach achtzehn Tagen marschierte er wieder zurück und ließ die Brücke hinter sich zerstören. Aber dieses romanhafte Abenteuer, durch das er mit den Leistungen des Pompeius in unerforschtem Land rivalisieren wollte, erregte Rom. Es diente auch den Nachbarn der Gallier als Warnung, daß Rom von ihnen erwartete, sie seien ebenso gehorsam wie die neu unterworfenen Völker, und römische Macht habe es nicht nötig, irgendeine Demarkationslinie als natürliche Grenze zu akzeptieren.

Im gleichen Jahr (55) gab es ein noch sensationelleres Ereignis: die Überquerung nicht nur eines Flusses, sondern des Ozeans selbst, der die bekannte Erde umgab. Cäsar hatte das Meer befahren, als er Statthalter von Hispania ulterior war, und die Expedition, die er nun unternahm, mag ihm schon im Sinn gelegen haben, als er an der Loire Schiffe bauen ließ, um sie gegen die Veneter in der Bretagne einzusetzen. Dieser Stamm hatte das Monopol für den Handel mit Britannien, war aber nicht willens, verläßliche Informationen über die Insel zu geben. Auch Spione und Zwischenhändler halfen Cäsar nicht weiter. Der gallische König der Atrebaten (Arras), Commius, einer seiner Kollaborateure, wurde verhaftet, als er den Ärmelkanal überquerte, und ein römischer

Offizier, den er zur Rekognoszierung ausschickte, war fünf Tage auf See, ohne daß es ihm gelang, an der ungastlichen britischen Küste zu landen. Manche behaupteten sogar, das Land sei einfach eine Erfindung; diejenigen aber, die an seine Existenz glaubten, neigten dazu, es für sehr reich zu halten.

Der Zeitfaktor spielte eine lebenswichtige Rolle bei diesem Unternehmen, da die Römer es nicht riskieren durften, in den Winter zu geraten; und Cäsar berichtet uns, daß seine Expedition kein Korn für die Truppen an Bord nahm, da man beabsichtigte, von britischem Getreide und Vieh zu leben und vor dem Einsetzen des schlechten Wetters zurückzukehren. Nach den ereignisreichen Monaten im Rheinland war er jedoch vor Ende August nicht in der Lage aufzubrechen. Ohne auf seine Reiterei zu warten, die sich verspätet hatte, stach er nach Mitternacht mit achtzig Transportern, die zwei Legionen trugen, von Portus Itius (Boulogne oder Wissant) aus in See. Gegen neun Uhr morgens war seine Flotte auf der Höhe von Dover, konnte aber angesichts eines Haufens von Britanniern, die so aufgestellt waren, daß sie die Küste mit ihren Wurfspeeren bestreichen konnten, nicht landen. Zu dem britischen Heer gehörte auch eine starke Reiterei, während Cäsar nur dreißig Reiter dabei hatte und die Britannier, anders als die Gallier, außerdem Streitwagen einsetzten. Die römische Flotte segelte weiter bis zu einem Punkt in der Nähe von Walmer oder Deal, wo ihr am Nachmittag eine höchst unbequeme Landung gelang. Sobald sie sahen, daß die Legionäre an Land waren, unterwarfen sich die nächsten britischen Stämme alsbald, aber sie nahmen den Kampf wieder auf, sobald die auf Land gezogenen Kriegsschiffe und die verankerten Transporter durch hohe Fluten, an die Cäsar nicht gedacht hatte, schwer beschädigt wurden. Mit einem gefährlichen Hinterhalt gegen fouragierende Römer wurde er erfolgreich fertig und konnte sich so die Geste gestatten, die doppelte Zahl von Geiseln zu fordern, ehe er — achtzehn Tage nach der Landung — mit seinen Truppen wieder nach Gallien zurückkehrte.

Tatsächlich sandten die Briten nur sehr wenige Geiseln, und außer der kurzen Rekognoszierung mit großer Truppenmacht war praktisch nichts erreicht worden. Trotzdem, die römischen Adler waren zum erstenmal in ein legendäres Land getragen worden, das vom Kontinent völlig abgesondert war. Pompeius soll später gesagt haben, der Kanal sei nicht der wirkliche Ozean, sondern nur überfluteter Schlammboden; aber die phantastische Natur dieses

Unternehmens rührte an die Einbildungskraft der Römer. Zu diesem Zeitpunkt erinnerte Cato seine Mitsenatoren in Rom an Cäsars Grausamkeiten gegen die Germanen. Aber er tat es zur Unzeit, und der Senat beschloß, Cäsar für die Feldzüge des Jahres durch ein Dankfest von zwanzig Tagen zu ehren.

Cäsars Heer

Cäsar und seine Offiziere hatten jetzt vier Kampfsommer jenseits seiner Provinz hinter sich gebracht. Die Anlage der »Kommentare« gibt zwar Raum für die Anerkennung tapferer Taten der einfachen Soldaten, sagt jedoch kaum etwas über das, was seine höheren Offiziere geleistet haben, deren berufliches Können so unentbehrlich für ihn war. Cäsars Stellvertreter im Amt des Oberbefehlshabers war Labienus, dem er jeden Winter das Kommando übertrug, während er in die Gallia Cisalpina ging. Labienus stammte aus Picenum, wie Pompeius, unter dem er, wie auch andere Mitglieder aus Cäsars Stab, früher gedient hatte. Labienus scheint zum erstenmal mit Cäsar während dessen kurzer Dienstzeit im Jahre 78 in Cilicien in Kontakt gekommen zu sein. Im Jahre 63 arbeitete er wieder mit ihm zusammen. Er war ein Mann, der mehr Furcht als Ehrerbietung einflößte, und spätere Ereignisse legen nahe, daß — wenn Cäsar ihn auch reich belohnte — seine ostentativ zur Schau getragene Subordination unterdrückten Neid oder Abneigung gegen seinen Feldherrn verbarg. Aber er war ein außerordentlich fähiger Mann. Trotz gelegentlich falscher Lagebeurteilung war sein Informationsdienst ausgezeichnet, er paßte sich rasch plötzlichen Planänderungen an, und vor allem war er fast allen seinen Zeitgenossen in der Handhabung der Kavallerie voraus, für welche die römische Armee nun beginnen mußte, Gallier und Germanen einzuziehen.

Cäsars Stabschef war Mamurra von Formiae, der auch wahrscheinlich unter Pompeius im Osten und dann mit Cäsar in Spanien gekämpft hatte. Wie Labienus war er ein erstklassiger Offizier, und wie dieser holte er für sich viel Geld aus dem Krieg heraus. Cicero erzählt uns, daß sein Stadthaus noch nie dagewesenen Luxus aufwies. Ihm und seinem General galt die scharfe Ablehnung durch den aggressiven jungen Dichter Catull, der sagte, beide wiesen die gleichen Mängel auf und seien gemeinsam Bewerber um die Gunst der Frauen. Ein anderes Gedicht, das wahrscheinlich im Herbst 55 entstand, nannte den Mann, der in Britannien eindrang, einen herausgeputzten Romulus und sprach von Mamurra, der nach den Worten des Dichters Millionen aus seinem Oberbefehlshaber herausgeholt hatte, in den gröbsten und ungeschliffensten Ausdrücken. Fast noch schlimmer war dieses Epigramm Catulls:

Der Gleichgültigkeit gegen dein Schicksal,
Cäsar,
entspricht nur die Unkenntnis,
wer du bist.[1]

Das mißfiel Cäsar natürlich, aber Catulls Vater war sein Freund und Gastgeber in Verona, einer Stadt, die eine beträchtliche Rolle in Cäsars Vorbereitungen und Plänen spielte. So wurde Catull veranlaßt, sich zu entschuldigen, und Cäsar lud ihn noch am gleichen Tag zu Tisch. Ein anderer junger Dichter, Calvus, der sich darauf spezialisiert hatte, nicht nur die Triumvirn, sondern auch den skrofulösen Vatinius anzugreifen, hatte Freunde, die an Cäsar herantraten, um ihn mit dem jungen Mann zu versöhnen, und der Feldherr selbst tat den ersten Schritt hierzu. Die homosexuellen Anspielungen, in denen sich diese Dichter gefielen, waren das Material solcher Beschimpfungen, aber Cäsars eigene Soldaten sangen später ein Lied mit einem Refrain, das auf einen anderen Aspekt seines Sexuallebens in Gallien anspielte:

Heim bringen wir unseren kahlen Hurenjäger,
Römer, schließt eure Frauen ein!
Alles Gold, das ihr ihm borgtet,
strichen Gallierdirnen ein.[2]

Solche Angriffe ließen die Tatsache außer acht, daß Stabsoffiziere wie Mamurra hohe Leistungen vollbrachten. Und das tat auch zweifellos das Büro für politische Korrespondenz in Cäsars Hauptquartier. Sein Leiter war zuerst Pompeius Trogus, ein Gallier aus dem Stamm der Vocontier (Vaison), ein Experte für alles Keltische. Im Jahre 54 etwa folgte ihm Aulus Hirtius, ein Gelehrter ohne große militärische Kenntnisse, den Cicero später faul und weibisch nannte; Cäsar hingegen beauftragte ihn, das letzte Buch seiner »Kommentare zum Gallischen Krieg« zu schreiben. Hirtius war ein Feinschmecker, berühmt durch die Saucen seines Küchenchefs. Die

Menschen hatten Angst, ihn zum Essen einzuladen. In dieser Hinsicht kann er am Leben im Hauptquartier nicht viel Freude gehabt haben, da Cäsar sehr mäßig trank und dem Essen gegenüber völlig gleichgültig war. Einst nahm er an einem Essen in Mailand teil, bei dem die Spargel statt mit Olivenöl mit Parfüm übergossen serviert wurden. Cäsar aß sie ruhig und rügte die schlechten Manieren seines Stabes, der sie nicht herunterbrachte. Bei Cäsars eigenen Einladungen wurde in zwei Räumen serviert, so daß er nicht die ganze Zeit die Langweiler unter seinen Gästen ertragen mußte.

Die Augen des Hirtius und seiner Leute, wie die Blicke Cäsars selbst, waren natürlich ständig nach Rom gerichtet; in den Gallischen Kriegen ging es nicht so sehr um die Eroberung Galliens, sondern um Cäsars Ambitionen in der Hauptstadt. Unaufhörlich ging eine Fülle von Briefen nach Rom, die Wahlen festsetzten, Freunde ermahnten und Feinden, Neutralen und Schwankenden schmeichelten oder sie bedrohten. Selbst aus Britannien kam ständig Post, die nur drei bis vier Wochen brauchte, und im Winter, wenn er im Cisalpinen Gallien weilte, verstärkte Cäsar noch seine Bemühungen. Selbst während des Reitens diktierte er seine Briefe und hielt zwei oder mehr Sekretäre ständig in Atem. Es ist kaum überraschend, daß ein junger Rechtsgelehrter, der in der juristischen Abteilung in Gallien arbeitete, sich bei Cicero, der ihn für diesen Posten empfohlen hatte, beklagte, es sei kaum je möglich, eine Unterredung mit dem großen Mann selbst zu haben.

Nicht nur die Postausgänge, auch die Eingänge im Hauptquartier waren riesengroß. Cicero warnte Atticus, mit Äußerungen in seinen Privatbriefen vorsichtig zu sein, da sie sicherlich Cäsar zu Ohren kämen, der sein Büro in Rom ständig damit beschäftigte, ihn mit Nachrichten zu versorgen und seine Kandidaten in Ämter zu lancieren. Dieses Büro unterstand Balbus und seinem unzertrennlichen und ebenso unermüdlichen Kollegen Oppius, der einer reichen Bankiersfamilie entstammte und in seiner Freizeit Biographien schrieb.

Cicero hielt sich inzwischen daran, Cäsar und seinem Stab Aufmerksamkeiten abzuringen, und innerhalb von fünf Wochen in dem geschäftigen Jahr 54 hörte er von ihm nicht weniger als dreimal. All dies trug dazu bei, den Redner auf dem laufenden zu halten. Immer noch mußte er Lobgesänge auf die Triumvirn anstimmen, weswegen er sich einem Brieffreund gegenüber lang und breit rechtfertigte; auch hoffte er — vergeblich, wie sich herausstellte —, daß sein Bruder, der jetzt im Stabe Cäsars arbeitete, Konsul würde. So verteidigte Cicero auch Vatinius vor Gericht, den er, wie seinen anderen neuen Klienten Gabinius, vor nur zwei Jahren leidenschaftlich angegriffen hatte. Cäsar lohnte es ihm. Er borgte Cicero die Summe von etwa vierzigtausend Pfund und ernannte ihn zu dem einträglichen Posten des Mitdirektors bei den großen Kontrakten für das neue Forum Julium, das Oppius für ihn neben dem alten Forum Romanum plante. Das Gelände, das für die neue Anlage bestimmt war, kostete fünf Millionen Pfund, und von so viel Geld fiel sicher auch etwas für die Direktoren ab.

Und doch, so gnädig Cicero auch behandelt wurde — Pompeius war nicht entfernt so nett zu ihm — fühlte er sich angesichts der Politik Cäsars stets außerordentlich unbehaglich. Cäsar mochte ihm einflüstern, an seinem Exil seien die Konservativen schuld, aber Cicero blieb ausweichend und unzugänglich und versuchte verzweifelt, die letzten Reste seiner Unabhängigkeit zu retten, indem er seine Verbindung mit ihm auf die persönliche Ebene beschränkte. Auf kulturellem Gebiet gab es nie Schwierigkeiten zwischen den beiden, da Cäsar nicht nur ein Redner war, der es mit Cicero aufnehmen konnte, sondern weil beide auch gemeinsame literarische Interessen hatten. Welcher andere Mann, der Cäsars Leben in der Öffentlichkeit führte, wäre imstande gewesen, eine bedeutsame Abhandlung über Grammatik mitten im Gallischen Krieg zu schreiben, offenbar während er die Alpen im Wagen überquerte?

Dies Werk, von dem uns Fragmente überkommen sind, war Cicero gewidmet. Sie konnten Übereinstimmung erzielen über Cäsars Bemühen, seltene und veraltete Worte zu vermeiden, und sie waren fähig, eine zivilisierte Meinungsverschiedenheit über historische Schulen zu haben und über den Gegensatz zwischen Cäsars stilistischem Ideal schmuckloser Klarheit und Ciceros eigener mehr abgerundeter, tönender Diktion. Möglicherweise ist ein Stück einer Dichtung von Cäsar, das auf uns gekommen ist und die literarische Kritik eines anderen Puristen enthält, des dramatischen Dichters Terenz, auch Cicero gewidmet gewesen. Er seinerseits sandte Cäsar ein Gedicht, in dem er sein Konsulat pries. Danach schrieb er nervös an seinen Bruder und fragte ihn, was der große Mann wohl gemeint hätte, wenn er das übermäßige Lob des ersten Teiles durch den Hinweis dämpfte, der zweite Teil könne mancherorts von besserer Ausarbeitung profitiert haben. Bezog sich das auf das Thema oder den Stil?

Inzwischen konnte Cäsar die Lage in Rom nicht mehr so zuversichtlich beurteilen wie bisher. Zweifellos standen er und Pompeius in Kontakt durch ihren Verbindungsoffizier, den Adjutanten des Pompeius, Lucius Vibullius Rufus, aber die Stellung des Pompeius in Italien war zu machtvoll geworden, als daß seine Rivalen noch Vertrauen zu ihm hatten. Selbstverständlich lehnte er den Vorschlag seines ergebenen Vetters Hirrus, Diktator zu werden, ab. Aber obgleich er Statthalter von Spanien war, blieb er in der Nähe von Rom. Als Vorwand gab er an, er benötige diese zentrale Position, um seine zweite Aufgabe zu organisieren, die Oberaufsicht über die Getreideversorgung von Rom. Außer dem Werben um Popularität bei der Eröffnung seines neuen Theaters, bei der ein Elefantenkampf und das Hinmetzeln von fünfhundert Löwen zu den Unterhaltungen gehörte, hielt er sich aus den Angelegenheiten der Hauptstadt heraus.

Der Sommer 54 war so heiß, daß Cäsar nur mit Toga und Lendenschurz bekleidet, also ohne Tunika, vor Gericht erschien und — charakteristisch für ihn — behauptete, dies sei die Tracht der Römer der Vorzeit gewesen. Aber sogar dieser heitere Zug hellte die Atmosphäre nicht auf, in welcher Cicero verzweifelt schrieb, die Vertreter von Verfassung, Senat und Gericht seien jetzt völlig auf dem toten Punkt angelangt, und nur noch liederliche Scharlatane. Im August starb Julia, Cäsars Tochter, die mit Pompeius verheiratet war. Ein oder zwei Jahre zuvor hatte sie eine Fehlgeburt gehabt, als sie den Mantel ihres Gatten sah, der nach einer heftigen öffentlichen Versammlung mit Blut befleckt war. Eine zweite Schwangerschaft war zuviel für sie, und ihr Kind starb wenige Tage nach ihr. Pompeius wollte sie auf seiner Besitzung bei Alba Longa begraben, aber riesige Volksmengen trotzten dem Konsul Ahenobarbus, trugen ihren Leichnam davon und verbrannten ihn unter großen Feierlichkeiten auf dem Marsfeld. Das Volk von Rom beabsichtigte, durch diese Geste die Siege ihres abwesenden Vaters zu ehren. Vielleicht spürte es aber auch dunkel, daß ihr Tod ein nationales Unglück war, denn sie war eine unschätzbare, einzigartige Vermittlerin zwischen den beiden Potentaten.

Cäsar hatte die ersten Monate des Jahres nicht nur in der Cisalpina verbracht, sondern auch im illyrischen Teil seiner Provinz, wo plündernde Stämme aus dem Südosten unterworfen werden mußten. Inzwischen ließ er Schiffe für eine zweite und überzeugendere Expedition nach Britannien bauen. Aber erst im späten Frühjahr kehrte er über die Alpen zurück und sah sich zunächst gezwungen, vier Legionen gegen den mächtigen belgischen Stamm der Treverer (Trier) zu führen. Sie waren seinen Konferenzen ferngeblieben, und das durfte er nicht übersehen, da ihre Reiterei die mächtigste in Gallien war. Ihr feindlich gesinnter Führer, Indutiomarus, gehemmt durch einen Rivalen, bot scheinbar Unterwerfung an, stellte dreihundert Geiseln und wurde durch den Entzug der obersten Häuptlingswürde bestraft. Eine neue Verzögerung trat auf, als der Führer der nationalistischen Bewegung unter den Aeduern, Dumnorix, sich weigerte, Cäsars Plan entsprechend als Führer eines gallischen Stammes mit über den Kanal nach Britannien zu gehen. Er versuchte, sich davonzumachen, wurde aber von römischen Reitern niedergehauen und starb mit dem trotzigen Schrei: »Ich bin der freie Bürger eines freien Landes!« Dies war das erste Mal, daß Cäsars Autorität durch ein Mitglied der vermeintlichen Verbündeten öffentlich verhöhnt wurde.

Zweite Invasion in Britannien

Infolge solcher Zwischenfälle und wegen widriger Winde, die seine Abfahrt drei Wochen lang verhindert hatten, war es wieder spät im Jahr, als Cäsar nach Britannien aufbrach, wenn auch einen Monat früher als im Jahr zuvor. Diesmal aber war die Heeresmacht größer: fünf Legionen und zweitausend Reiter auf achtundzwanzig Kriegsschiffen und fast sechshundert Transportern. Dazu kamen noch fast zweihundert Schiffe, die römische Bankiers privat — im Austausch für einen Anteil an der erhofften Beute — gestiftet hatten. Die Schiffe, die die Pferde befördern sollten, waren ungewöhnlich breit gebaut, bei den übrigen lagen die Decks tiefer als im Vorjahr, damit sie schnell entladen und auf den Strand gezogen werden konnten. Ruder und Segel wurden an Bord genommen, dazu eine Ausrüstung, die besonders auf die britischen Bedingungen zugeschnitten war.

Die Invasoren starteten von dem gleichen Hafen wie im Vorjahr und landeten nahe bei Sandwich im östlichen Teil von Kent. Sie brauchten den ganzen Tag zum Entladen, und nach Mitternacht, beim Schein des Vollmonds, begann der Marsch landeinwärts,

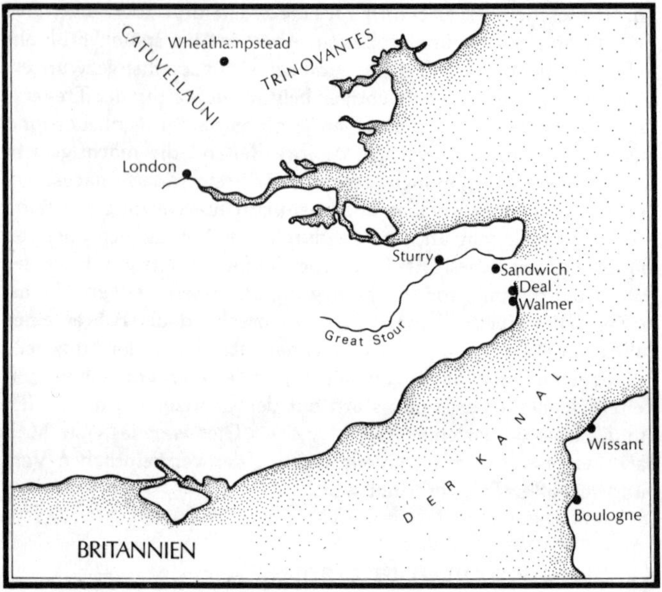

unter der Führung von Mandubracius vom Stamm der Trinovanten (Essex), eines Kollaborateurs, dem die Führung eines prorömischen Bündnisses versprochen worden war. Bis Tagesanbruch waren sie westwärts bis Sturry am Great Stour gelangt.

Den Briten, die sich auf Cassivellaunus vom Stamme der Catuvellaunen (nordwestlich von London) als Führer geeinigt hatten, gelang es nicht, Cäsar aufzuhalten. Jedoch hielt ihn die Nachricht auf, daß das britische Wetter seinen Temperamentsausbruch vom vorigen Jahr wiederholt, seine Flotte schwer beschädigt und vierzig Schiffe zerstört hatte.

Dieses ungeduldige Vertrauen auf sein Glück mußte nun wiedergutgemacht werden. Der Rest der Flotte wurde hoch auf den Strand gezogen und durch Bollwerke geschützt. Zimmerleute wurden aus den Legionen herausgezogen, und Labienus in Gallien erhielt den Befehl, neue Schiffe und Material herüberzuschicken. Dann machte sich Cäsar auf, schlug die Guerillas auf seinem Weg, erzwang den Übergang über die Themse und erstürmte die Hauptstadt des Cassivellaunus, wahrscheinlich das jetzige Wheathampstead nördlich von St. Albans. Die kentischen Fürsten versäumten es, für Ablenkungsmanöver im Rücken der Truppe zu sorgen, und Cassivellaunus ergab sich in aller Form und bot Geiseln an. Ende September kehrte Cäsar nach Gallien zurück.

Zuvor traf er jedoch Anordnungen, um die britannischen Stämme in verschiedenen Graden von Quasisubordination zu halten. Aber das führte zu nichts; die Insel blieb für weitere hundert Jahre unabhängig. In Rom konnte Cäsar viel Kapital aus der Tatsache schlagen, daß die Fürsten eines so fernen und exotischen Gebiets sich ostentativ ihm und der Republik unterworfen hatten. Aber er gab jetzt einen Gedanken auf, den er vielleicht gehegt hatte, nämlich einen Teil Britanniens zu erobern, als Gegengewicht gegen die erwarteten Erfolge des Crassus im Osten. Als er zum zweiten Mal im Jahre 54 landete, hatte er offensichtlich solche Hoffnungen, da er seine Expedition sonst kaum wiederholt hätte. Aber irgendwann während seines Marsches durch das Land mußte er erkannt haben, daß eine dauernde Besetzung letzten Endes undurchführbar war — und er war zu klug, um ernsthaft zu glauben, daß die Unterwerfung der Stämme noch irgendeine Bedeutung hatte, sobald er abgezogen war. Propaganda für Rom war immer noch sein Hauptanliegen, und darin leistete er wie üblich sein Bestes. Aber auch in der Hauptstadt war man enttäuscht. Während der ersten optimistischen Tage hatte Cicero seinem Bruder geschrieben und Material für eine ruhmreiche epische Beschreibung der eroberten Insel erbeten. Aber bald gab er Atticus gegenüber zu, daß es die erhoffte Silberbeute nicht gab. Er hatte auch, so erzählte er Atticus, auf britannische Sklaven gehofft: »Wenn ich auch nicht annehme, daß sich darunter irgendeiner mit literarischem oder musikalischem Talent findet.«

Krisen in Gallien und Rom

In Gallien, wohin Cäsar im Herbst 54 aus Britannien zurückkehrte, wurde es bald deutlich, daß es die erwartete Pazifizierung nicht gab. Die Unruhe brach bei den Karnuten aus, die rund um Cenabum (Orléans) lebten. Ihr Land mit den dunklen, undurchdringlichen Wäldern war das Hauptquartier der Druiden, die dort einmal im Jahr zusammentrafen. Diese privilegierte religiöse Hierarchie war im ganzen keltischen Gallien verbreitet. Rechtsprechung, Erziehung und Verwaltung oblagen den Druiden. Sie allein konnten schreiben, wobei sie sich der griechischen Schrift bedienten. Von Steuern und Militärdienst waren sie befreit. Man erzählte sich auch (obwohl mit berechtigtem Zweifel), die Druiden spielten eine führende Rolle bei den gelegentlich noch dargebrachten Menschenopfern.

Vor drei Jahren hatte Cäsar einen König des wichtigsten Stammes der Karnuten ernannt, und nun wurde sein Kandidat ermordet. Cäsar zog Truppen ab und eilte, mit dieser Lage fertig zu werden, ging aber nicht von seinem ursprünglichen Plan ab, sein Heer auf verschiedene Winterquartiere zu verteilen. Diese Teilung war wegen schlechter Ernten und der daraus sich ergebenden Schwierigkeiten bei der Beschaffung von Nahrungsmitteln geboten; sie war aber auch eine Vorsichtsmaßnahme, da die meisten dieser Winterquartiere im nordöstlichen Gallien, dem Sitz der furchtbaren belgischen Stämme, lagen. Das Unheil schlug sofort zu, als die östlichste dieser Garnisonen, Aduatuca (Tongeren, nahe der Maas nördlich von Lüttich) überwältigt und die ganze Garnison, eine und eine halbe Legion, meist junge Rekruten, niedergemacht wurde. Dieser Schlag, eine nie dagewesene Erfahrung für Cäsar, war das Werk des Ambiorix, des entschlossenen Königs eines relativ kleinen belgischen Stammes, der Eburonen, die auf den Hügeln und in den Wäldern der Ardennen wohnten. »Wie«, sagte er, als er dem örtlichen römischen Kommandanten die Waffen und Kleider vom Leibe riß, ehe er ihn mit seinem Wurfspieß niedermachte, »wie können Kreaturen wie du hoffen, über große Männer wie uns zu gebieten?« Davon hörten die Nervier, soweit sie das Massaker durch die Römer vor drei Jahren überlebt hatten, und Ciceros Bruder Quintus, Kommandant der Garnison von Namur, hatte seine schönste Stunde im folgenden Jahr, als er einen loyalen Sklaven zu Cäsars Hauptquartier in Samarobriva (Amiens) durchbrachte und standhielt, bis der General selbst Entsatz brachte. Cäsar soll einen Augenblick erschrocken gewesen sein, als er vor dem Lager des Quintus Cicero die eindrucksvollen Belagerungsmaschinen sah, die Ambiorix den Römern nachgebaut hatte.

Die Gallier erwiesen sich als gelehrige Schüler, und die Abneigung gegen die Römer wuchs. Besonders Labienus, der bei Sedan stationiert war, sah sich der offenen Revolte des Indutiomarus aus dem Stamm der Treverer gegenüber, der sich niemals unterworfen und Ambiorix zum Aufstand angestiftet hatte. Die gallischen Reiter des Labienus erschlugen Indutiomarus, aber es war nun klar, daß der ganze Plan eines »befriedeten« Gallien zusammengebrochen war und man nur noch auf die Kollaboration der Aeduer und Remer bauen konnte.

Nach dieser Katastrophe ließ sich Cäsar Haar und Bart wachsen und erklärte, er ließe sie erst wieder scheren, wenn er Rache genommen hätte. Das war eine klare Botschaft an die Gallier, die zu der allgemeinen Konferenz, die er im Frühjahr 53 nach Amiens einberufen hatte, gekommen waren. Trotzdem blieben ihr manche Stämme aus dem Norden und aus Mittelgallien fern. Um der Gefahrenzone näher zu sein, verlegte Cäsar sein Hauptquartier und auch das Treffen mit den Häuptlingen nach Lutetia (Paris). Es war das erste Mal, daß er Paris besuchte. Daraufhin unterwarfen sich die Karnuten und die Senonen (Sens), die sich ebenfalls erhoben hatten, schleunigst. Die Treverer, ihres Führers beraubt, wurden von Labienus niedergeworfen. Cäsar überschritt den Rhein zum zweiten Mal (eine Geste, die er mit dem nötigen »Hintergrund« in seinen Berichten ausschmückte, um mit den Zügen des Pompeius im Osten zu rivalisieren), isolierte zuerst die Eburonen und löschte sie dann für alle Zeit aus, indem er ihre Nachbarn dazu überredete, sich an ihrer Vernichtung zu beteiligen.

Aber den Hauptzweck all dieser Strafexpeditionen erreichte er nicht, denn Ambiorix entkam. Die zahllosen Reiter, die das Land durchkämmten, erwischten ihn nicht, und vier Getreue entkamen mit ihm. Wie dem auch sei, Cäsar hielt es für wesentlich, seine Landsleute durch Racheakte zu schrecken; und da das vorgesehene Hauptopfer nicht verfügbar war, wurde das ihm zugedachte schreckliche Schicksal Acco, dem Häuptling der Senonen, zuteil, der sich an dem Abfall beteiligt hatte. Als Cäsar im Herbst 53 die gallischen Fürsten zu sich nach Reims, der Hauptstadt der kollaborierenden Remer, berief, wurden sie gezwungen, der Hinrichtung Accos nach alter römischer Sitte beizuwohnen. Bevor er geköpft wurde, wurde er bis auf die Haut entkleidet, mit dem Kopf in eine hölzerne Gabel gespannt und dann mit Ruten zu Tode gepeitscht. Die römische Armee, die dieses widerliche Schauspiel mit ansehen mußte, empfand es zweifellos als angemessene Strafe, selbst wenn der Hauptschuldige bedauerlicherweise entkommen war.

Die Wahlen von 53

Inzwischen begab sich Cäsar, wie üblich, über die Alpen, um die winterlichen Gerichtssitzungen abzuhalten und die Überwachung Roms zu intensivieren. Der ungeheure Reichtum, den er nun besaß, ermöglichte es ihm, gewaltige Bestechungssummen an römische Beamte und Ämterkandidaten zu zahlen, unter dem Vorwand, er helfe ihnen bei ihren Ausgaben. Auch soll er ihren Frauen oft Geschenke geschickt haben. Merkwürdigerweise war einer dieser Kandidaten, der seine finanzielle Unterstützung für das Amt des Konsuls genoß, Memmius, der sich fünf Jahre zuvor mit Ahenobarbus zu einer wilden Attacke gegen Cäsars kürzlich beendetes Konsulat zusammengetan hatte. Jetzt, als Cäsar und die Konservativen sich gegenseitig überboten, waren die Bestechungen für die Wahlen des Jahres 53 so groß, daß die Zinsen plötzlich von vier auf acht Prozent anstiegen. Pompeius bekannte, er sei schockiert, und zwang Memmius, dem Senat ein unglaubliches Wahlgeschäft zu beichten, das zwischen ihm selbst, einem anderen Kandidaten und den zwei amtierenden Konsuln abgeschlossen worden war. Gegen alle Beteiligten wurden gerichtliche Verfolgungen angestrengt, und das Konsulat ging an andere.

Im gleichen Jahr (53) verschoben sich die Machtverhältnisse entscheidend. Crassus, der mit seinen sechzig Jahren ziemlich alt war und dazu fast taub, war in seine Provinz, Syrien, abgereist und hoffte, dort endlich Ruhm zu gewinnen, der dem von Pompeius und Cäsar nicht nachstand. Das Opfer, das er sich ausgesucht hatte, war die einzig beachtliche, unabhängige Macht, die es noch an Roms Grenzen gab, das iranische Königreich der Parther, das Persien und den Irak feudalistisch regierte, dessen Hoffnung, bis an die Küsten des Mittelmeeres vorzudringen, von Pompeius aber zunichte gemacht worden war. Crassus, dem nicht nur an Ruhm, sondern an dem Gold und der Seide Babylons gelegen war, war in Mesopotamien ohne jeden Vorwand und ohne Kriegserklärung eingebrochen, nur um im Juni die schwerste Niederlage der römischen Waffen für hundertfünfzig Jahre zu erleben. Neue Taktiken der Parther, die auf ihren Kamelen noch nie dagewesene Mengen von Pfeilen mit sich führten, die sie ständig auf zwei Flugbahnen abschossen, so daß die römischen Schilde nutzlos wurden, waren zu viel für Crassus. Er selbst, sein jüngerer Sohn Publius und drei Viertel seiner vierundvierzigtausend Mann wurden getötet.

Infolge ständiger Unruhen in Rom begannen mehr und mehr Leute an eine Diktatur des Pompeius zu denken. Darunter waren auch Feinde Cäsars, die voll Schrecken daran dachten, was er wohl täte, wenn die Kriege in Gallien zu Ende gingen. Selbst Cicero bestätigte in seiner Abhandlung »Über die Republik«, an der er damals gerade arbeitete, die Notwendigkeit, daß eine Persönlichkeit die Regierung übernähme, wenn auch nur um das Steuer mit einem meisterhaften Ruck herumzuwerfen und die alte Verfassung wieder neu zu schmieden. Inzwischen begann das Jahr 52 ohne Konsuln. Als die wachsende Unordnung in der Ermordung von Clodius durch Milo und rivalisierende Gangsterbanden ihren Höhepunkt fand, die für die Sache des rechten Flügels kämpften, gab der Senat Pompeius Notstandsvollmachten einschließlich der Befugnis, Truppen zu mobilisieren. Bald danach wurde er zum dritten Mal zum Konsul gewählt — ohne einen Mitkonsul. Dieses Einmannkonsulat war das ungewöhnlichste Amt seiner Karriere. Begrenzt in seiner Dauer und noch keine Diktatur, aber nicht allzu entfernt davon, schien es unvereinbar damit, daß er als Statthalter von Spanien in Rom blieb. Aber die Ernennung war auf Vorschlag des Extrem-Rechten Bibulus erfolgt, und selbst Cato fühlte sich verpflichtet, ihn, wenn auch widerwillig, zu unterstützen.

Als Pompeius begann, Truppen auszuheben, begann auch Cäsar in der Gallia Cisalpina damit und behauptete, dies sei das mindeste, was er tun könne, um dem Mobilisierungsplan nachzukommen, den der Senat befohlen hatte. Jetzt wurde die Lage gespannt. Pompeius, der seinen eigenen vertrauten Kreis von Literaten und anderen Leuten besaß, die keine politischen Bindungen hatten, hätte es vorgezogen, ungebunden zwischen Cäsar und seinen unversöhnlichen konservativen Feinden zu stehen; das hätte seiner wachsenden Entschlußunfähigkeit am ehesten zugesagt. Nun aber sah er die unangenehme Situation auf sich zukommen, eine Wahl treffen zu müssen. Inzwischen tat er, und das war charakteristisch für ihn, einen Schritt nach der einen und einen nach der anderen Seite.

Cäsar lobte die Bemühungen des Pompeius, Ordnung zu schaffen, und versuchte, ihren Vertrag zu erneuern, indem er ein neues Ehebündnis vorschlug. Er bot an, sich von seiner kinderlosen Frau Calpurnia zu trennen, deren Vater seine Zeit als Konsul abgeleistet hatte, und statt ihrer die Tochter des Pompeius zu heiraten, während Pompeius Octavia, die Großnichte Cäsars, heiraten sollte. Zwar waren die beiden präsumptiven Bräute bereits verheiratet (oder vielmehr die eine verheiratet, die andere verlobt), aber in der Politik spielte das nur eine untergeordnete Rolle. Pompeius lehnte jedoch das Geschäft ab und heiratete statt dessen Cornelia, die Tochter des bedeutendsten Aristokraten von Rom, Metellus Scipio, der ein Cornelier von Geburt und ein Caecilius Metellus durch Adoption war. Damit erneuerte Pompeius seine Familienbeziehungen zu den Metelli, die durch seine Scheidung von einer der ihren vor acht Jahren zerbrochen waren. Außerdem war, im Gegensatz zu der farblosen, wenn auch tugendhaften Octavia, Cornelia, die Witwe des jungen Publius Crassus, eine höchst talentierte Frau; sie war musikalisch, hatte Kenntnisse in Geometrie und Philosophie und war, so wird berichtet, »gar nicht langweilig oder prätentiös wie die meisten intellektuellen Mädchen«. Ihr Vater andererseits war arrogant und bis ins Herz korrupt. Memmius, der selbst Bestechungsgelder in großem Umfang verteilte, hatte sich zu retten versucht, indem er Metellus Scipio des gleichen Vergehens anklagte, aber Pompeius hatte die dreihundertsechzig Mitglieder des Gerichts in sein Haus eingeladen und Freispruch gefordert. Metellus Scipio war zudem ein fanatischer Reaktionär, den Cäsar nicht ausstehen konnte, so daß viele es höchst bezeichnend fanden, als Pompeius ihn während des Sommers als seinen Genossen für das Konsulat wählte, das er bisher allein geführt hatte.

Pompeius weicht dem Druck der Konservativen

Und doch empfahl Pompeius, ein Meister der Verstellung, gleichzeitig Maßnahmen, die Cäsars ärgste Sorgen beseitigen sollten. Nach der Verfassung konnte Cäsar nicht ein zweites Mal Konsul werden, ehe nicht zehn Jahre seit seinem letzten Konsulat vergangen waren, das heißt nicht vor 48. Wenn seine Statthalterschaft vorher endete, wäre eine peinliche Zwischenzeit entstanden, in der er als Privatmann der Anklage vor Gericht und dem Ruin ausgesetzt war. Nun befürwortete Pompeius eine Gesetzgebung, die es ihm erlauben sollte, sich *in absentia* um das Konsulat zu bewerben, so daß die beiden Amtsperioden sich überschnitten. Das Datum des Übergangs blieb noch im Ungewissen; war der Gallische Krieg bald beendet, so brauchte er *vielleicht* einen anderen Dispens, um vor 48 Konsul zu werden. Aber Pompeius verwirrte sofort den Sachverhalt, indem er andere Gesetzentwürfe hinzufügte, die von den Juristen dahingehend ausgelegt werden konnten, daß Cäsar das weggenommen wurde, was er gerade erhalten hatte. Weiter ließ er sich selbst seine Statthalterschaft in Spanien — wo er sich nicht aufhielt — um weitere fünf Jahre verlängern. Sicher, das war kein direkter Angriff auf Cäsar, der das gleiche für sich erstrebte. Aber war das alles im Geiste von Luca? Zuletzt wurde Pompeius ein wenig sorglos und gab dem konservativen Druck spürbar nach. Außerdem war er, wie auch andere in Rom, empfindlich für das, was in Gallien vor sich ging. Dies war ein Jahr, in dem die Kämpfe in Gallien Cäsar zuerst fast ruinierten, ihm aber dann den fast völligen Endsieg brachten: und das politische Pendel in Rom schwang harmonisch mit jeder Veränderung mit.

Auch die Gallier behielten Rom im Auge. Sie erfuhren auch von dem, was den Römern in anderen Teilen der Welt geschah. Der Untergang des Crassus im Osten ließ erkennen, daß es ihnen gelingen könnte, ebenfalls ihren Aggressor loszuwerden, und sie hatten die Britannier beobachtet, die die Annexion vermieden, ohne dafür bestraft zu werden.

Wieder waren es die Carnuten, die die Rebellion auslösten. In ihrer Hauptstadt Cenabum überfielen und ermordeten sie den Offizier, der requirierte, sowie eine Gruppe dort ansässiger römischer Geschäftsleute. Die Hauptinitiative ging von dem weiter südlich wohnenden Stamm der Arverner aus, der lange Zeit zu den führenden gallischen Völkern gehört hatte. Die Tatsache, daß gerade dieser Stamm niemals direkt unter Cäsar gelitten hatte, zeigt, wie tief die allgemeine Mißstimmung ging. Erbitterung bei Nahrungsmittelknappheit war weit verbreitet; die Grausamkeiten, von denen Cäsar gehofft hatte, sie würden die Stämme einschüchtern, hatten genau das Gegenteil bewirkt, und es war nur zu klar, daß er nun an dauernde Annexion und Okkupation dachte. Der führende Geist der ganzen Auflehnung wurde der Arverner Vercingetorix. Dieser Held der französischen Patrioten von Thierry bis de Gaulle war als Kavallerieoffizier und »Freund Roms« in Cäsars Dienste getreten. Nun hatte er sich der nationalistischen Sache angeschlossen und entwickelte Fähigkeiten als Stratege, Verwaltungsmann und Diplomat, die weit über denen lagen, die Cäsar während des ganzen Krieges bei irgendeinem anderen Gallier antraf.

Andere Stämme stießen zu den Arvernern, und zum erstenmal gehörte zu diesen Heeren ein großes proletarisches Element, das Cäsar prophetisch als Vagabunden und Räuber bezeichnete. Während er zum Schauplatz des Geschehens zurückkehrte, erhoben sich Partisanenbanden gegen römische Truppenkontingente und bedrohten selbst die römische Stadt Narbo (Narbonne), die Hauptstadt der Provinz. Cäsar mußte die Cevennen mitten im Winter überqueren. Ein schneller Erfolg der Aufrührer wurde unmöglich, da er den Paß innerhalb von vierundzwanzig Stunden von dem sechs Fuß hohen Schnee freimachen ließ und unerwartet mit einer kleinen Streitmacht auf der Nordseite dieses Hindernisses, nahe dem Gebiet der Arverner, auftauchte. Wie erwartet, zog Vercingetorix bei seinem Erscheinen nun in sein Heimatland, woraufhin Cäsar mit Blitzgeschwindigkeit in das Zentrum von Gallien hineinstieß; seine Truppen lebten dabei von der Hand in den Mund und nur von Fleisch. Im Land der Biturigen (Cher), die sich erhoben und die Rebellion unterstützt hatten, schlug eine germanische Reitertruppe von vierhundert Mann, die zum erstenmal in Cäsars Diensten stand, die nationalgallische Reiterei in die Flucht, und Vercingetorix beschloß, eine Politik der verbrannten Erde zu führen und alle Städte zu zerstören, die die Römer mit Nachschub versorgen konnten. Es war eine Anerkennung seiner überzeugenden Führerschaft, daß die Gallier dieses Selbstopfer auf sich nahmen. Allein die Biturigen verbrannten zwanzig ihrer Niederlassungen, vertraten aber die Ansicht, ihre Hauptstadt Avaricum (Bourges) könne verteidigt werden. Da die Stadt nur durch eine

Enge zwischen Strom und Marschen zugänglich war, stimmte Vercingetorix schließlich nach langem Zögern und unter Protest zu. Am fünfundzwanzigsten Tag der Belagerung jedoch vollendeten die Römer eine riesige Terrasse, dreihundertdreißig Fuß breit und achtzig Fuß hoch, die ihnen trotz aller Versuche, sie zu unterminieren, den Weg in die Stadt öffnete. Die Legionäre, die unter der eintönigen Nahrung und schweren Regenfällen gelitten hatten, waren wütend über die Hinschlachtung ihrer Freunde in Cenabum und »dachten gar nicht daran, Geld durch Gefangene zu machen«, berichtet uns Cäsar. Sie begannen vielmehr ein unvorstellbares Blutbad, dem Greise, Frauen und Kinder ohne Unterschied zum Opfer fielen.

Dieses Unglück, das er vorausgesagt hatte, verstärkte das Vertrauen der Gallier in sein Urteil. Selbst die Aeduer, die wenig Nutzen aus ihrer traditionellen Kollaboration mit Rom gezogen hatten, waren so scharf in Anhänger der beiden rivalisierenden Fürsten geteilt, daß Cäsar sie für völlig unzuverlässig hielt. Er rief ihren Rat zusammen, entschied, welcher der beiden Rivalen Häuptling sein sollte, und hielt es dann für geraten, seine Nachschubbasis in ihre Stadt Noviodunum (Nevers) an der Loire zu verlegen. Das Ausmaß des Aufstandes zwang ihn jedoch, das Risiko einzugehen und seine Truppen zu teilen, so daß Labienus nach Paris marschierte, während er selbst mit einem größeren Kontingent das Allier-Tal bis nach Gergovia heraufzog, der mächtigen Hauptstadt der Arverner, vier Meilen von dem heutigen Clermont-Ferrand entfernt. Diese Stadt, in äußerst günstiger Lage auf einem Hochplateau, eintausendzweihundert Fuß über dem Meer, war die Hauptfestung des Vercingetorix, die er nicht aufgeben konnte. Nachdem er eine Revolte der Aeduer nachsichtig behandelt hatte, schritt Cäsar zur formellen Belagerung von Gergovia. Aber seine Truppen wurden vor den Mauern zurückgeschlagen und verloren sechsundvierzig Centurionen und siebenhundert Mann. Diese Niederlage, eine der schwersten seiner Laufbahn, legte er einem Offizier und seinen Leuten zur Last, die, als sie den Befehl erhielten, das gallische Lager außerhalb der Stadt zu erobern, von ihrem Wunsch nach Ruhm und nach Beute verleitet, ihre Instruktionen überschritten und die Stadt selbst angegriffen hatten. Aber vielleicht ist dies nur ein Versuch, die eigene Verantwortung für das Geschehene zu verkleinern. Immerhin mußte er die Belagerung von Gergovia abbrechen.

Obwohl Cäsar sie so rücksichtsvoll behandelt hatte, stießen nun auch die Aeduer zu der nationalistischen Sache, machten die Römer in Nevers nieder, stürmten ihre Geschäfte, vernichteten alles Korn, das sie nicht essen konnten, und legten dann Feuer an die Stadt, so daß sie für Cäsar unbrauchbar wurde. Nun erkannten fast alle Stämme, mit Ausnahme der Treverer und der den Römern treuen Remer, Vercingetorix als Oberbefehlshaber an; überall im Lande schossen Widerstandsgruppen empor. Cäsar hielt es für dringend geboten, sich mit Labienus zu vereinigen, der inzwischen nach Lutetia marschiert war, das die Pariser niederbrannten, damit er es nicht besetzen konnte. Nachdem er Tag und Nacht marschiert war, traf Cäsar mit ihm bei Auxerre zusammen. Um Ausfälle bei den Aeduern zu ersetzen, wurde zusätzliche Reiterei aus Germanien herbeigerufen und von ihren einheimischen Ponys auf gallische Pferde gesetzt. Diese Verstärkungen waren um so notwendiger, als er keine aus Italien bekommen konnte, von wo sogar seine Briefe ihn nur selten und auf Umwegen erreichten. Die narbonensische Provinz war abgeschnitten und bedroht; um ihre Grenzen zu sichern, ließ Cäsar seine gesamte Streitmacht nach Süden marschieren. In diesem Augenblick entschloß sich Vercingetorix, seine Truppen auf Cäsars marschierendes Heer loszulassen. Etwa in der Nähe von Laignes (Côte d'Or) nutzte er den Vorteil einer ziemlich flüchtigen Aufklärung durch die Römer und griff sie mit seinen Reitern von drei Seiten gleichzeitig an. Aber die germanischen Reiter waren den seinen überlegen, und die Gallier erlitten schwere Verluste.

Nun mußte Vercingetorix sich auf eine befestigte Basis zurückziehen, die er in einigen Meilen Entfernung auf dem abseitsgelegenen Hochplateau von Alesia (Alise-Sainte-Reine auf dem Mont Auxois) angelegt hatte, eine kleine Stadt, die unter der Schutzherrschaft der Aeduer stand. Bevor Cäsar den Ring um die Stadt schließen konnte, sandte Vercingetorix, der seine ganze Heeresmacht in der Festung zusammengezogen hatte, alle seine Reiter fort. Dies sollte einerseits sein Verpflegungsproblem vereinfachen, zum anderen der Kavallerie ermöglichen, sich weit im Lande herum zu zerstreuen und Hilfe von anderen Stämmen herbeizurufen. Man könnte meinen, es sei vernünftiger gewesen, eine kleine Truppe für Ausfälle dazubehalten, die übrigen als Fußsoldaten zu verwenden und ihre Pferde zu essen, da fünftausend Pferde die achtzigtausend Einwohner mehr als einen Monat hätten ernähren können. Aber offenbar hatten die Gallier der damaligen Zeit einen Widerwillen gegen Pferdefleisch, und ihr Feldherr glaubte wohl, ihn nicht überwinden zu können, selbst nicht in einer so schweren Krise.

Die römischen Legionäre waren vorzügliche Schanzarbeiter, gewöhnt, sich jeden Tag große Lager zu bauen, und kein General hat je den Spaten mehr gebraucht als Cäsar. Da Alesia kaum zu erstürmen war, sich aber für eine methodische Belagerung geradezu anbot, umgab er die Stadt mit einem ununterbrochenen Befestigungsgürtel von zehn Meilen Länge.

Die Belagerten auf der anderen Seite waren jedoch so knapp an Lebensmitteln, daß sie jeden ausstießen, dessen Alter und Krankheit ihn untauglich zum Kampf machten. Da die römischen Lagertore sich ihnen nicht öffneten, nahmen sie ein trauriges Ende. Inzwischen nahte der Entsatz. Wenn Cäsars Zahlen richtig sind, so waren es eine viertel Million Fußvolk und achttausend Reiter, die nicht weniger als dreiundvierzig gallische Stämme gestellt hatten. Das römische Heer wurde nun vier Tage lang mit voller Wucht von beiden Seiten aus angegriffen, aber eine Bewegung des Labienus, dem es gelang, einen Einbruch in die äußerste Linie abzudämmen, verhinderte ein Unglück, und dann brachte eine Attacke durch Cäsars Kavallerie, die außerhalb der Festungswerke im Rücken der Angreifer operierte und die er selbst anführte, die Entscheidung. Von dem Entsatzheer war infolge seiner Schwerfälligkeit nur ein kleiner Teil zum Einsatz gekommen.

Vercingetorix ergab sich und wurde sechs Jahre später, nach Cäsars Triumph, hingerichtet. Die meisten anderen Gefangenen wurden als Sklaven unter die römischen Soldaten verteilt, einer auf jeden Mann. Aber obgleich die Aeduer und Arverner ihm mehr angetan hatten als jeder andere Stamm, entschloß sich Cäsar, sie nicht auszutilgen, da er sie noch als Schlüssel zu dem politischen System Mittelgalliens benötigte. Die Gefangenen, die zu jenen Völkern gehörten, wurden in der Hoffnung begnadigt, sie würden als Köder und zur Bestechung für ihre Landsleute dienen. Wenn es auch nicht gerade Milde war, so schien dies doch zumindest ein Zeichen der Einsicht Cäsars, daß die Politik des blutdürstigen Terrors nur das Gegenteil von dem bewirkt hatte, was er wollte.

Der Gallische Krieg war noch nicht vorbei, aber die große Revolte war niedergeschlagen. Sie hatte nicht den Grad nationaler Zusammenarbeit erbracht, auf den ihr Anführer gehofft hatte; selbst ein Führertalent hatte die gallische Unfähigkeit zur Disziplin und zur Organisation des Nachschubs nicht überwinden können.

Er mußte den guten Willen der Gallier in eben dem Augenblick ausnutzen, in dem er sich deutlich manifestierte, aber der Zeitpunkt war nicht günstig gewählt; zwei Jahre später hätte der Aufstand Cäsar am Rande eines römischen Bürgerkrieges überrascht.

Weitere Aufstände in Gallien werden niedergeschlagen

Auch hatten sich viele belgische Stämme, die die Wucht seiner Angriffe in früheren Jahren ertragen hatten, in selbstgenügsamer Arroganz aus den Kämpfen herausgehalten oder zu spät zur Hilfe entschlossen. So hatten zum Beispiel die Bellovaker (Beauvais), die Cäsar als die besten Kämpfer von allen Galliern bezeichnet, mehr als nur zweitausend Mann zum Entsatzheer für Alesia entsenden sollen. Jetzt, in den ersten Monaten des Jahres 51, kam ihr eigener, einzelgängerischer Versuch eines Aufstandes zu spät. Ahenobarbus in Rom hoffte von Herzen, daß diese neue Revolte Cäsar ein für allemal den Garaus machen würde, aber sie brach zusammen, als ihr heroischer Führer Correus von einer unerwartet großen römischen Übermacht überwältigt und getötet wurde. Nun zog Cäsar nach Norden, um seinem Haß gegen die Eburonen freien Lauf zu lassen, aber ihr Führer Ambiorix fuhr fort, ihm schamlos auszuweichen.

Dann hielt Cäsar es für nötig, sein Heer — mit welchen Anstrengungen, kann man nur ahnen — quer durch Gallien an dessen anderes Ende marschieren zu lassen, um dort eine furchtbare und entscheidende Schlacht zu schlagen. Noch zu diesem Zeitpunkt hatten entschlossene Häuptlinge verschiedener Stämme, zu denen sich etwa zweitausend fanatische Unversöhnliche gesellten, einen neuen Plan zum Angriff auf Roms narbonensische Provinz ausgearbeitet. Aber sie wurden gezwungen, sich in die Hügelfestung Uxellodunum (Puy d'Issolu in der Dordogne) zurückzuziehen, die fast uneinnehmbar war. Cäsar schnitt ihre Wasserversorgung ab, und die Gallier, die übernatürliche Kräfte dafür verantwortlich machten, ergaben sich.

Aber selbst jetzt noch, am anderen Ende Galliens, von wo Cäsar erst vor kurzem aufgebrochen war, kämpfte ein belgischer Häuptling in seiner Heimat bis zum Ende des Jahres. Es war Commius aus dem Stamm der Atrebaten (Arras). Zunächst einer von Cäsars loyalsten Gefolgsleuten, war er im Jahre 57 mit Tributfreiheit und der Gewährung einer Schutzherrschaft über einen benachbarten Küstenstaat belohnt worden. Er war es, der in Cäsars Namen nach Britannien vorausgegangen und dort verhaftet worden war; und er war ein tüchtiger Reiteroffizier geworden. Als er aber erkannte, worauf Cäsars weitreichende Pläne abzielten, und vielleicht auch sah, wie grausam ein befreundeter Häuptling behandelt wurde, hatte Commius seine Haltung geändert. In dem großen Aufstand trommelte er Rekruten für das nationalistische Entsatzheer für Alesia zusammen und war einer ihrer Feldherren; bei der folgenden Revolte der Bellovaker war er wieder einer der Anführer. Als der Aufstand zusammenbrach, gab er die Hoffnung noch nicht auf, sondern zog sich nach Germanien zurück, um dort noch mehr Soldaten aufzutreiben. Zu diesem Zeitpunkt sandte Labienus einen Centurio zu ihm, der ein Gespräch mit ihm führen und ihn dabei niedermachen sollte. »Aber entweder«, sagt Hirtius, »verlor der Centurio die Nerven, oder die Freunde des Commius waren zu schnell für ihn. Auf jeden Fall entkam der Gallier, wenn auch mit einer schweren Kopfwunde.«

Selbst als der übrige gallische Widerstand zusammengebrochen war, hielten die Atrebaten noch weiter aus und griffen römische Eskorten an. Nun wiederholte der gleiche Centurio seinen Versuch, Commius zu töten. Aber wieder gelang es ihm nicht, und er wurde schwer an der Hüfte verletzt. Commius, der Ansicht, nun sei der Ehre Genüge getan, verhandelte und stellte nur eine Bedingung, daß man nie wieder von ihm fordere, vor irgendeinem Römer zu erscheinen. Im folgenden Jahr gelang es ihm, nach Britannien zu entkommen, wo er ein Königreich in Berkshire gründete. Er war der erfolgreichste unter den wenigen Galliern, die Cäsars Zorn überlebten.

Das Ende des Gallischen Krieges

Der Gallische Krieg war nun zu Ende. Man sagte, Cäsar habe dreißig regelrechte Schlachten geschlagen, über achthundert Städte erobert und gegen drei bis vier Millionen Menschen gekämpft, von denen er eine Million gefangennahm und eine Million tötete. Der siegreiche Feldherr selbst gibt die Zahl der Getöteten mit einer Million einhundertzweiundneunzigtausend an. Zu seiner erschrekkenden Behandlung der letzten Widerstandskämpfer sagte Cäsar nach dem Bericht des Hirtius, man werde dies nicht mißverstehen, da jedermann wisse, wie human er sei. Macaulay und John Buchan stimmen dem bei, der letztere freilich mit einigen Vorbehalten. Boileau und Rousseau kommen dem Kern näher, wenn sie wiederholt Handlungen von ekelhafter und verräterischer Brutalität entlarven. Diese überschritten oft, wie wir gesehen haben, das Maß und verkehrten den Zweck der Einschüchterung ins Gegenteil; Cäsar wies allerdings darauf hin, daß sich der Feldzug gelohnt habe: Gallien wurde regelrecht erobert und erhob sich für lange Zeit nicht mehr.

Die Eroberung von Gallien, wie die von Britisch-Indien, wurde hauptsächlich durch innere Zwistigkeiten ermöglicht. Die Stämme konnten nicht von ihren Streitigkeiten lassen, und so waren sie in einer Welt, in der nichts eine Aggression durch stärkere Kräfte aufhalten konnte, zu schwach, um ihre Unabhängigkeit auf eigene Rechnung zu erhalten, und wenn sie nur die Wahl hatten, von anderen gallischen Stämmen oder von Rom beherrscht zu werden, so wollten viele von ihnen lieber einem fremden Herrn gehorchen als einem Gallier; das empfanden sie als weniger demütigend. Außerdem: wäre Rom nicht eingeschritten, so hätten die Germanen wohl weiter versucht, sich im Lande festzusetzen. Rom hatte zu Anfang seine Interventionen in den allzu vertrauten Mantel der Antwort auf den Hilferuf eines Verbündeten verkleiden können. Aber der ganze Krieg, mit seiner stetigen Ausweitung, war in der Tat eine mutwillige Aggression, um Cäsar in Rom Ruhm einzubringen.

Die Rückwirkungen seiner Taten jedoch gingen weit über die Überlegungen hinaus, die sich auf seine persönliche Karriere bezogen. Das Gebiet, das er nun annektiert hatte, war zweimal so groß wie das zeitgenössische Italien und viel volkreicher als Spanien. Noch viel entscheidender als Pompeius im vergangenen Jahrzehnt hatte Cäsar die ganze Idee und Natur des römischen Reiches verändert. Es hatte aufgehört, nur ein Streifen Landes im Mittelmeer zu sein und war ein ungeheures Land-Imperium geworden, in dem Gallien den Schwerpunkt darstellte. Der Eroberer hatte die Prähistorie Westeuropas beendet und seine Geschichte begonnen, deren Erben wir sind.

In Nemetocenna (Arras) gab er dem neueroberten Land (Gallia Comata — langhaariges Gallien) im Winter 51/50 seine neue Organisation. Der jährliche Tribut, den das Land zahlen mußte, wurde auf zwei Millionen Pfund festgesetzt. Im Vergleich zu den Summen, die aus östlichen Regionen erpreßt wurden, scheint dies zunächst eine bescheidene Summe. Cäsar forderte nicht mehr, da er während der Kämpfe, die ihn nun anderswo erwarteten, die Unterstützung oder doch zumindest die Ruhe Galliens brauchte. Überdies war der Tribut gar nicht so gering. Das Land war ausgeblutet und zur Zeit völlig erschöpft, und die Auflage betrug ungefähr ein Achtel des Gesamteinkommens, das Rom zwei Jahrzehnte lang aus all seinen zehn Provinzen gezogen hatte.

Kam das neue Gallien seinen Steuerverpflichtungen nach, so war Cäsar entschlossen, nicht allzuviel zu intervenieren. Er schlug vor, das ist wahr, seine wehrfähigen Männer einzuziehen, und er hatte schon einen Präzedenzfall geschaffen, indem er in der Gallia Narbonensis Infanterie und Kavallerie für die Legion der »Lerchen« aushob. Jedoch warnte ihn das Beispiel des Pompeius, der den Osten mit Geldstrafen belegt hatte, ohne behördliche Kontrollen einzusetzen. In der neueroberten Provinz mußten die törichten und nutzlosen direkten Bedrückungen, die tiefes Elend über die narbonensische Provinz gebracht hatten, vermieden werden.

Der gesamte Krieg hatte acht Sommer gedauert. Er wäre kürzer gewesen, wenn Cäsar sich nicht verpflichtet gefühlt hätte, spektakuläre Abenteuer zu suchen, um den Daheimgebliebenen ein Schauspiel zu bieten. Aber sogar dann war es kein langer Krieg für die Annexion eines Gebietes von zweihunderttausend Quadratmeilen, das dicht bevölkert war und dessen Einwohner entschlossen waren, sich ihre Unabhängigkeit zu erhalten, obwohl sie den Römern gegenüber zumeist völlig ungleichwertig bewaffnet und auch unbeständigen Sinnes waren.

Ein großer Feldherr

Vor allem aber hatte Cäsar Gallien erobert, weil er einer der bedeutendsten Feldherren des Altertums und vielleicht sogar der Weltgeschichte war. In der Tat vergleichen Byron, Constant und Stendhal Cäsar mit Napoleon, und Napoleon selbst entdeckte in den »Précis des Guerres de César«, die er auf St. Helena schrieb, eine Ähnlichkeit mit sich selbst, die fast Gleichheit war. Aber die Probleme der beiden Feldherren waren verschieden. Die römische Armee bestand zum größten Teil aus schwerer Infanterie; die leichte Infanterie aus Bogenschützen, Schleuderern und Wurfspießträgern, die am Rande der Schlachtordnung kämpfte, war undiszipliniert und oft auch schlecht bewaffnet. Zu einer Legion gehörten nur dreihundert Pferde, und trotz des Gutachtens des Labienus vergingen noch weitere drei Jahrhunderte, bis man die Reiterei als Waffe ernst nahm. Das Eigengewicht militärischer Tradition muß hier mitgespielt haben, denn die Römer benötigten Kavallerie, besonders gegen die Gallier; und als die Aeduer sich unzuverlässig zeigten, wurden sie durch germanische Reiter ersetzt, die verschiedentlich entscheidend eingriffen.

Mit Armeen, die überwiegend aus vollbewaffneter Infanterie bestanden, konnte man gegen jeden Befehlshaber kämpfen, der nicht aus ganz besonderem Holz geschnitzt war, indem man den Grundforderungen entsprach: Mut, Nachschub und Übung. Jeder gute Drillmeister war daher auch ein verhältnismäßig guter General. Cäsar war ein vorzüglicher Drillmeister, der sich ständig bewußt war, welche Bedeutung die Kenntnis und die Beherrschung der Details hatte und was militärischer Gehorsam bedeutete. Aber noch besser als ein Drillmeister war nicht so sehr der Mann, der kompetente Pläne schmiedete, als der Mann, der fähig war, sie kurzfristig umzuändern. Diese Fähigkeit besaß Cäsar in hohem Maße, und er verband sie mit einer natürlichen Begabung, die Lage auf dem Schlachtfeld zu erkennen und feinfühlig zu beurteilen.

Dies alles war nur ein Teil seiner berühmtesten und bemerkenswertesten Fähigkeit: schnell zu marschieren. Die Gewohnheit des römischen Heeres, jede Nacht ein ausgedehntes Lager aufzuschlagen, reduzierte natürlich sein Tempo um vier oder fünf Stunden pro Tag, so daß seine Feinde nicht mit sehr schnellen Truppenbewegungen rechneten. Aber Mal um Mal gewann Cäsar einen Kampf, noch ehe er begann, weil er und seine Truppen bereits an einer Stelle waren, an der sie eigentlich noch nichts zu suchen hatten. Er selbst ritt schnell und gut und besaß ungewöhnliche Ausdauer. Er schlief meist in Sänften oder im Wagen, und selbst in den leichten vierrädrigen der damaligen Zeit, die auf den schlechten Straßen stießen und sprangen, brachte er es fertig, mit der mörderischen Geschwindigkeit von hundert Meilen am Tag zu reisen, doppelt so schnell wie ein gewöhnlicher Sterblicher. Diese unheimliche Geschwindigkeit ging Hand in Hand mit einer ebensolchen Schnelligkeit des Geistes, die Cicero widerwillig anerkannte.

Die Via Appia in Rom mit Blick auf das Grabmal
der Horatier und Curiatier

Andrea Mantegna:
Der Triumphzug Cäsars

Andrea Mantegna:
Gefangene im Triumphzug Cäsars

Andrea Mantegna:
Vasenträger im Triumphzug Cäsars

Wiederholt setzte Cäsar alles auf eine Karte. Das war sein berühmtes Glück. Glück bedeutete viel in den Augen der Römer und war in der Tat eine der Hauptgottheiten dieses Zeitalters ohne Illusionen. Sulla hatte diese Eigenschaft zu einer Art mystischer persönlicher Charakteristik erhoben, eng verwandt mit dem Verdienst. Als Cäsar im Verlauf der Jahre seine stets um Haaresbreite gewonnenen Siege überlebte, war viel von seinem Glück die Rede als der notwendigsten Eigenschaft für einen erfolgreichen Feldherren, und Shakespeare drückte es so aus:

»... gar wohl weiß die Gefahr,
Cäsar sei noch gefährlicher als sie.«[3]

Er selbst war weder Philosoph noch Mystiker, aber vom Instinkt her ein Spieler, der niemals vor der Ungunst des Schicksals zitterte, sondern auf seine Fähigkeiten vertraute, ihm seinen Willen aufzuzwingen. In seinen »Kommentaren« begegnet man dem Glück immer wieder als der Bewegung kleiner Gewichte, die große Veränderungen bewirken. In der Tat sieht er selbst oft den historischen Prozeß als ein Drama plötzlicher Wendungen des Glücks. Und doch ist er kein Fatalist, denn er läßt uns nicht im Zweifel darüber, daß es Wendungen sind, die seine eigenen Geistesgaben — verglichen mit den Bemühungen geringerer Männer — zustande bringen konnten.

Die Männer, die unter Cäsar dienten

Die große Rolle, die seine Unterführer spielten, kommt in seinen Berichten nicht recht heraus. Noch weniger hören wir von den Kommandeuren der einzelnen Legionen, obgleich Cäsar viel tat, um ihrem Amt einen neuen und vor allem einen Berufscharakter zu geben. Ihre Taten werden erwähnt, jedoch nur mit gelegentlichem Lob oder Tadel. Außer in unvorhergesehenen Krisen ließ er ihnen nur wenig Spielraum für eigene Initiative und Abweichung von seinen Instruktionen, und kaum je hat er sie um ihre Meinung gefragt.

Andererseits wird der Leser gewahr, daß viel von dem Mut, der Loyalität und der Initiative der Centurionen, dieser vorzüglichen Mischung aus Kompanieoffizier und Feldwebel, abhing, die, sechs in jeder Kohorte und einer davon ihr Anführer, das Rückgrat seines Heeres bildeten.

Wenn sie auch dem Rang nach Offiziere waren, so gehörte doch ihnen wie seinen Soldaten die herzliche und niemals murrende Zuneigung Cäsars, die wahrscheinlich das stärkste persönliche Gefühl in seinem Leben war — ein Gefühl offenbar, das ihm erst nach Jahren unter den weniger erfeulichen Erregungen der Politik in Rom aufging. Man könnte von Cäsar wie von Rommel sagen: »Zwischen ihm und seinen Truppen herrschte jenes gegenseitige Verstehen, das weder erklärt noch analysiert werden kann, sondern das ein Geschenk der Götter ist.« Man hat gesagt, Cäsar habe die Reihe seiner Legionen als eine Erweiterung seiner eigenen Persönlichkeit betrachtet. In den »Kommentaren« wird uns dieses Verhältnis durch das besondere Medium seiner Ansprachen an die Truppen übermittelt. Solche Ansprachen, die in Wirklichkeit wohl eher an die Offiziere als an die Mannschaften gerichtet wurden, waren mit dem wohlberechneten Erscheinen des Feldherren selbst verbunden, kahl und barhäuptig in Sonne und Regen der Armee zu Fuß voranmarschierend oder unerwartet auftauchend, um gefährliche Situationen zu wenden. Und immer gab es eine Chance für Centurionen oder Standartenträger, sich eine jener ehrenvollen Erwähnungen in seinen »Kommentaren« zu verdienen, die wie Ordensverleihungen klingen.

Ein Offizier, der in einem seiner späteren Kriege diente, versucht, diese magnetische Gefühlsverbundenheit zwischen Cäsar und seinen Leuten zu erklären, indem er von einer kurzen Zeit spricht, in der er nicht bei seiner Armee war. »Sie vermißten den Anblick ihres Anführers, seinen Mut und seine herrliche gute Laune. Er trug den Kopf hoch und strahlte Zuversicht aus.« Modern ausgedrückt: er trat weniger wie ein General vor seine Truppen als wie ein Industriekapitän vor seine Arbeiter. Um Disziplin kümmerte er sich wenig, außer wenn die Arbeit getan werden mußte. Strenge und Nachsicht waren bei ihm in einer Art verbunden, die ein modernes Heer aus der Fassung bringen würde. Vergehen gegenüber verschloß er die Augen, außer wenn es um Disloyalität in Form von Desertion oder Meuterei ging, die unbarmherzig bestraft wurden, oder, wenn es nicht die rechte Zeit zur Bestrafung schien, unvergessen blieben. Nach den Schlachten hielt Cäsar es für geraten, den Truppen die Zügel locker zu lassen. »Meine Leute sind großartige Kämpfer«, sagt er »selbst wenn sie nach Parfüm stinken.« In einem späteren Feldzug hieß es, die Ozeane von Wein, die sie bei der Plünderung einer Stadt soffen, hätten ihren Gesundheitszustand beträchtlich gehoben, als sie weitermarschierten. Aber es bedurfte noch handfesterer Belohnungen als dieser. Die Geschichte der vergangenen Jahre hatte nur zu deutlich gezeigt, daß in den Tagen halbprivater Armeen die Soldaten einfach sehr hoch belohnt werden mußten. Die meisten von ihnen waren Freiwillige. Während des 2. Jahrhunderts v. Chr. hatte sich eine Art von Freiwilligensystem eingebürgert, das die Aushebungen ergänzte. Gleichzeitig war auch die frühere Forderung, daß nur Männer, die ein Eigentum von zweitausend Pfund nachweisen konnten, Soldaten werden durften, allmählich fallengelassen worden. Von nun an war der Zustrom an Freiwilligen so groß, daß, außer in Bürgerkriegszeiten, kaum die Notwendigkeit bestand, auf Zwangsmaßnahmen zurückzugreifen. Das heißt: Soldatsein war ein Beruf geworden, und Soldaten waren daher entsprechend zu entlohnen, sowohl während wie auch nach der Dienstzeit. Wer aber sollte dafür geradestehen, daß sie ihre Löhnung erhielten? Nicht der römische Senat, der oft in heftigem Gegensatz zu ihren Anführern stand. Vielmehr erwarteten sie diese Großzügigkeit von ihren Generalen selbst, ihren direkten Arbeitgebern, ihren Feldherren, die sich immer mehr wie unabhängige Kriegsherren betrugen und auf die Regierung in Rom jeden nur möglichen Druck ausübten. Als Antwort auf diese Lage wurde der alte Treueid zu den Fahnen immer mehr ergänzt und überlagert von einem höher bewerteten persönlichen Eid des Gehorsams gegenüber dem General selbst. Seine Soldaten wurden seine persönlichen Abhängigen oder Klienten, und die Klienten-Beziehung war eine zweiseitige Bindung, bei der der Patron nicht nur Dienstleistungen erwartete, sondern ebenso reichlich zu geben hatte, wie er empfing.

Lucullus, der gegen Mithridates kämpfte, bevor Pompeius mit dem Oberbefehl beauftragt wurde, hatte das traurige Beispiel eines sonst tüchtigen Generals geboten, der versagt hatte, weil er zu sehr den Idealen einer vergangenen Zeit anhing, um diesen Standpunkt einzusehen oder anzunehmen: deshalb hatte er Heer und Auftrag verloren. Cäsar beging nicht den gleichen Fehler. Es ist wahr, daß von der gigantischen Beute ein großer Teil den Weg zu den Männern fand, die unter ihm dienten. Das zeigte sich zunächst in ihrer Löhnung. Gemessen an der Löhnung früherer Zeiten bezahlte er sie gut. Einmal, ungefähr am Ende des Gallischen Krieges, verdoppelte er ihre kleine Jahreslöhnung von etwas über zweiundzwanzig Pfund. Aber auch damit erhielten sie nur, was der billigste Arbeiter verdiente. Es mußte viel mehr getan werden. Während die Offiziere reich und die Feldherren Millionäre wurden, erhielten auch die Legionäre ihren Anteil an Sklaven und anderer Beute, einschließlich der Schätze reicher gallischer Heiligtümer. Und wenn sie aus dem Dienst ausschieden, erhielten sie Siedlungsland. Der Herzog von Wellington bemerkte, daß Macht belohnen müsse, sei ein fatales Handicap für einen General, und Cäsar war sich immer bewußt, daß seine Soldaten, wie die anderer Feldherren, zu jeder Zeit ungeduldig ihren Lohn fordern konnten; dies galt vor allem für die Legionen, die er besonders und nur für die Dauer des Krieges ausgehoben hatte. »Hast du keine Soldaten, so bekommst du kein Geld«, sagte er, »aber wenn du kein Geld hast, bekommst du keine Soldaten.« Cäsar verbrachte einen großen Teil seines Lebens damit, Geld anzusammeln, aber jetzt hatte er daran keinen Mangel. Die ungeheuren Summen, über die er verfügte, verbunden mit der geschickten, bühnenwirksamen Darstellung seiner Persönlichkeit, genügten, um ihm die Ergebenheit seiner Legionäre zu erhalten.

Die römischen Legionäre

Diese kleinen Leute bildeten eine der größten Militärmaschinen der Weltgeschichte und flößten Schrecken ein. Innerhalb der Legion von sechstausend Mann war seit der Zeit des Marius die sechshundert Mann starke Kohorte die Haupteinheit. Sie stellte eine Einheit von nie dagewesener Kampfkraft dar. Für die Schlacht wurden sie meistens in drei Gliedern aufgestellt, mit vier Kohorten im ersten und je drei im zweiten und dritten Glied — eine dreifache Formation von Kämpfern, Nachschub und Reserven, so daß zu jeder Zeit zwei Drittel der Legion außerhalb der Gefahrenzone blieben und vor Erschöpfung bewahrt wurden.

Die Legionäre trugen Wollhemden und Tuchstreifen um Hüfte und Beine. Ihr Körper war durch Lederpanzer mit Metallbeschlägen geschützt; dazu trugen sie Helme und rechteckige Schilde. Bis zum 2. Jahrhundert v. Chr. war die Stoßlanze ihre Hauptwaffe, dann aber wurde sie — wahrscheinlich unter gallischem Einfluß — weitgehend ersetzt und ergänzt durch den sechs Fuß langen Wurfspeer. Er hatte eine gehärtete und mit Widerhaken versehene Spitze, die an einem Blatt aus weichem Eisen befestigt war, das sich beim Aufstoß bog, so daß der Speer nicht leicht aus dem Schild herausgezogen werden konnte.

Wenn wir bedenken, daß die Soldaten zwei solcher Wurfspeere mit sich tragen mußten und dazu eine spanische Hieb- und Stoßwaffe (Schwert oder Dolch) und daß sie bei Kälte oder Regen auch noch Mäntel trugen, sind wir bestürzt, wenn wir von Dr. Rice Holmes erfahren, daß der Legionär während des Marsches über der linken Schulter »eine Stange trug, an der zu einem Bündel verschnürt seine Kornration, Kochtopf, Becher, Säge, Korb, Handbeil, Sichel, Pickel und Spaten hingen«. Aber man nimmt heute an, und es erscheint wahrscheinlich, daß, während der Heerwurm marschierte, die meisten dieser Utensilien von Packtieren getragen wurden, die zweifellos auch nützlich waren, wenn es galt, die schwere Beutelast, die man zusammengerafft hatte, zu befördern.

Vermutlich jedoch trug der Soldat auf alle Fälle seinen Kochtopf und seine kleine Handmühle selbst, denn sobald der Marsch endete, brauchte er sie sehr schnell. Die Grundlage seiner Ernährung war Weizen. Er mußte die Körner selbst mahlen und über heißen Steinen oder heißer Asche damit ein rauhes Brot backen, ähnlich dem Chupatty der Indianer. Weizen war nicht leicht zu beschaffen, und die Bereitstellung einer genügenden Menge war ein gigantisches und oft beherrschendes Problem, und so spricht auch Cäsar in seinen »Kommentaren« oft von dieser Sorge, aber kaum hören wir etwas über Einzelheiten dieser Organisation.

Es verträgt sich auch nicht mit dem Thema und der Würde der »Kommentare«, uns über prosaische Einzelheiten wie die Versorgung mit Uniformen und Stiefeln zu unterrichten. Jedoch benötigten zwei neue Legionen zwölftausend Paar Stiefel, und offenbar waren sie auf einen Schlag greifbar. Das war nur möglich, wenn ausgedehnte Verwaltungsmaßnahmen getroffen waren. Diese fielen — vielleicht — in die Zuständigkeit von Männern wie Publius Ventidius. Er war ein ehemaliger Kriegsgefangener von Pompeius' Vater, den man als Emporkömmling und Maultiertreiber verspottete; aber er spielte als Lieferant und Manager für die Versorgung von Cäsars Armeen eine lebenswichtige Rolle. Namenlos sind auf der anderen Seite die Ingenieure, die Cäsars weitläufige Lager organisierten, die Männer, die die Brücke über den Rhein bauten, die die Rammböcke, Katapulte und Steinschleudern lieferten, die den Belagerungsgeschützen, Feldgeschützen und Haubitzen moderner Zeiten entsprechen, und deren Schmiede und Mechaniker in der Schlacht als gewöhnliche Legionäre Dienst taten, wenn man sie nicht gerade als Handwerker brauchte. Auch die Schiffbauer sind unbekannt geblieben, die ihm die Schiffe für den Kampf gegen die Veneter und für die Landung in Britannien bauten.

Die »Kommentare«

Dieses bemerkenswerte Werk, das sicher schon einem kleinen Kreis durch aufeinanderfolgende Lieferungen bekannt war, scheint in den letzten Monaten des Jahres 51 in der Hauptstadt als Buch veröffentlicht worden zu sein. Cäsars Rechenschaftsbericht über den Krieg als Ganzes betonte die ungeheueren Leistungen und warnte, niemand möge versuchen, sich mit der autonomen Macht und dem Ruf anzulegen, den er sich durch seine ihm ergebene Armee gewonnen hatte. Und doch wurde ihm, als er früh im Jahr, vielleicht absichtlich gerade zu der Zeit, als die »Kommentare« herauskamen, eine Verlängerung seiner Statthalterschaft beantragte, damit er über die Zeit bis zum Konsulat des Jahres 48, das er erstrebte, hinwegkäme, der Dispens verweigert. Cäsar und Hirtius behaupten, eine Clique habe den Senat daran gehindert, seine wahre Meinung zu sagen, die günstig für ihn gewesen wäre. Der Leiter der Opposition auf dem rechten Flügel, dem sich auch Cato jetzt unterwarf, war der Konsul Marcus Marcellus, dessen hin- und herschwankende Familie, die Claudii Marcelli, während des Aufkommens dieser Krise unheilbringend aus dem Schatten aufgetaucht war, um dreimal hintereinander kriegslüsterne Konsuln zu stellen, die führenden »Falken« ihrer Zeit.

Während der nun kommenden Monate und Jahre wünschten viele Menschen aus tiefstem Herzen, der eine oder der andere der beiden mächtigen Feldherren möge sich in den Osten aufmachen, um Crassus zu rächen, und so aus dem Wege sein. Aber das taten sie nicht. Die Marcelli jedoch verschärften ihre politischen Attacken gegen Cäsar, während Pompeius schwach protestierte und hier und dort zu Cäsars Ungunsten nachgab. Marcus Marcellus erklärte, der Krieg in Gallien sei beendet, und folglich bedürfe es dort keines Feldherren mehr. Er stellte auch Cäsars Maßnahmen in der Cisalpina absichtlich in Frage, indem er einen Mann aus

Novum Comum schlagen ließ, eine Strafe, die Römischen Bürgern gegenüber ungesetzlich war — und Cäsar hatte den Anspruch erhoben, die ganze Bevölkerung zu Römischen Bürgern gemacht zu haben. Pompeius, der sich, wie Cäsar, als Patron des cisalpinen Gallien betrachtete, war ärgerlich. Trotzdem gab er zu, daß die Frage der Provinzen für die Ex-Konsuln, also die Frage eines Nachfolgers für Cäsar, in Bälde diskutiert werden müsse: um genau zu sein, am 1. März des Jahres 50. Gefragt, was er tun würde, wenn man versuche, eine Entscheidung durch ein Veto zu verhindern, meinte er, das wäre das gleiche wie eine Rebellion. Dann fragte ihn jemand, was geschähe, wenn Cäsar Konsul werden und doch gleichzeitig seine Armee behalten wolle. Vor der Antwort auf diese Frage drückte sich Pompeius mit der Bemerkung: »Was geschähe, wenn mein eigner Sohn mich mit einem Stock prügeln wollte?« Er muß immer noch gehofft haben, Cäsar werde nicht darauf bestehen, Statthalter zu bleiben, bis er Konsul würde. Wenn dem so ist, so muß er seinen Sinn für die Realitäten verloren haben, denn eine solche Bedingung anzunehmen, bedeutete Verbannung oder sogar Tod.

Inzwischen verstärkte Cäsar seinen beschwerlichen Kampf um einflußreiche Unterstützung in Rom. Einer der Konsuln für das Jahr 50 war sein erbitterter Feind Gaius Marcellus, der ihm den Versuch, ihm seine Frau für Pompeius wegzunehmen, nie vergeben hatte. Aber der andere Konsul für das Jahr 50 wurde durch eine Bestechung in Höhe von einer Million achthunderttausend Pfund, die den Wiederaufbau der Basilica Aemilia ermöglichte, für Cäsars Sache gewonnen. Noch bedeutender aber war, daß Cäsar den Tribun Curio für sich gewann. Er war einer der glänzendsten und skrupellosesten jungen Männer seiner Zeit, ein Meister der Propaganda, und besaß schon unschätzbaren Rückhalt im Volk. Früher war Curio ein wilder Gegner Cäsars gewesen, der als Konsul zurückgeschlagen hatte, indem er dem Informanten Vettius erlaubte, Curio als einen angeblichen Verschwörer gegen das Leben des Pompeius hinzustellen. Jetzt jedoch hatte Curio riesige Schulden, da er ein wildes Leben führte und zu Ehren seines offensichtlich geistesgestörten Vaters viel zu extravagante Begräbnisspiele gegeben hatte. Beim zweiten Versuch kaufte Cäsar sich die Unterstützung des jungen Mannes für eine Summe, die zwischen einer halben und drei Millionen Pfund angegeben wird. Curio war zweifellos um so williger, seine Treue auf Cäsar zu übertragen, als er mit Fulvia, einer hochmütigen Frau, verheiratet war, die Cäsar gern hatte, weil er ihren verstorbenen Gatten Clodius unterstützt hatte. Auch hatte Curio Freunde in Cäsars Lager und bittere Fehden mit einigen Konservativen. Pompeius mochte er nicht, er beschuldigte ihn einer rachsüchtigen Gesetzgebung. Cicero, der nur widerwillig nach Cilicien gegangen war, um dort zu regieren, schrieb, er sei der einzige, der vorausgesehen habe, daß Curio die Seiten wechseln würde.

Curio verlor keine Zeit. Zwischen März und Mai 50 tobten die Debatten über Cäsars Provinz, wie es der Senat erwartet hatte. Der junge Tribun hielt sein Veto erfolgreich aufrecht und griff Pompeius dabei noch versteckt an. Rom entsandte keinen neuen Provinzstatthalter. Die Republik war gelähmt. Zur gleichen Zeit brachte Curio einen neuen interessanten Gedanken vor: Cäsar solle, wie verlangt, seine Provinz und seine Armee aufgeben, Pompeius aber gleichzeitig auf seine Statthalterschaft in Spanien, wo er sich nicht aufhielt, verzichten. Dies war endlich ein Vorschlag, der verständig und einfach schien, wenn er auch Pompeius gegenüber unfair war, da dessen Kommando nicht vor dem Erlöschen stand. Alle — selbst diejenigen, die nicht in juristischen Spitzfindigkeiten versiert waren — begriffen, um was es ging. Es mag sein, daß die Idee von Curio stammte, bald aber machte Cäsar sie sich zu eigen. Der Antrag hatte großen Erfolg. Vielen Senatoren gefiel der Gedanke, daß beide sich zurückziehen sollten. Aber der Antrag wurde von einer kleinen Gruppe Ultrakonservativer blockiert, die eine Falle witterten. Schließlich trug der Senat unter dem Einfluß des Pompeius auf beiden Schultern zugleich. Marcellus beantragte, ein Tribun, der handle wie Curio, müsse streng bestraft werden, aber der Senat stimmte nicht zu. Als Gefahr an der Ostgrenze es notwendig machte, zwei Legionen nach Syrien zu entsenden, stimmten die Senatoren dem Vorschlag des Pompeius bei, eine Legion solle von Cäsar gestellt werden und die zweite die sein, die er Cäsar vor drei Jahren geliehen habe. Cäsar willigte ein und wählte als seinen eigenen Beitrag eine unerfahrene und noch keineswegs kampferprobte Einheit. Aber er gab jedem der Legionäre ein persönliches Geschenk von fünfzig Pfund mit, was — selbst angesichts der von ihm verdoppelten Löhnung — mehr war als ein Jahressold.

Die Gefahren schlechter Verbindungen

Im Mai erkrankte Pompeius in Neapolis (Neapel) schwer. Während er auf dem Krankenbett lag, bot er in einem Schreiben an, seine Macht niederzulegen, ohne das Auslaufen seines Amtes abzuwarten; weiter schlug er vor, Cäsar solle das gleiche tun. Aber eine Ungenauigkeit in den Daten ließ dies als Trick erscheinen. Pompeius erholte sich und viele Bezeugungen freundlicher Anteilnahme aus der Bevölkerung sowie irreführende Informationen über Meutereien in Cäsars Heer ließen ihn die Unterstützung überschätzen, auf die er bei einer Kraftprobe zählen konnte. Er ließ zu, daß zwei Extrem-Rechte zu Konsuln für das Jahr 49 gewählt wurden. Cäsar hingegen gelang es, wenigstens die Ernennung eines Tribuns, der seine Interessen vertreten sollte, zu sichern, nämlich des Marcus Antonius, dessen jugendliches Aussehen sein Vorgänger als Tribun, Curio, leidenschaftlich bewunderte. Marc Anton, so hat Shakespeare seinen Namen überliefert, war ein ausschweifender, tapferer und intelligenter junger Adliger, dessen Mutter eine entfernte Verwandte Cäsars war.

Kurz bevor er sein Amt zugunsten seines Freundes aufgeben mußte (am 10. Dezember 50), landete Curio seinen erfolgreichsten Coup. Dem Konsul Marius Marcellus gelang es nicht, den Senat zu überreden, ihm seine Stelle zu geben, jedoch erreichte er die Zustimmung zu dem Vorschlag, daß Cäsar seinen Oberbefehl aufgeben, Pompeius den seinen aber behalten sollte. Aber sofort danach wurde der Senat von Curio überredet, zu verfügen — völlig inkonsequent und voll inneren Widerspruchs — daß beide, Cäsar und Pompeius, gleichzeitig von ihren Ämtern zurücktreten sollten. Die Entscheidung fiel mit dreihundertsiebzig Stimmen gegen zweiundzwanzig. Diese Mehrheit bestätigte Ciceros Auffassung, daß fast jeder, den er kannte, Cäsar lieber den Weg freigab, als ihn zu bekämpfen; man hätte — so fügte der Redner hinzu — ihn bekämpfen müssen, als er noch schwach war; jetzt war er zu stark.

Es ist ein trauriger Beweis für den Niedergang der Republik, daß ein solches fast einstimmiges Votum wirkungslos blieb. Denn am folgenden Tag marschierte Cäsar bereits auf Rom. Gaius Marcellus, begleitet von den beiden gewählten Konsuln, stürmte aus dem Senat und der Stadt und beauftragte Pompeius aus eigener Verantwortung und ohne jede offizielle Sanktion, alle notwendigen Maßnahmen zur Verteidigung des Staates zu ergreifen. Dieser nahm den Auftrag an mit dem zweideutigen Vorbehalt, »falls sich kein besserer Weg findet«, und übernahm auch die Verantwortung für zusätzliche Truppenaushebungen. Die zwei Legionen, die Cäsar für die Verschiffung nach Syrien gesandt hatte, wurden in Italien zurückgehalten und dem Kommando des Pompeius unterstellt.

Standrecht

Bei dieser Lage der Dinge begann die Haltung des Senats sich zu versteifen, vielleicht, meint Cäsar, weil er durch die Mobilisierungsmaßnahmen eingeschüchtert war. Nachdem er am 9. und 10. Dezember 50 zwei Stunden mit Pompeius verbracht hatte, berichtet Cicero, sei dieser von der Unvermeidbarkeit eines Bruches überzeugt gewesen, zumal Hirtius, der aus Gallien nach Rom gekommen war, ihm keinen Besuch abgestattet hatte. Jedoch übermittelte Hirtius während seines Aufenthalts in Rom dem Metellus Scipio den Hinweis, daß Cäsar sich vielleicht mit der Gallia Cisalpina und Illyrien sowie zwei Legionen zufriedengeben könne, während er auf sein Konsulat wartete — vielleicht sogar mit Illyrien und nur einer Legion. Aber Pompeius, dem man dies mitteilte, lehnte es ab, auf solch einen Privathandel einzugehen. Am 25. oder 26. Dezember, bei einem weiteren Gespräch mit Cicero, erklärte er, er sei durch eine heftige Rede Marc Antons tief beleidigt, und Cicero hatte den Eindruck, er habe nunmehr kein Interesse mehr an einem Frieden, der nichts anderes sein konnte als ein Manöver, das gegen die Republik und ihn selbst gerichtet war.

Inzwischen eilte Curio in Cäsars neues Hauptquartier, nach Ravenna in der Gallia Cisalpina, und dann zurück nach Rom — einhundertvierzig Meilen, die er in drei Tagen bewältigte. Er brachte einen Brief Cäsars mit, in dem dieser, nachdem er auf seine dem Vaterland geleisteten Dienste verwiesen hatte, wiederholte, wenn er sich aus dem Amt zurückzöge, dann müsse auch Pompeius das gleiche tun. Aber nun ließ Pompeius wissen, er erwarte eine unnachgiebige Haltung der Senatoren. So konnten bei der Sitzung am 1. Januar 49 der Tribun Antonius und sein Kollege, Quintus Cassius Longinus, es kaum durchsetzen, daß Cäsars Botschaft angehört wurde; eine große Mehrheit unterstützte den Antrag des Metellus Scipio, daß Cäsar seinen Oberbefehl an einem bestimmten Tag niederlegen müsse oder zum Staatsfeind erklärt werde. Die beiden Tribunen legten ihr Veto ein, und während der vier Tage dauernden hitzigen Debatte im Senat (der sich hauptsächlich mit Fragen der Legalität befaßte) nahm Cicero hinter den Kulissen Friedensgespräche auf und brachte erneut Cäsars Kompromißvorschlag zur Sprache, man solle ihm Illyrien lassen und sonst nichts. Diese privaten Besprechungen verliefen jedoch im Sande, und am 7. Januar erließ der Senat ein Notgesetz, das den Auftrag des Pompeius bestätigte und legalisierte und alle höheren Beamten aufforderte, den Staat zu schützen. Bevor diese Verfügung erlassen wurde, bedeutete man Antonius und Quintus Cassius, sie sollten das Senatsgebäude und Rom sofort verlassen, denn nach Ausrufung des Standrechts verfielen die sonst schweren Strafen.

Die beiden jungen Männer erklärten, ihre Rechte als Tribunen seien verletzt worden und ihre Immunität bedroht; sie verließen Rom und begaben sich in Cäsars Lager. Ihnen schlossen sich Curio und der junge Brieffreund Ciceros, Caelius, an. Dann schritt der Senat zur Ernennung der Statthalter für die Provinzen. Metellus Scipio wurde nach Syrien entsandt, um den Osten für Rom zu gewinnen, und formelle Maßnahmen wurden getroffen, um Cäsar im cisalpinen Gallien durch einen Exprätor und in der narbonensischen Provinz durch Ahenobarbus zu verdrängen.

Der Krieg gegen Pompeius

Als die Nachricht von dieser schicksalschweren Entscheidung Cäsar erreichte, erkannte er, daß mit weiteren diplomatischen Annäherungsversuchen nun nichts mehr zu gewinnen war, bevor er nicht seine Macht gezeigt hatte. So verließ er unbemerkt eine Abendeinladung in der Nacht des 10. Januar 49 und überquerte den Rubikon (Fiumicino), der die Grenze zwischen der Gallia Cisalpina und Italien bildete. Als religiöses Opfer wurden Pferde freigelassen, um die Furcht der Soldaten zu zerstreuen, dieser offensichtlich verfassungswidrige und daher blasphemische Akt der Invasion des Heimatlandes sei ein Sakrileg. Cäsar wurde von einer Legion begleitet, der einzigen, die er in der Cisalpina stehen hatte, da er Rom nicht zu Mobilisierungsmaßnahmen gegen ihn hatte ermuntern wollen, indem er Truppen südlich der Alpen konzentrierte.

Cäsar teilte seine kleine Macht in zwei gleiche Heeressäulen, von denen eine auf Ariminum (Rimini) und die andere auf Arretium (Arezzo) marschierte. In Ariminum wurden die Tribunen Antonius und Quintus Cassius den Truppen in der Sklaventracht vorgeführt, die sie angeblich anlegen mußten, um heil aus Rom zu entweichen. Der Kriegsruf, die Tribunenrechte seien verletzt worden, richtete sich hauptsächlich an die öffentliche Meinung in Rom.

Dort war man konsterniert. Man hatte sich ausgerechnet, daß Verstärkungen aus Gallien Cäsar erst innerhalb von vierzehn Tagen erreichen könnten, und daher glaubte der Senat, er werde auf sie warten, bevor er handele. Aber das tat Cäsar nicht, und nun war der Schrecken eines Bürgerkriegs nicht mehr eine bloße Drohung, sondern Wirklichkeit. In den Augen der Konservativen war es eine Rebellion Cäsars gegen den Senat, in praxi aber war es ein Zusammenstoß zwischen Cäsar und Pompeius. Trotz seiner enormen Überlegenheit zur See und den Schwärmen von Abhängigen, auf die er sich im Osten verlassen konnte, hatte übertriebener Optimismus Pompeius zu einem schlechten Start veranlaßt. Er war es gewesen, der die Senatoren zu dem Glauben veranlaßt hatte, Cäsar werde mit einer einzigen Legion nicht einmarschieren. Außerdem war seine Behauptung, er selbst habe zehn Legionen bereitstehen, kaum begründet — es sei denn, man zählte sein spanisches Heer mit, das aber nicht verfügbar war. Endlich wurde,

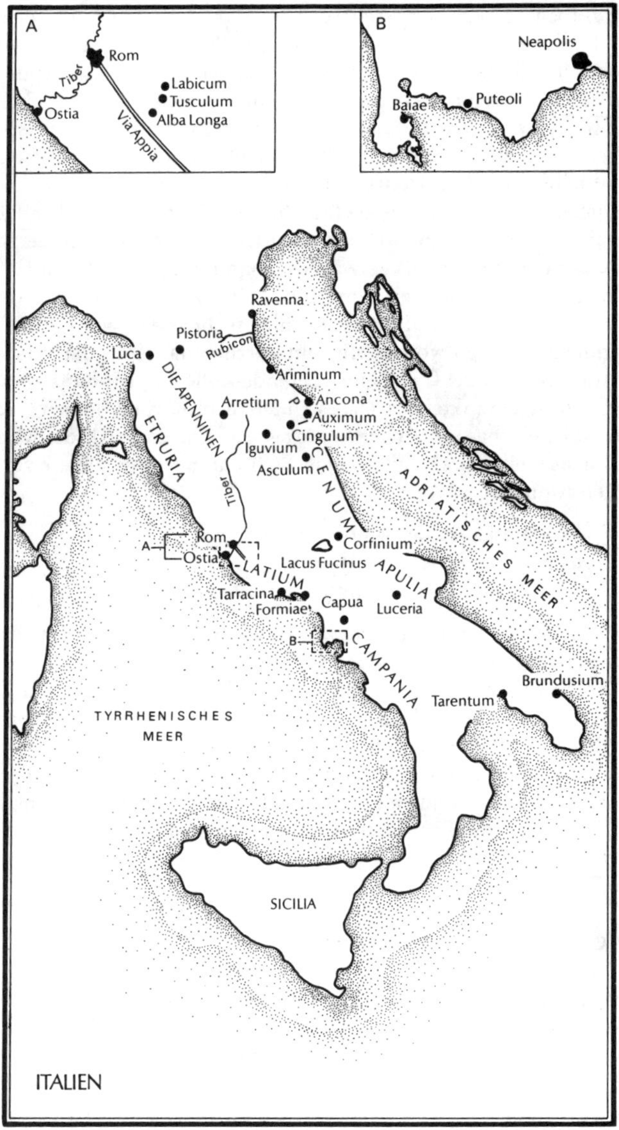
A
Rom
Tiber
Ostia
Labicum
Tusculum
Alba Longa
Via Appia
B
Neapolis
Puteoli
Baiae
Ravenna
Pistoria
Rubicon
Luca
Ariminum
DIE APENNINEN
ETRURIA
Arretium
Ancona
Auximum
Cingulum
Iguvium
Asculum
PICENUM
Tiber
ADRIATISCHES MEER
Rom
Ostia
Corfinium
Lacus Fucinus
LATIUM
APULIA
Tarracina
Formiae
Capua
Luceria
CAMPANIA
Brundusium
Tarentum
TYRRHENISCHES MEER
SICILIA
ITALIEN

sobald Cäsar sich südwärts bewegte, klar, daß Pompeius seinen Rückhalt bei den italischen Städten stark überschätzt hatte. Er war nicht einmal Herr seiner eigenen Verbündeten, denn die Republikaner, wenn sie ihn auch gegen den gemeinsamen Feind brauchten, erinnerten sich daran, wie er sie in der Vergangenheit beiseite geschoben hatte, und hegten weiter unüberwindliche Zweifel hinsichtlich seiner Verfassungstreue.

Daher machten sie ihn auch nicht zum Oberbefehlshaber, obwohl ein so überzeugter Republikaner wie Cato einsah, daß gerade dies das einzig Vernünftige war, das man tun konnte. Denn Cato mißtraute Cäsar mehr als Pompeius. Sein Haß auf Cäsar war tiefgegründet, langdauernd und schwankte nicht; dazu war Öl in die Flammen gegossen worden, als ihm kürzlich das Konsulat versagt worden war, wobei Cäsar eine führende Rolle gespielt hatte. Aber auch so beschränkte sich Catos Unterstützung für Pompeius auf das Nahziel eines militärischen Sieges, denn hinsichtlich des Mannes selbst teilte er die allgemeine Befürchtung über seine eigentlichen Motive:

> »Es wäre kaum der Mühe wert gewesen,
> einen Bürgerkrieg zu entfesseln,
> wenn keiner da wäre, um zu herrschen.« [4]

Cato sagte, ihm sei der Tod sicher, wenn Cäsar, und freiwillige Verbannung, wenn Pompeius Sieger würde. Er beschloß daher, das Seine zu tun, damit nicht einer der beiden gewann, sondern die Republik. Inzwischen kritisierte er scharf jeden Aspekt des Krieges, obgleich er es war, der sich allen Vorschlägen, die zum Frieden hätten führen können, widersetzt hatte. Immerhin war Cato, während fast alle anderen um Beute kämpften, einer der wenigen Männer, die um Prinzipien kämpften und sie in eindringliche Worte fassen konnten.

Die konservative Partei

Die meisten anderen konservativen Führer waren zu charakterschwach, um ehrlich zu sein. Lentulus Crus, der Konsul für 49, der die Debatte im Januar auf der Seite der Kriegstreiber geleitet hatte, war faul und voller Prätentionen, für die sein Name ein Symbol geworden war. Seine Extravaganzen hatten ihn so tief in Schulden gestürzt, daß seine Freunde, als sie seine offen zur Schau getragene gierige Bestechlichkeit sahen, fürchteten, er möge durch Balbus, der mit dem Hause des Lentulus verbunden war, gleich ihm den Namen Cornelius trug und ihm vielleicht sogar den Status als Römischer Bürger verdankte, für Cäsar gekauft werden. Dieser Verdacht jedoch tat Lentulus unrecht, denn er dachte nicht daran, einen Bürgerkrieg zu verhüten, der ihm die großartige Chance bot, eine Provinz auszuplündern und Königreiche an asiatische Fürsten zu verschachern. Die gleichen Hoffnungen hegte der blaublütige Schwiegervater des Pompeius, Metellus Scipio, zu dessen vielen Fehlern eine Verschuldung gehörte, die so groß war, daß man sich zuraunte, seine Gläubiger wären dabei, ihn zu pfänden. Dasselbe sagte man auch zwei anderen Männern nach, die mit Pompeius durch Heirat verwandt waren, dem Schwiegervater seines jüngeren Sohnes und dem Mann seiner Tochter. Schulden waren also bei vielen Exkonsuln und Adligen ein wichtiger Grund dafür, den Krieg zu wünschen, weil sie hofften, er werde ihnen Gewinn bringen. Aber die höheren amtierenden und ehemaligen Beamten konnten den furchtbaren Haß der letzten zwei oder mehr Jahrzehnte nicht überwinden und sich auf Cäsars Seite stellen. Sie optierten daher für den Mann, von dem sie hofften, sie könnten sich seiner später entledigen.

Wie enttäuschend war es für Cäsar, daß trotz seines ungeheuren Prestiges und seiner unaufhörlichen, wohlfinanzierten Bemühungen, Freunde zu gewinnen, der lebenswichtige innere Kreis der Konsularbeamten, jetzt fast ohne Ausnahme, das andere Lager wählte! Cäsar sagte dazu, er habe alle Feinde des Pompeius geerbt, die dieser zur Zeit ihres Bündnisses durch Eheschließungen hatte. Noch sah es gefährlich aus, und man hatte den Eindruck, es stünde schlimm um Cäsars Sache.

Noch gefährlicher, wenn auch nicht ganz unerwartet, war der Abfall von Cäsars Erstem Offizier Labienus. Es war eigentlich kein Abfall, sondern eine Rückkehr, denn Labienus stammte aus Picenum, der Heimat des Pompeius, war aus kleinen Verhältnissen aufgestiegen und hatte sich einen Namen unter dem Schutz des mächtigen Hauses der Pompeier gemacht. Trotzdem war er während der langen acht Jahre in Gallien der Stellvertreter Cäsars gewesen, dem dieser am meisten vertraut hatte. Irgendwie versagte hier die Magie seines Feldherrn. Wenn auch ein Offizier von außergewöhnlichen Fähigkeiten, war Labienus doch ein rauher und schwieriger Mann, dem nicht wohl war, wenn er nicht kämpfen konnte, und der subtile und versöhnliche Politik nicht schätzte. Labienus mag wohl empfindlich geworden sein angesichts Cäsars müheloser Überlegenheit und aristokratischer Kultur. Auch der Aufstieg der jungen adligen Schützlinge seines Feldherrn mögen das Gefühl in ihm haben aufkommen lassen, seine eigene ungeheure Leistung, die selten das gebührende Lob in den »Kommentaren« erfährt, werde nicht genügend gewürdigt und der enorme Reichtum, der in seine Hände gelangte, genüge nicht als Belohnung. Vielleicht wählte er auch nur die Seite, von der er glaubte, sie werde gewinnen. Denn, merkwürdig genug, seine einzigartige Kenntnis der Interna von Cäsars Heer erweckte bei ihm den Eindruck, es stehe um die Moral des Heeres nicht zum Besten, was sich für seine neuen Verbündeten als eine höchst irreführende Information erweisen sollte. Inzwischen begrüßte Cicero, wenn er auch seinen mangelnden »Rang« erwähnte, seinen Verrat als eine wunderbare Nachricht. Und in der Tat, außer Pompeius selbst war Labienus der einzige erstklassige Heerführer, den die Republikaner hatten. Die Nachricht, er werde zu ihnen überlaufen, war eine große Ermutigung für die Partei der Kriegshetzer gewesen, wenn auch die Konservativen nach seiner Ankunft — wegen Differenzen hinsichtlich seiner Herkunft und seines Temperaments — seiner militärischen Erfahrung weniger Beachtung schenkten, als sie es verdiente.

Auch fehlte es ihm nicht an Unterstützung im Adel. Aber das waren jüngere Leute, Mitglieder heruntergekommener Patrizierfamilien, denen es in der letzten Zeit schwergefallen war, ein öffentliches Amt zu erhalten, und die zäh gegen die großen, pompösen plebejischen Adelshäuser agierten — besonders, weil bekannt war, daß Cäsar ihre Sache begünstigte, die nach Lage der Dinge seine eigene war. Auch die besitzenden Klassen und die Finanziers, denen ein verschuldeter Metellus Scipio oder Lentulus keinerlei Eindruck machte, hielten zu Cäsar und mit ihnen ihre Satelliten. »Die Steuereinnehmer«, sagt Cicero, »waren niemals loyal, und nun sind sie freundlich zu Cäsar.«

Wirklich, seine Anhänger, wenn darunter auch bedauerlich wenig Exkonsuln waren, kamen aus einem erstaunlich weitgespannten Kreis. Unter ihnen fanden sich — wie Cicero und seine Brieffreunde es ständig betonten — allerlei Bankerotteure und Abenteurer, Leute mit undurchsichtiger Vergangenheit und unge-

Kleopatra (69 – 30 v. Chr.)

Das Forum Romanum heute

Gajus Julius Cäsar (100 – 44 v. Chr.)
Stich von Bolswert
nach einer Zeichnung von P. P. Rubens

wisser Zukunft, »Männer der Furcht und der kleinen Hoffnung«, die, wie Atticus schrieb, »aus dem Königreich der Toten aufstiegen, um das Blut ihrer römischen Mitbürger zu trinken«. Es war bekannt, daß Cäsar bereit war, notfalls selbst den Abschaum der Bevölkerung unter seine Soldaten aufzunehmen, wobei Geld keine Rolle spielte. Das berichtete der kluge junge Caelius. Es selber trat auf Cäsars Seite; im Gegensatz zu Labienus glaubte er an Cäsars Sieg.

Unbekannter als die jungen Opportunisten oder zweideutigen, unnützen Schurken waren Cäsars Anhänger aus den verarmten Gebieten Italiens, die unter Sulla gelitten hatten und sich über Cäsars Sympathie für die Reformen des Marius freuten. Sie stellten die Centurionen und Offiziere der mittleren Ränge, die den Kern seines Heeres bildeten. Er hatte sich auch härter bemüht als irgendeiner vor ihm, und mit sehr viel Erfolg, die Leute auf seine Seite zu ziehen, die in den italischen Landstädten etwas zu sagen hatten. Dazu gehörten auf der ganzen Halbinsel viele Bankiers und andere solide Männer, die nun zum ersten Mal begannen, in römischen Angelegenheiten zu zählen. Wie die Soldaten erinnerten auch sie sich mit unstillbarem Haß der Bedrückung, des Unheils und der Zerstörung, die sie unter Sulla und seinen Günstlingen erduldet hatten. Sie hießen Cäsar um so eher willkommen, weil er, wie sein Onkel Marius, die traditionellen Feinde an ihren Nordgrenzen zerschmettert hatte.

Cäsar marschiert in Italien ein; Pompeius verläßt Rom

Diese Lage wurde Pompeius und seinen Anhängern erschreckend klar, als Cäsars Vormarsch in Italien sich mit völlig unvorhergesehener Schnelligkeit vollzog. Am 14. Januar, nur drei Tage nach Beginn der Operation, waren Arretium und Ancona bereits gefallen. Eine Stadt nach der anderen öffnete Cäsar ihre Tore und vertrieb die Truppen des Pompeius.

Obgleich Cäsar noch weit von Rom entfernt war, zog sich Pompeius aus der Hauptstadt nach Capua in Campanien zurück. Die Konsuln waren, wie viele andere, darüber entsetzt. Aber sie folgten ihm — so überstürzt, daß Lentulus es sogar versäumte, den ihm zuteil gewordenen Befehl auszuführen und den großen Reserveschatz aus dem Tempel des Saturn mitzunehmen. Cicero erinnerte sich, daß Pompeius trotz seiner vorgeblichen Zuversicht und noch bevor die Feindseligkeiten begannen, gesagt habe, die Hauptstadt wäre wahrscheinlich nicht zu halten. Die Wirkung der unermüdlichen, heimtückischen Friedensbemühungen Cäsars beunruhigte ihn. Auch fühlte er, daß er sich auf die zwei Legionen, die Cäsar ihm erst kürzlich, mit großen Geldgeschenken ausgestattet, zugesandt hatte, kaum verlassen konnte. Aber seine Entscheidung war rein strategischer Art, und es zeigte sich bald, daß von diesem Standpunkt aus die Evakuierung trotz der nachteiligen moralischen Folgen unvermeidlich war.

Besonders alarmierend war, daß die Heimat des Pompeius, Picenum, ohne einen Schwertstreich fiel. Offenbar war hier das feudale Patronat gemischt; der Aufstieg von Pompeius' Vater und sein eigener müssen von Reibungen und Parteibildungen begleitet gewesen sein. Cingulum (Cingoli) war von Labienus auf eigene Kosten neu gegründet und aufgebaut worden; doch selbst diese Stadt schickte schleunigst Boten zu Cäsar und bot ihm ihre Unterstützung an. Früh im Februar war das ganze Gebiet von Picenum in Cäsars Hand.

Die zweite aus Gallien herbefohlene Legion traf mit ihm und den zweiundzwanzig neu ausgehobenen Kohorten vor der Festung Corfinium, nahe bei Pentima in den Abruzzen, fast genau östlich von Rom zusammen. Diese Stadt war vor vierzig Jahren die Hauptstadt der italischen Rebellen gegen Rom gewesen, und hier beschloß der Mann, der Cäsar am meisten haßte, Ahenobarbus, sich ihm entgegenzustellen. Obwohl er Cäsar in Gallien ersetzen sollte, war er noch nicht aus Italien abgereist und befehligte nun zwanzigtausend Mann, zu denen Legionäre gehörten und Arbeiter von seinen ausgedehnten Ländereien in diesem Gebiet, denen er die Mobilisierung schmackhaft zu machen suchte, indem er ihnen Land versprach. Pompeius, der sich nun nach Luceria (Lucera) begeben hatte, hundertunddreißig Meilen weiter südöstlich, empfahl Ahenobarbus dringend, nicht Widerstand auf eigene Faust zu leisten, sondern sich zurückzuziehen und mit ihm zu vereinigen. Doch Ahenobarbus, als gewählter Statthalter einer Provinz nominell von ihm unabhängig, verweigerte den Gehorsam. Er fürchtete, daß Pompeius Italien nun ganz verlassen wollte. Fünf Senatoren glaubten ebenfalls daran und hielten es für eine verhängnisvolle Entscheidung, die nicht berücksichtigte, was eine Seereise im

Winter bedeutete. Pompeius, der genau dies beabsichtigte, hatte offenbar Ahenobarbus nicht voll ins Vertrauen gezogen; zweifellos fürchtete er seine Indiskretion und seinen Eigensinn. Der bei Corfinium versuchte Widerstand jedoch brach innerhalb einer Woche fast ohne einen Schwertstreich zusammen. Im letzten Augenblick wurde Ahenobarbus von seinen eigenen Offizieren und Truppen, die herausgefunden hatten, daß er sich ohne sie davonmachen wollte, gefangengenommen. Darauf erfolgte die allgemeine Übergabe.

Nach der Kapitulation von Corfinium wartete Cäsars Heer gespannt darauf, welche Behandlung er wohl seinen römischen Feinden angedeihen lassen werde, die in seine Hand gefallen waren. Als die Senatoren, Ritter und Offiziere sowie die städtischen Beamten zu ihm vor die Stadt gebracht wurden, beschützte er sie vor seinen Soldaten, die höchst unfreundlich vorschlugen, die Adligen, die die Waffen gegen ihren Feldherren erhoben hatten, auf den Sklavenmarkt zu schicken. Cäsar aber sprach nur milde davon, welche Undankbarkeit sie ihm doch erwiesen hätten, und ließ sie frei — selbst Ahenobarbus, auf dessen Haupt er feurige Kohlen sammelte, indem er ihm dreihunderttausend Pfund zurückgab, die dieser im Schatzamt des Ortes hinterlegt hatte.

Diese neue Politik der Milde war eine Sensation für alle, die sich an Cäsars erschreckende Brutalität in Gallien erinnerten. Auch er selbst war sich dieser Neuerung bewußt und schrieb darüber an Balbus und Oppius: »Laßt uns sehen, ob wir durch Mäßigung alle Herzen gewinnen und einen dauerhaften Sieg erringen können, denn andere konnten durch Grausamkeit dem Haß nicht entgehen und ihren Sieg nicht aufrechterhalten — außer Sulla, dessen Beispiel ich jedoch nicht folgen will. Dies ist eine neue Art der Eroberung: die eigene Position durch Freundlichkeit und Großmut zu stärken.«

Es war wirklich ein neuer Weg. Später hieß es, Cäsar habe gesagt, die Erinnerung an Grausamkeiten sei ein armseliges Rüstzeug für das Alter. Er hatte zweifellos auch bemerkt, daß seine Grausamkeiten gegen die Gallier die schließliche Befriedung eher verzögert als beschleunigt hatten. Überdies waren sie Barbaren gewesen; hier aber handelte es sich um römische Adlige und römische Bürger, Männer aus den Schichten der Gesellschaft, die zu gewinnen er sich stets bemühte. Trotzdem bemerkte Curio, der sein Anhänger war, etwas illoyal, Cäsar habe nicht von Natur aus die Grausamkeit abgelehnt und werde sie wieder einführen, wenn er Anhänger verlöre; zur Zeit aber glaube er, daß milde Maßnahmen ihn populär machen würden.

Gnade war schon immer ein berechneter Teil der römischen Politik. Ein Feldherr erwies Männern, die er frei abziehen ließ, Gnade, und wenn sie sich später dafür nicht dankbar zeigten — Ahenobarbus zum Beispiel machte sich sofort auf, anderswo den Krieg neu zu beginnen —, so konnte er sich Sympathien erwecken, indem er auf ihre Undankbarkeit hinwies. Cato war wütend über diese Politik und behauptete, Cäsar habe kein Recht, Leute zu »begnadigen«, die nicht seine Untergebenen waren; aber die Milde Cäsars wurde unter seinen Anhängern legendär, und nach seinem Tode beeilten sie sich, ihm einen Tempel zu erbauen.

Der Bürgerkrieg

Inzwischen begann Cäsar ein neues Meisterwerk zu schreiben; abermals nutzte er sein unvergleichliches Talent, seine Handlungen und Motive ins rechte Licht zu setzen. Diese Fortsetzung seiner Berichte über die Feldzüge in Gallien, den zweiten Teil seiner »Kommentare«, nannte er »Bürgerkrieg«. Das Buch behandelt jedoch nur die zwei ersten Jahre der Ereignisse. Obwohl das Datum der Veröffentlichung strittig ist, darf man doch annehmen, daß Jahr für Jahr eine Folge erschien und die bedeutenderen Zeitgenossen über Ereignisse informierte, kaum daß sie geschehen waren. Wie im Gallischen Krieg scheint diese Ansicht durch den ungewöhnlichen Nachdruck bestätigt zu werden, mit dem Cäsar sich und sein Handeln in seiner Darstellung der Anfangskämpfe zu rechtfertigen sucht. Stets argumentiert er, daß seine Feinde, die nicht von einer persönlichen Vendetta abließen, ihm einen Krieg aufzwangen, den er nie gewollt hatte. Die andere Seite hätte natürlich ebenso überzeugend Cäsars zweifelhafte Vergangenheit und seine verdächtigen Ziele darlegen können, hätte sie nur einen Schriftsteller besessen, der dazu in der Lage war.

Wenn man auch Zorn und Ärger durchspürt, so bilden doch seine Klarheit und seine gesammelte Ruhe einen beabsichtigten Kontrast, der eindrucksvoll von den Haßgesängen absticht, die gegen ihn angestimmt wurden. Immer wieder unterstreicht er seinen Friedenswillen und besteht darauf, er kämpfe nicht, um seine Feinde zu vernichten, sondern um die bestehenden Meinungsverschiedenheiten mit so wenig Blutvergießen wie möglich zu versöhnen. Darum hatte er auch, drei Wochen bevor er den Rubikon überschritt, Curios Vorschlag, einen Überraschungsangriff zu führen, zurückgewiesen; jedermann sollte wissen, daß er alles nur mögliche getan hatte, um Feindseligkeiten zu vermeiden. Er mußte seine Soldaten mitnehmen, denn in jenen Tagen der privaten Armeen mußte er ihrer Zustimmung, ihres Zutrauens auf angemessene Belohnung nach den Kämpfen und ihrer Überzeugung sicher sein, daß er, ihr General, an den sie durch Eid gebunden waren, Unrecht erlitten hatte. Wie immer war das Hauptziel seiner Propaganda, seiner Appelle, die Legales und Emotionales raffiniert vermischten, Rom. Im Februar 49 definierte Cäsar als einziges Kriegsziel die Befreiung des römischen Volkes von der Unterdrückung durch eine kleine Clique, die Wiedereinsetzung der Tribunen, die illegal aus der Stadt vertrieben worden waren, und den Schutz seiner eigenen Person vor unverdienten Demütigungen durch seine Feinde. Er hielt es für absurd, zu sagen, der Revolutionär sei er selbst, und Pompeius sei der Konstitutionalist, dessen Karriere das Gegenteil bewies und dessen Verbrechen und Mordtaten vergolten werden mußten. Das hätte nicht allzuviel Eindruck auf diejenigen gemacht, die den würdigen, korrekten Pompeius die letzten Monate kannten; aber die Sache der Tribunen, denen Unrecht geschehen war, machte es Cäsar möglich, weiter zu erklären, das freie Wirken der römischen Verfassung werde von keinem so glühend unterstützt wie von ihm selbst.

Alle diese hochtrabenden Reden waren wirkungsvoller als die entsprechenden Bemühungen des Pompeius, denn Cäsars Erfolge verbürgten, daß er das, was er versprach, auch halten konnte. Es ist durchaus möglich, daß damals sein Wunsch nach Frieden echt war, sprach er doch sogar von der möglichen Anerkennung einer nominellen Suprematie des Pompeius, unter der er mit Leichtigkeit die führende Rolle hätte an sich reißen können.

Einer von Cäsars Friedensfühlern wurde durch den Neffen des Balbus ausgestreckt, einen ebenso farbigen wie aktiven jungen Mann, wie es sein Onkel war. Sein Ziel war, das bankrotte, vornehme Oberhaupt seiner Familie, den Konsul Lentulus, für Cäsar zu gewinnen. Aber der junge Mann kam zu spät; Lentulus hatte Italien bereits verlassen. Der Verlust der Truppen des Ahenobarbus hatte das zahlenmäßige Gewicht zu Ungunsten von Pompeius verschoben und seinen Rückzug nach Brundisium (Brindisi) beschleunigt. Am 4. März hatten die beiden Konsuln mit einem Teil ihres Heeres die Adria überquert.

Das war höchst verdrießlich für Cäsar; denn die Abwesenheit der Konsuln ließ das legale Mäntelchen, das er sich umgehängt hatte, noch fadenscheiniger erscheinen als zuvor und warf hinsichtlich der Konsulatswahlen für das nächste Jahr, die einen unverrückbaren Teil seines Programms darstellten, unerwartete Probleme auf. Pompeius aber war noch in Brundisium. Ein paar Tage später stand Cäsar mit sechs Legionen vor der Stadt, und nachdem etliche Vorstöße wegen Friedensverhandlungen fehlgeschlagen waren, versuchte er, ihn im Hafen zu blockieren. Aber seinen Ingenieuren fehlte die nötige Unterstützung durch die Marine, und am 17. März brach Pompeius mit großem Geschick durch.

Wenn auch Cicero — und später Napoleon — seine Entscheidung, Italien zu verlassen, als einen Fehler betrachteten, ist doch schwer zu sagen, was er sonst hätte tun sollen. Seine Armeen und seine Anhänger in Italien hatten sich als unzuverlässig erwiesen. Andererseits konnte er immer noch auf seine reichen Hilfsquellen in Spanien und dem Osten zurückgreifen — wobei der Osten die bessere Wahl war, denn er war reicher, und Spanien konnte durch Cäsars Truppen in Gallien abgeschnitten werden. Pompeius herrschte zur See und hatte die Absicht, ebenso siegreich aus dem Osten zurückzukehren wie vor dreizehn Jahren.

Jetzt war er also fort, und Cäsar mußte vorläufig jeden Plan aufgeben, ihn — wie früher — von seinen konservativen Verbindungen zu trennen. Die Zukunft blieb also ungewiß. Aber inzwischen konnte er für vieles sehr dankbar sein. Er hatte ganz Italien in fünfundsechzig Tagen und fast ohne Schwertstreich erobert. Nun zeigte er sofort, daß Italien für ihn nicht nur die Halbinsel bedeutete, sondern auch den Norden, den man bisher nicht als einen Teil des Heimatlandes betrachtet hatte. Cäsar wußte, welch großen Anteil seines Erfolges er seiner Basis im cisalpinen Gallien und den tapferen Truppen, die er dort ausgehoben hatte, verdankte. Es mußte ein Ende gemacht werden mit der demütigenden Situation, daß die Städte jenseits des Po nur den halben Status des Römischen Bürgerrechts hatten. Jetzt, nachdem Pompeius Italien verlassen hatte, sorgte Cäsar dafür, daß ein Prätor diesen Städten das volle Bürgerrecht übertrug.

Cäsar kehrt nach Rom zurück

Inzwischen hatte er sich von Brundisium aus in Richtung auf die Hauptstadt in Marsch gesetzt. Auf dem Weg dorthin bestand er darauf, Cicero zu sehen, und sie trafen sich nach zehn Jahren zum ersten Mal wieder. Es war dringend notwendig für Cäsar, den Exkonsul mit der goldenen Zunge als politischen Freund zu gewinnen oder sich zumindest seiner politischen Passivität zu versichern. Balbus und andere Mittelsmänner hatten Cicero schon bearbeitet, und Cäsar selbst hatte viele ausführliche Briefe mit ihm gewechselt, in denen er höflich und nachdrücklich auf das gemeinsame Band ihrer Freundschaft mit Ciceros patrizischem Schwiegersohn Dolabella hinwies (der Ciceros Tochter Tullia in unerhörter Weise behandelte) und ihn zu einem Dankfest beglückwünschte, das dem Redner lächerlicherweise nach ein paar kleineren Scharmützeln mit Briganten während seiner Statthalterschaft in Cilicien zugesprochen worden war. Cäsar konnte sich dabei jedoch den Hinweis nicht verkneifen, daß Ciceros Verbündeter, Cato, sich gegen das Dankfest ausgesprochen hatte. Cicero seinerseits entgegnete in vielen Sätzen gepflegtesten Lateins, die ebenso unehrlich oder noch unehrlicher waren.

Aber außer der blanken Angst vor Cäsar gab es noch einige Gründe, die es Cicero geraten scheinen ließen, seine Feindschaft nicht offen zu zeigen. Erstens war er ziemlich sicher, daß die Anhänger der extremen Rechten nach einem Sieg kaum weniger blutdürstig sein würden als Cäsar. Das hatten sie selbst oft genug mit hämischer Zufriedenheit gesagt. Zweitens mißtraute er, wie Cato und andere, den autokratischen Absichten des Pompeius ebenso wie denen Cäsars, zumal man ihn immer wieder daran erinnerte, Pompeius hätte ihn fallenlassen, als es um seine Verbannung ging. Endlich hatte Cäsar ihm sehr viel Geld geliehen. Der Redner hatte wiederholt den leidenden Atticus gedrängt, es in seinem Namen zurückzuzahlen, da es einen schlechten Eindruck mache, Schulden bei einem Mann zu haben, den man angreifen wolle. Andererseits drängte ihn ein anderer finanzieller Faktor zu ungelegener Zeit in die entgegengesetzte Richtung. Während seiner Statthalterschaft hatte Cicero persönliche Gewinne von rund einhundertzehntausend Pfund eingesteckt — offenbar ohne deswegen heftig kritisiert worden zu sein. Als er nach Italien zurückkehrte, hatte er diese Summe zunächst in Anatolien belassen und fürchtete nun — zu Recht, wie sich herausstellte —, daß Pompeius oder die mittellosen raffgierigen konservativen Führer dieses Geld beschlagnahmen würden.

Die Unterredung zwischen den beiden Männern fand um den 28. März herum in Formiae statt. Sie war kein Erfolg. Cäsar drängte Cicero, an der Sitzung des Senats, die in Rom stattfinden sollte, teilzunehmen, da seine Beredsamkeit und sein Beispiel unschätzbar wären. Cicero berichtet, er habe darauf erwidert, wenn er daran teilnähme, fühle er sich verpflichtet, sein Bedauern über das, was mit Pompeius geschehen war, auszusprechen und alle Pläne Cäsars, in Spanien oder Griechenland einzumarschieren, zu verurteilen. »Das«, entgegnete Cäsar, der nur Neutralität vorgeschlagen hatte, »ist nicht, was ich wünsche.« Tatsächlich hatte er die Absicht, nacheinander in beide Länder einzufallen. Man kam überein, Cicero werde die Sache bedenken, aber Cäsars letzte Worte zeigen, daß seine Höflichkeit nur noch Tünche war. Wenn er von Cicero keinen Rat bekommen könne, sagte er, dann werde er ihn nehmen, wo er ihn fände, »und danach jede Maßnahme ergreifen, die ihm notwendig zu sein schiene«.

Die Tribunen Antonius und Quintus Cassius, die in die Stadt und ihr Amt zurückgekehrt waren, hatten dafür gesorgt, daß in allen Städten Bekanntmachungen angeschlagen wurden, die die Senatoren aufforderten, sich an diesem Tag einzufinden. Doch als Cäsar zu der Sitzung kam, die außerhalb der Stadt gehalten wurde, da er Statthalter war, war die Teilnehmerzahl bedrückend gering, vor allem in den höheren Rängen. Nur zwei Exkonsuln waren anwesend, von denen der eine, der erstaunlich unpolitische Jurist Servius Sulpicius Rufus, die gleichen unglücklichen Töne anschlug wie Cicero, indem er die lange Propagandarede des siegreichen Feldherrn mit der dringenden Bitte beantwortete, den Krieg nicht nach Spanien zu tragen. Daraufhin bot Cäsar an, nochmals eine Abordnung an Pompeius zu senden. Dies war jedoch leeres Gerede, denn mit Freiwilligen war nicht zu rechnen, da Pompeius erklärt hatte, alle Senatoren, die in Italien blieben, seien seine Feinde. Dann äußerte Cäsar, nach seinem eigenen Bericht, die folgende Mischung von Angebot und Drohung: »Ich fordere euch ernstlich auf, mit mir die Regierung in Rom weiterzuführen; wenn ihr jedoch aus Furcht vor dieser Aufgabe zurückschreckt, werde ich euch nicht mehr belästigen. Denn in diesem Fall werde ich allein regieren.«

Danach sprach Cäsar vor der Volksversammlung; er versprach Nahrungsmittel und Geldgeschenke. Dann machte er sich daran, Gelder zu erheben, um seine Ausgaben zu bestreiten und den Truppen ihren Sold zu zahlen. In dieser großen Krise war all sein Reichtum, den er in Gallien erworben hatte, nicht mehr genug. Ja, es fehlte ihm sogar an Kleingeld, das er sich von seinen Offizieren borgte; er schlug damit zwei Fliegen mit einer Klappe, da seine Schulden ihm ihre Loyalität garantierten. Gehorsam versuchte der Senat, eine Maßnahme zu beschließen, die ihm gestattete, Geld aus dem Reserveschatz des Saturntempels zu entnehmen, den Pompeius mitzunehmen versäumt hatte, als er so überstürzt die Stadt verließ. Die Ereignisse, die nun folgten, stehen nicht in den »Kommentaren«; jedenfalls nicht in offener Darstellung. Cäsar erwähnte nur flüchtig Widerstand und Verschwörung eines Tribuns, Lucius Caecilius Metellus, durch den er einige Tage verlor. Offenbar legte Metellus ein Veto gegen den Vorschlag des Senats ein, und als man davon keine Notiz nahm, stellte er sich in eigener Person vor die verschlossene Tür des Tempels. Diese ebenso freche wie mutige Handlung eines Mannes, der zur bedeutendsten Familie Roms gehörte, veranlaßte Cäsar, selbst in die Stadt zu kommen. Neun Jahre lang war er nicht dort gewesen, und als Statthalter hatte er kein Recht, sie zu betreten. Es war ein seltsam unzeremonieller Einzug des großen Eroberers. Metellus machte geltend, nach alter Tradition dürfe der Reserveschatz nur zum Kampf gegen die Gallier gebraucht werden. Er wurde, nachdem man versucht hatte, ihn zur Aufgabe seines Widerstandes zu überreden, durch einen Mittribun zur Seite gezerrt, der ausrief, es sei die Pflicht eines Tyrannen, seine Untertanen aller finanzieller Sorgen zu entledigen. So konnte Cäsar sich viertausendeinhundertfünfunddreißig Gewichtspfunde an Gold und neunhunderttausend Gewichtspfunde an Silber aneignen, dazu eine und eine halbe Million Pfund in Münzen. Fast wäre es dabei zu Blutvergießen gekommen, was besonders unglücklich gewesen wäre, da eine der Hauptforderungen Cäsars der verfassungsmäßigen Freiheit und Unantastbarkeit der Tribunen galt. Er verließ die Stadt in äußerster Erregung.

Es war ihm seit einiger Zeit klar, daß er seine Unpopularität nur dadurch in Grenzen halten konnte, daß er die Versorgung der Hauptstadt mit Nahrungsmitteln garantierte; sie war durch die Beherrschung des Meeres durch Pompeius schwer bedroht. So mußte Cäsar die Korninseln Sizilien und Sardinien besetzen, was er sofort tat. Sizilien, das Sprungbrett zu den noch größeren Kornspeichern des Pompeius in Nordafrika, wurde Cato abgenommen, der die Insel Anfang Mai unter unerfreulichen Bemerkungen über die mangelnde militärische Vorbereitung durch Pompeius verließ.

Cicero trifft Pompeius

Obwohl auch Sardinien und Sizilien zu Cäsar übergegangen waren, beschloß Cicero nun endgültig, den anderen Weg zu gehen. Das vielschichtige Gebräu von Prinzipien, persönlichen Ressentiments und finanziellen Überlegungen, das in seiner Brust kochte, hatte endlich eine Entscheidung hervorgebracht. Der schlechte Empfang, der Cäsar in Rom zuteil geworden war, schien zu zeigen, daß er sich nicht auf die Dauer durchsetzen würde. »Dieser Mann ist sein eigener ärgster Feind«, schrieb Cicero am 2. Mai an Atticus, »und er muß fallen, entweder durch seine Feinde oder durch sich selbst.« Als daher Pompeius alle Senatoren aufforderte, sich mit ihm in Thessalonice (Saloniki) zu treffen, schloß Cicero das Hin und Her seiner Überlegungen damit ab, daß er gehorchte. Doch noch auf der Überfahrt, als er von Caieta absegelte und die Stiefelspitze Italiens umrundete, um die Adria zu überqueren, war er entschlossen, sich aus allen Kämpfen, die es geben konnte, herauszuhalten.

Zu diesem Entschluß Ciceros trug das Gerücht bei, Pompeius sei in Afrika gelandet — was falsch war — und ein Bericht, Cäsars Sache habe in Massilia (Marseille) einen Rückschlag erlitten — was richtig war. Nach seinem kurzen und unbefriedigenden Besuch in Rom hatte sich Cäsar auf dem Landwege nach Spanien aufgemacht. Seine Stimmung war gestiegen, und er scherzte, er ginge, eine Armee ohne Feldherrn zu besiegen, und danach werde er einen Feldherrn ohne Armee besiegen. Als er aber kurz nach Mitte April vor Massilia ankam, fand er die Einwohner dieses historischen und wohlhabenden griechischen Stadtstaates nicht zur Mitarbeit bereit. Ahenobarbus, den er nach dem Fiasko von Corfinium begnadigt hatte, war auf dem Wege nach Massilia, um seine alte Freundschaft mit dieser Stadt zu erneuern, die kürzlich Boten zu Pompeius entsandt hatte. Doch auch Cäsar war nach dem Gallischen Kriege großmütig zu ihnen gewesen, und so benachrichtigte der Stadtrat ihn diplomatisch, daß Massilia sich beiden Parteien gleich verpflichtet fühle und sich daher zur Neutralität gezwungen sähe. Das war nicht ehrlich, denn sobald Ahenobarbus von See her eintraf, ließen sie ihn ein und übertrugen ihm die Verteidigung der Stadt.

Diese Stadt war ein echtes Hindernis für Cäsar, da sie direkt an seinen Verbindungslinien lag. Ließ er ihr ihre Feindseligkeit hingehen, so mußte er damit rechnen, daß die Stadtgemeinden in Spanien, wo zwei Amtszeiten ihm viele Anhänger verschafft hatten, sich kaum offen für ihn entscheiden würden. Von Land aus aber war Massilia nicht zu erobern; also mußten in Arelate (Arles) Schiffe gebaut werden, um die Stadt auch vom Meer her anzugreifen. Im Juni waren sie einsatzbereit, und Cäsar vertraute darauf, daß der Ausgang des Kampfes ihm den Weg nach Westen öffnen würde.

Am 22. Juni traf er bei seinen sechs Legionen ein, die er aus Gallien nach Spanien beordert hatte. Ihnen standen fünf Legionen des Pompeius, mit der Basis Ilerda (Lerida), an einem nördlichen Nebenfluß des Ebro, gegenüber. Eine Streitmacht dieses Ausmaßes, kommentierte Cäsar, war nicht aufgestellt worden, um in Spanien in Garnison zu liegen, sondern um ihn zu bekriegen. Ihre Anführer waren Lucius Afranius und Marcus Petreius. Afranius war ein unpolitischer Mann, dessen einzige zivile Leistung im Tanzen bestand. Vor elf Jahren war er ein lächerlich schlechter Konsul gewesen, nachdem er durch ungeheure Bestechungsgelder, die Pompeius für ihn gezahlt hatte, die Wahl gewonnen hatte. Aber er war ein sehr erfahrener Offizier, der unter Pompeius in Spanien und anderswo viel vom Militärdienst gesehen hatte. Petreius scheint der Sohn eines Centurio gewesen zu sein. Er war es, der Catilina geschlagen und getötet hatte und später, als Cäsar Cato gefangensetzen ließ, mit ihm in Gefangenschaft gegangen war und dabei geäußert hatte, er ziehe Catos Gesellschaft im Gefängnis der Cäsars im Senat vor.

Beide Seiten hatten starke Hilfskräfte, einschließlich Kavallerie, von der eine Elitetruppe mit Cäsar aus Gallien gekommen war. Er mußte schnell handeln, denn Massilia versperrte ihm den Weg nach Italien, das er ohne genügende Garnisonen zurückgelassen hatte. Auch fürchtete er, Pompeius könnte selbst in Spanien erscheinen. Aber schnelles Handeln war schwierig, da Ilerda starke natürliche Befestigungen besaß und die Truppen des Pompeius aus örtlichen Guerillakriegen gelernt hatten, beweglich, bald in offener Ordnung, bald in kleinen Gruppen hier und dort anzugreifen, um sich danach wieder rasch zusammenzuschließen. Außerdem litt Cäsar sehr unter dem Wetter. Nach dem Kalender war es spät im Juni, aber da der Kalender nicht mehr mit den Jahreszeiten übereinstimmte, war der Frühling noch nicht vorbei, der Schnee taute noch auf den Bergen, und die Flüsse führten Hochwasser. Beide Pontonbrücken Cäsars brachen, und er wurde auf einer Halbinsel zwischen zwei angeschwollenen Nebenflüssen abgeschnitten. Die öffentliche Meinung in Rom reagierte höchst empfindlich auf jede Phase der Entwicklung, und als diese Nachricht die Hauptstadt erreichte, machten sich viele Senatoren, die bislang noch gezögert hatten, auf, um Cicero zu folgen und sich Pompeius in Griechenland anzuschließen.

Aber sie hatten Cäsar wieder einmal unterschätzt. Es gelang ihm, einen der beiden Ströme zu überqueren, indem er leichte Boote aus Holz und Weidengeflecht, mit Leder überzogen, anfertigen ließ, wie er es in Britannien gesehen hatte. Sein Entkommen aus dieser Falle, verbunden mit der Nachricht eines Seesieges vor Massilia, veranlaßte verschiedene wichtige Städte nördlich des Ebro, ihm zuzufallen, darunter Osca, das voll Stolz daran erinnerte, es sei das Hauptquartier des feurigen Antikonservativen Sertorius gewesen, als er gegen die Erben Sullas kämpfte, zu denen auch Pompeius gehörte. Durch diese örtliche Feindschaft und durch Cäsars Kavallerie behindert, beschlossen Afranius und Petreius, sich in das Hochland südlich des Ebro zurückzuziehen, wo Pompeius damals eine mächtige Gefolgschaft gewonnen hatte. Als sie auf den Fluß zu marschierten, wurden sie von Cäsar eingekreist. Aber Cäsar griff nicht an. Seine Truppen drängten zum Kampf, denn sie wollten plündern, aber er sah voraus, daß Ernährungsschwierigkeiten für ihn arbeiten würden.

Die pompeianischen Truppen mußten sich nach Ilerda zurückziehen. Aber Cäsar blieb ihnen auf den Fersen, und als sie das nächste Lager aufschlugen, schnitt er ihnen die Wasserversorgung ab. Das war das Ende. Am 27. August kapitulierten sie. Vierzig Tage hatte er für einen neuen unblutigen Sieg gebraucht. In Übereinstimmung mit seiner Politik der Milde gegenüber Römischen Bürgern ließ Cäsar Afranius und Petreius frei und schickte sie aus Spanien fort. Ihre Soldaten wurden nach Spanien und Gallien entlassen. Varro, der führende Gelehrte seiner Zeit, dessen fruchtlose Versuche, Hispania ulterior für Pompeius zu halten, in den »Kommentaren« ein mildes Lächeln ernteten, ergab sich und wurde durch Quintus Cassius ersetzt, der Cäsar als Tribun zu Anfang des Jahres so gute Dienste geleistet hatte.

Nachdem er große Geldbeträge erhoben hatte, kehrte Cäsar nach Massilia zurück. Die Stadt war zur Übergabe gezwungen worden, und Ahenobarbus flüchtete, um an einer anderen Front erfolglos weiterzukämpfen.

Die erste große Meuterei gegen Cäsar

Auf seinem Rückweg nach Rom — dies erfahren wir nicht aus den »Kommentaren« — mußte Cäsar einen Abstecher machen, um sich mit einer schweren Meuterei in Placentia (Piacenza) zu befassen. Außer einer kleinen Unruhe unter den Offizieren zu Beginn des Gallischen Krieges war es das erstemal in seiner militärischen Laufbahn, daß ihm dergleichen widerfuhr. Die Anführer des Aufruhrs gehörten zu einer Legion, die in Spanien schwere Verluste gehabt hatte. Die Soldaten, die dort kämpften, waren schlecht ernährt worden und hatten es Cäsar verübelt, daß er den Krieg hinausgezögert hatte, indem er die Schlacht vermied. Zwar hatte er viel Geld an sich gerissen, jedoch die Beute, die zu ihnen gelangt war, war nur spärlich, und die neue Politik der Milde machte sie noch spärlicher. Überdies war der Sold verspätet ausgezahlt worden. Die Truppen wußten sehr gut, daß Cäsar letzten Endes ein Rebell gegen seine eigene Regierung und auf sie angewiesen war. Aber sie brauchten ihn ebensosehr, denn sonst gab es keine Kriegsbeute für sie und kein Land nach der Verabschiedung aus dem Dienst. Nachdem er sie daran erinnert hatte, daß sie in der Tat die best- und regelmäßigst bezahlte Armee in der Geschichte Roms waren, schien es Cäsar wünschenswert und praktisch, einen gewissen Beweis seiner Strenge zu geben. Die aufrührerische Legion wurde zu der archaischen Strafe der Hinrichtung eines jeden zehnten Mannes verurteilt. Dann aber lenkte der Feldherr, der nie ernstlich daran gedacht hatte, solch eine kampfkraftverschwendende, unpopuläre Strafe durchzuführen, ein und verlangte die Namen von hundertzwanzig Rädelsführern. Alles, was diese anging, wurde sorgfältig für später in ihre Personalakten eingetragen, und nur zwölf wurden zum Tode verurteilt und hingerichtet. Offensichtlich wurden sie durch das Los bestimmt, aber Cäsar hatte in seinen politischen Kämpfen gelernt, wie man sicherstellt, daß das Los nicht vom Zufall allein bestimmt wird. Die unerfreuliche Affäre ermöglichte ihm sogar eine populäre Geste: als einer der Verurteilten sich beschwerte, er sei fälschlicherweise von seinem Centurio angeklagt worden, wurde statt seiner der Centurio hingerichtet.

Inzwischen war der Erfolg in Spanien durch Niederlagen, die Cäsars Unterführer an anderer Stelle erlitten, wettgemacht worden. In der von den Flotten des Pompeius beherrschten Adria war Dolabella an die Küste zurückgedrängt und besiegt worden. Der Bruder des Antonius mußte auf einer Insel kapitulieren. Schlimmer noch, die zwei Legionen Curios wurden in Nordafrika völlig vernichtet. Sieger war Juba, der König von Numidien (Algerien). Er war vom Vater her mit Pompeius befreundet; außerdem hatte ihn Cäsar vor dreizehn Jahren während einer Gerichtssitzung im Senat, als Juba über die affektierte Kleidung Cäsars spottete, in einer Aufwallung von Zorn am Bart gezogen.

Juba hegte auch einen Groll gegen Curio, der kürzlich vorgeschlagen hatte, Rom solle sein Königreich übernehmen. Als er in Afrika ankam, hatte Curio nicht geglaubt, daß Juba ihn angreifen werde; er dachte vielmehr, der König sei durch die Nachrichten von Cäsars Sieg in Spanien zu sehr entmutigt. Curio wurde aber im Tal von Medjerda (Bagradas) in eine Falle gelockt, wo er zu schnell und zu weit marschierte und sich plötzlich — wie Crassus in Parthien — auf ungünstigem Gelände von Kavallerie eingeschlossen sah. Viele fielen, darunter auch Curio. Die meisten anderen wurden von Juba gefangengenommen und hingerichtet. So blieb zunächst der riesige Getreidespeicher Nordafrika in der Hand des Pompeius. Dennoch schlug Cäsar propagandistisches Kapital aus dem Umstand, daß die Sache des Feindes so sehr von einem unangenehmen, sadistischen Ausländer abhing, den er zum Staatsfeind erklärte.

> »Römer, welch Wahnsinn, welch widrige Lust am Kriege
> hat die Barbaren trunken gemacht vom Blut der Latiner.«[5]

Cäsar bagatellisierte diese Unglücksfälle, betonte seinen Erfolg in Spanien und ging zum zweiten Mal in diesem Jahr nach Rom. Er wollte immer noch im Rahmen der Verfassung im Jahr 48 Konsul werden, und da die Abwesenheit der im Amt befindlichen Konsuln eine normale Wahl unmöglich machte, mußte er dieses Ziel erreichen, indem er kurzfristig auf die Notstandseinrichtung des Diktators zurückgriff. Durch ein Gesetz, das Marcus Aemilius Lepidus — der mit der Tochter seiner lebenslangen Freundin Servilia verheiratet war — beantragte, wurde er zum Diktator ernannt.

Cäsar nutzte seine erste Diktatur vor allem, um die notwendigen Konsulatswahlen abzuhalten, und nicht zu allgemeineren weittragenden Maßnahmen, die durch das harte Regiment Sullas diskreditiert waren. Er machte sich auch daran, ein ärgerliches Problem in Ordnung zu bringen, das durch den Bürgerkrieg noch verstärkt worden war und eine schwere Bedrohung der ganzen Gesellschaftsstruktur darstellte: das Problem der Verschuldung. Es betraf in verschiedenem Ausmaß fast alle Römer und Italiker, und Cäsar hatte sich ein beträchtliches Wissen darüber erworben, einmal aus eigenen Erfahrungen als einer der größten Schuldner seiner Zeit und zum anderen durch die Reformen, die er vor dem Gallischen Kriege in Spanien durchgeführt hatte. Bis in die achtziger Jahre reichten die Versuche der Politiker zurück, die zahllosen Schuldner zu retten, denn harte Gesetze erlaubten es den Geldverleihern, sie ungehemmt auszubeuten. Aber diese Bemühungen wurden begrenzt durch die Notwendigkeit, sicherzustellen, daß sie nicht in einen allgemeinen Angriff auf Kredit und persönlichen Besitz ausarteten, den alle Landbesitzer fürchteten.

Schulden hatten auch bei dem Mißvergnügen, das Catilina an die Oberfläche spülte, eine führende Rolle gespielt, und nun hatte der Bürgerkrieg eine Kreditkrise gefährlichen Ausmaßes geschaffen. Eines der Hauptprobleme scheint der Mangel an Bargeld gewesen zu sein. Ungeheure Mengen an Münzen wurden benötigt, um die rivalisierenden Heere zu besolden; und angesichts der allgemeinen Unsicherheit waren auch Riesenbeträge aus dem Umlauf verschwunden und gehortet worden. Infolgedessen war Bargeld so knapp geworden, daß für Rückzahlungen keines zur Verfügung stand. Gläubiger versuchten eifrig, ihr ausgeliehenes Geld zurückzuerlangen, und ihre Schuldner, die völlig unfähig waren, sie zufriedenzustellen, mußten statt dessen ihre mit Hypotheken belasteten Besitzungen und Aktienanteile verpfänden. Gerade das aber brachte nur zusätzliche Härten, denn die Gläubiger waren an den Besitzungen, die nur elende Preise erbrachten, nicht interessiert. Und immer noch waren die grausamen, alten Gesetze gegen Schuldner in Kraft.

Harte finanzielle Maßnahmen

Cäsar führte nun ein, daß kein Bargeld mehr gehortet werden durfte, und zwang gleichzeitig die Gläubiger, Land und bewegliche Güter als Zahlung anzunehmen. Um Streitigkeiten wegen des Preises zu vermeiden, mußte dies Land zum Vorkriegswert geschätzt werden, den besondere, vom Stadtprätor ernannte Schätzer bestimmten. Zinsen, die schon in bar oder in Wertpapieren bezahlt worden waren, mußten von der Schuld abgezogen werden. In Rom betrug der Zinsfuß normalerweise vier Prozent. Bestechungen bei den Wahlen hatten ihn auf acht Prozent hinaufschnellen lassen, und jetzt betrug er fast zwölf Prozent. Deshalb stellte die Bestimmung, daß Zinsen abgezogen werden konnten, ein beträchtliches Entgegenkommen dar. Es mag sein, daß diese Bestimmung nicht genau zu dieser Zeit erlassen wurde; Cäsar war für den Rest seines Lebens damit beschäftigt, weitere Maßnahmen durchzusetzen, um mit dieser akuten Krise fertig zu werden, und es ist nicht leicht, ihre zeitliche Reihenfolge festzulegen. Aber im Jahre 49 konnte man bereits sehen, welches Ziel seine Reformen anvisierten.

Die Vermutungen über seine Absichten hatten große Erregung unter den wohlhabenderen Klassen ausgelöst. Selbst einer der in Italien gebliebenen Exkonsuln, Servius Sulpicius Rufus, hatte an Cicero geschrieben: welche Seite auch immer gewönne, Geldschwierigkeiten würden unvermeidlich zu vernichtenden Eingriffen in das Privatvermögen führen. Abschaffung der Schulden war das populärste Anliegen innerhalb des antikonservativen Programms, zu dem Cäsar sich seit langem bekannte; und man glaubte, er habe den Schuldnern zugesichert, ein Bürgerkrieg, bei dem sie auf seiner Seite kämpften, würde sie wieder auf die Füße stellen. Da aber so viele Finanziers zu seinen Anhängern zählten, wird diese Geschichte nicht wahr sein. Oder wenn, so strafte sein Verhalten seine Worte Lügen, denn die weitverbreitete Furcht, er werde revolutionäre Maßnahmen zugunsten der Habenichtse ergreifen, erwies sich als völlig falsch. Es ist wahr, daß Gläubiger auf Grund eines Schuldengesetzes im Durchschnitt einen Verlust von vielleicht einem Viertel ihres legalen Anspruchs hinnehmen mußten. Das scheint viel, und sie beklagten sich auch lautstark darüber, aber es war weniger, als sie befürchtet hatten. Beruhigt durch Cäsars nachdrücklichen Hinweis, kein Sklave würde dafür belohnt, wenn er einen Gesetzesbrecher denunzierte, erkannten sie bald, daß es immer noch einträglich war, Geld zu verleihen, und fuhren unbekümmert damit fort.

Cäsar hatte gezeigt, daß er keiner Klasse verpflichtet war. Wohl war er darauf bedacht, gefährliche Mißbräuche zu unterbinden, aber es ging ihm nicht darum, alle Schulden zu annullieren. Nach allem war es viel bequemer, wenn das meiste Geld an die Gläubiger zurückging. Sie waren vermögende Leute, von denen er am leichtesten Gelder bekommen konnte, wenn er sie brauchte. Sie waren in der Tat seine Mitstreiter, und ihre Zahl vergrößerte sich, als Cäsar dafür sorgte, daß die Verbannungsurteile der Republikaner gegen seine Freunde aufgehoben wurden. Später marschierte er weiter nach Süden.

Die Strategie des Pompeius

Die Bevölkerung fürchtete, Pompeius könne jeden Augenblick Griechenland verlassen und in Italien landen. Dies jedoch, wie die früheren Gerüchte, er ginge nach Afrika oder Spanien, entsprach nicht seiner Absicht. Die Strategie des Pompeius bestand darin — wie bei General Grant oder Lord Montgomery —, von einer ausgebauten Position größter Stärke aus anzugreifen. Er zog daher spektakulären Attacken die langsamere, aber sicherere Methode vor, zunächst die ungeheuren Kräfte des Ostens zu mobilisieren, bevor er sich überhaupt rührte.

So verbrachte er den Winter in Thessalonice; als er von Cäsars Ankunft in Brundisium hörte, begann er zwar, sich nach Westen zu bewegen, erwartete aber nicht, daß es Cäsar gelingen werde, das Ionische Meer in einer Zeit zu überqueren, zu der normalerweise alle Schiffahrt ruhte.

Da aber irrte er sich. Zugegeben, auch Cäsar erlitt eine schwere Enttäuschung, die seiner Ansicht nach den frühen Abschluß des Krieges verhinderte. Denn in Brundisium fand er, daß die Zahl der verfügbaren Schiffe viel zu gering war, um seine ganze Streitmacht über die Adria zu setzen. Trotzdem nutzte er eine kurze Zeit, als die See ruhig und der Wind günstig waren, brachte zwanzigtausend Mann und sechshundert Reiter an Bord, setzte in fliegender Eile am 4. Januar 48 über und landete in Palaeste (Palissa) an der offenen Küste von Epirus, südlich von Vloné (Valona) im heutigen Albanien. Der Befehlshaber der Adriaflotte des Pompeius, Bibulus, der hundertundzehn in Corcyra (Korfu) stationierte Schiffe befehligte, war zu seinem eigenen, rasenden Zorn nicht in der Lage, den Konvoi seines verhaßten Feindes abzufangen. Er mußte sich damit begnügen, dreißig seiner Schiffe auf dem Rückweg nach Italien zu zerstören und die Besatzungen brutal zu ermorden. Dann kehrte er an die Adriaküste zurück, um Cäsars Streitmacht von See her zu blockieren, was ihn wiederum von der Versorgung mit Frischwasser abschnitt. Bibulus, dessen Schiffe, wie alle alten Kriegsschiffe, sich schlecht für Patrouillenfahrten eigneten, da sie nicht lange auf See bleiben konnten, starb bald darauf an Erkältung und Überanstrengung und erhielt einen kurzen, aber vornehmen Nachruf in Cäsars »Bürgerkrieg«.

Napoleon vertrat die Auffassung, Cäsar hätte über Land und nicht von der See her in die Balkanhalbinsel einmarschieren sollen, weil er zur See so sehr unterlegen war. Aber es ist zweifelhaft, ob Cäsar einen so langen Marsch hätte durchführen können, da er seine Truppen in Brundisium erschöpft, krank und zur Desertion bereit vorgefunden hatte. Und wäre er wirklich über Land marschiert, so wäre Pompeius sicherlich über See, von der Adria her, in Italien eingefallen. Außerdem war Cäsars Landung eine höchst unangenehme Überraschung für ihn und löste eine Art von Panik in seinem Heer aus, das nun seinen Marsch nach Westen möglichst beschleunigte. Als Cäsar die Verwirrung bemerkte, griff er zu dem vertrauten Mittel eines Friedensangebots. Er ließ sogar einen gefangenen höheren Offizier frei und sandte ihn zu Pompeius. (Es war Vibullius Rufus, der früher einmal Verbindungsoffizier zwischen den beiden Feldherren gewesen war.) Seine Enthüllungen über die Bewegungen Cäsars — ungeachtet des Risikos, das er damit auf sich nahm — wurden für Cäsar doch wohl aufgewogen durch die Schwächung von Entschlußkraft und Moral, die seine Botschaft bei den Soldaten des Pompeius verursachte.

Schließlich standen sich die zwei Heere an den beiden Ufern des Flusses Semani (Apsus) gegenüber; Cäsar auf der Südseite, Pompeius auf der Nordseite. Cäsar war so besorgt über das Ausbleiben seiner Verstärkungen aus Italien, daß er selbst versuchte, in einem kleinen Schiff hinüberzufahren, um sie herüberzuholen, aber er mußte wegen schlechten Wetters umkehren. Am 10. April ging diese Verzögerungsfrist zu Ende: Antonius gelang es, vier Legionen und achthundert Reiter über die Meerenge zu bringen. Ein außergewöhnlich glücklicher Wechsel des Windes ermöglichte es ihm,

NORICUM
D A C I A
Save
Donau
SCHWARZES MEER
ILLYRICUM
ADRIATISCHES MEER
Lissus
Dyrrachium
Apsus
MACEDONIA
Philippi
Thessalonica
Valona
Palaeste
Buthrotum
Corcyra
EPIRUS
Larissa
Gomphi
Pharsalus
THESSALIA
Actium
Athen
Corinth
Piraeus
ACHAIA
IONISCHES MEER
OSTEUROPA

der feindlichen Flotte auszuweichen und bei Lissus (Lesh) zu landen. Das lag zwar 75 Meilen nördlich der Stelle, an der Cäsar ihn erwartete, aber es glückte Antonius, zu ihm zu stoßen.

Die Blockade von Dyrrhachium

Beide Heere marschierten nun nach Dyrrhachium (Durrës, Durazzo), wo die Verpflegungs- und Munitionslager des Pompeius waren, und das als Schlüssel seiner Seeblockade galt. Eine weitere Verzögerung lag nicht in Cäsars Interesse, da sein Feind Nachschub aus ganz Asien herbeiholen konnte und er selbst nur noch geringe Hoffnung auf Verstärkungen hatte. Einige seiner Transporter waren auf See zerstört worden, und Gabinius, der von Pompeius zu Cäsar übergegangen war, hatte ihn auf dem Landweg nicht erreichen können und war, als er unterwegs in Illyrien belagert wurde, einer Krankheit erlegen. So hoffte Cäsar, Pompeius zur Annahme der Schlacht zu zwingen, indem er seinen lebenswichtigen Stützpunkt Dyrrhachium bedrohte. Dieser Versuch mißlang ihm um die berühmte Haaresbreite, da Pompeius — noch immer ein Stratege, mit dem man sehr ernstlich rechnen mußte — das Rennen um wenige Stunden gewann und gerade noch Zeit hatte, das hochgelegene Terrain sechs Meilen südlich der Stadt zu beziehen. Cäsar stieß zwischen Pompeius und Dyrrhachium durch, so daß beide Heere von ihren Basen abgeschnitten waren — Cäsar von Italien durch die Flotte des Pompeius, und Pompeius von Dyrrhachium durch das Heer Cäsars.

Das feindliche Heer war zu nahe, als daß Cäsar eine Belagerung hätte einleiten können. Statt dessen kreiste er die vierzehn Meilen lange Linie der feindlichen Schützengräben mit einer eigenen, siebzehn Meilen langen Landbefestigung ein. Diese ungeheure Spatenarbeit war eine beachtliche Leistung für seine Armee, deren Gegner ihr im Verhältnis vier zu drei überlegen war. Cäsar erklärt, er habe damit seine eigenen Fourageure sichern, das Herumstreifen der feindlichen Kavallerie einschränken, Pompeius lächerlich machen und selbst einen Vorteil für seine propagandistischen Friedensbemühungen herausschlagen wollen, die unterdessen fortgingen. Napoleon kritisierte dieses Vorgehen, und obgleich er zu einer Zeit schrieb, als Schützengrabenkriege großen Ausmaßes nicht mehr in Mode waren, ist es wahr, daß die Blockade niemals ein voller Erfolg geworden wäre; denn Pompeius gewann wieder Zugang zur See. Auch war Cäsars Versorgung mit Nahrungsmitteln sehr schlecht, da die Ernte noch nicht reif war, und er auf das Reifen des Korns nicht warten konnte.

Am 8. Juli griff er deshalb die feindlichen Stellungen an sechs verschiedenen Punkten an, ohne daß ihm ein Durchbruch gelang. Etwa neun Tage später schlug Pompeius zurück. Von gallischen Deserteuren beraten, schickte er sechs Legionen und leichte Hilfskräfte über See, um Cäsars Stellung an ihrem südlichsten Punkt an der Küste zu durchbrechen, und es gelang diesen Truppen, ein Lager zu befestigen, das die Belagerung zuschanden machte. Cäsars Gegenangriff war ein vernichtender Fehlschlag, bei dem er mindestens tausend Mann und zweiunddreißig Standarten verlor. Um seinem neuen konservativen Verbündeten seine Loyalität zu beweisen, beleidigte Labienus die Gefangenen und ermordete sie dann. Pompeius aber zog aus dem glücklichen Ausgang des Gefechts keine Konsequenzen — wahrscheinlich, weil er, inmitten des unübersichtlichen Netzwerks seiner Befestigungen einfach nicht erkannte, wie groß sein Sieg war. Er kann kaum jenen geglaubt haben, die behaupteten, der Krieg sei praktisch schon beendet, wenn auch Cäsar sagt, hätte die andere Seite an jenem Tag einen Mann gehabt, der gewußt hätte, wie man einen Krieg gewinnt, so sei er beendet gewesen.

Doch die Blockade war durchbrochen, und Cäsar zog sich schleunigst landeinwärts zurück. Er hatte schon Abteilungen in Thessalien stationiert, wie auch in anderen Teilen Nordgriechenlands, um Druck auf den Nachschub von Nahrungsmitteln auszuüben und die örtlichen antipompeianischen Parteien zu ermutigen, die zum Teil aus Leuten bestanden, deren Familien er während seiner Karriere Dienste erwiesen hatte. Daher machte er sich jetzt nach Thessalien auf. Dort gelang es zwei Legionen, unter dem Befehl des ehemaligen Konsuls Calvinus, zu ihm zu stoßen; doch auch die Streitkräfte des Pompeius erhielten Verstärkung, als Metellus Scipio, aus seiner Provinz Syrien kommend, in der thessalischen Hauptstadt Larissa zu ihm stieß. Hätte Pompeius nach Dyrrhachium beschlossen, es sei jetzt an der Zeit, nach Italien zurückzukehren, so wäre Cäsar gezwungen gewesen, ihm, wie groß auch die Gefahren waren, zu Lande zu folgen. Aber er hatte vermutet, sein Gegner würde nicht in der Lage sein, Metellus Scipio zu verlassen, und damit hatte er recht. Auch Pompeius war in Thessalien fern von seinen Seestützpunkten — und es bestand die Hoffnung auf eine Entscheidungsschlacht. Nachdem Cäsar seinen hart arbeitenden und schlecht ernährten Soldaten eine Orgie an Plündern, Trinken und Morden in der widerspenstigen kleinen Stadt Gomphi erlaubt hatte, trafen die beiden Heere in der Ebene von Pharsalus aufeinander. Pompeius hatte jetzt wohl doppelt soviel Soldaten wie Cäsar, und er stand auf höherem Terrain. Trotzdem bot die kleinere Streitmacht Tag um Tag in brütender Sommerhitze die Schlacht an, selbst auf ungünstigem Gelände, ohne daß Pompeius darauf einging. Cäsar war in der Tat nahe daran, abzuziehen, in der Hoffnung, daß seine größere Beweglichkeit ihm vielleicht einen Vorteil gäbe — als er zu seinem Entzücken sah, daß der Gegner sich zur Schlacht bereit machte. Er widerrief die Befehle zum Abmarsch und formierte seine Truppen zum Kampf.

Cäsar meint, Pompeius habe sich endlich unter dem Druck der Konservativen in seinem Lager zur Schlacht entschlossen. Sie waren streitsüchtig, schlechter Laune und nur an Rache, Raub und Geschäften interessiert und stritten sich heftig, wer Cäsars Stellung als Oberpriester übernehmen sollte. Und vor allem zögerten sie, Pompeius als ihren Oberkommandierenden zu behandeln oder zu ertragen. Er hatte es für richtig gehalten, Metellus Scipio die Ehrenbezeugungen zukommen zu lassen, die einem unabhängigen General gebührten. Aber Ahenobarbus, der gleichen Meinung wie andere, spottete über den »König der Könige«, den man bald nicht mehr brauchen werde, wenn nur erst eine Entscheidungsschlacht geschlagen war. Gleichzeitig glaubte Pompeius überoptimistisch an die schlechte Kampfmoral des gegnerischen Heeres, so daß er eine Schlacht für erfolgversprechend hielt.

Diese irreführende Information kam von seinem besten General, von Labienus, der wieder einmal für die Annahme eines Planes sorgte, durch den seine siebentausend Reiter den Sieg gewinnen sollten (was Verluste an Legionären ersparte), indem er Cäsars rechten Flügel von der Seite angriff, nachdem die Legionen beider Seiten in den Kampf verwickelt waren. Cäsar jedoch sah diese Gefahr voraus und bildete eine Reserve von drei- oder viertausend Fußsoldaten — eine Kohorte vom dritten Glied jeder Legion — und stellte sie versteckt zur Unterstützung des gefährdeten Flügels auf, den er selbst befehligte. Cäsars Erfahrungen in Gallien hatten ihn gelehrt, Attacken von rückwärts in seine Pläne einzukalkulieren. Wenn auch seine Reserve unsichtbar war, so ist es doch erstaunlich, daß Pompeius diese Strategie nicht voraussah: vielleicht fehlen auch ein paar Stücke in dem unsicheren Puzzlespiel unserer Überlieferungen. Auf alle Fälle war — als die Schlacht am 9. August stattfand — Cäsars Kriegslist ein voller Erfolg. Die Kavallerie des Pompeius sah sich plötzlich einer Hecke von Lanzenspitzen gegenüber; die Reserve hatte ausdrücklich den Befehl erhalten, mit ihren Wurfspeeren nur zu stechen, anstatt zu werfen; sie wurde von Panik ergriffen und floh, anstatt das unerwartete Hindernis zu umreiten. Danach war es ein leichtes, die Legionen des Pompeius von der Flanke anzugreifen und aufzurollen. Dann stießen Cäsars Soldaten, so erschöpft sie auch durch die große Hitze waren, weiter vor und nahmen das feindliche Lager ein, aus dem Pompeius gerade noch entkam, als sie einbrachen. Er floh vom Schlachtfeld und aus Griechenland. Fünfzehntausend seiner Soldaten wurden getötet, darunter sechstausend Römische Bürger, während Cäsars Verluste nur gering waren. Am nächsten Morgen boten über zwanzigtausend Überlebende der pompeianischen Armee, die bei Nacht mühsam sechs Meilen zurückgelegt hatten, ihre Übergabe an. Die Armee des Pompeius hatte aufgehört zu existieren.

Pompeius quälte sich unaufhörlich wegen des Versagens seiner Reiterei, mit der er so vertrauensvoll gerechnet hatte. Er vermutete Verrat, aber er hatte nur die Lage falsch beurteilt, obwohl die Initiative in seiner Hand lag. Cäsar hingegen hatte richtig geurteilt. Eine überwältigende Anzahl von Reitern kann auch die beste Infanterie beeindrucken, und Pompeius hatte nicht genug Reiter. Auch war sein Heer zu gemischt, und obgleich Gallier und Spanier auf seiner Seite fochten, so waren doch die Truppen, die er im Osten ausgehoben hatte, eine Enttäuschung gewesen.

Die Schlacht von Pharsalus, hastig improvisiert, war schnell und vernichtend. Es stimmt, daß außer Ahenobarbus, der fiel, die meisten Führer des pompeianischen Heeres entkamen, um ein anderes Mal weiterzukämpfen. Dennoch hatte die Niederlage des Pompeius das Gleichgewicht der Kräfte im Reich gestört und die Schlacht zu einer der entscheidendsten der Weltgeschichte gemacht.

> »Fortuna zögerte nicht, sondern befahl das Unheil,
> das die Ruinen einer Welt hinwegfegte.« [6]

Die Schlacht hatte den düsteren Ruhm, die größte zu sein, in der jemals Römer miteinander kämpften, und Cäsar hielt es für geraten, diesen Sieg in keinem offiziellen Dokument zu erwähnen und ihn niemals mit einem Triumph zu feiern. Aber es gelang ihm, daraus politischen Vorteil zu ziehen, zusätzlich zu dem, der ihm ganz natürlich durch solch einen überwältigenden militärischen Sieg zufiel. Noch bevor die Schlacht vorbei war, hatte er auf die Soldaten Eindruck gemacht, indem er ihnen befahl, die Landsleute zu schonen, und damit jede Chance zunichte gemacht, daß die Legionäre des Pompeius sich wieder sammelten. Als er dann das feindliche Lager erreichte (wo er das Abendessen einnahm, das für seinen Rivalen bereitet war), konnte er auf den unziemlichen Luxus der Zelte des Lentulus und der anderen hinweisen, die von künstlichen Lauben und frischem Rasen umgeben waren, umrankt von Efeugirlanden und vollgestopft mit Silbergeschirr. Die Korrespondenz des Pompeius und des Metellus Scipio, die in seine Hände fiel, verbrannte er ungelesen. Schließlich tat er bei der Besichtigung des Schlachtfeldes eine Äußerung, die weit verbreitet wurde und eines der ständigen Themen seiner Propaganda wiederholte: Wenn er nicht seine Armee zu Hilfe gerufen hätte, sagte er, hätten ihn all seine Leistungen nicht vor der Verurteilung vor Gericht bewahrt.

Cäsar blickte auf die Toten, die das Schlachtfeld bedeckten, und sprach die Worte: »Sie haben es so gewollt.«

Reichtum und Reiz der Kleopatra

Nachdem Pompeius aus Griechenland abgezogen war, beschlagnahmte Cäsar zehn Schiffe seines Feindes im Hellespont (Dardanellen) und landete in Anatolien. Er mußte unbedingt Geld für den Unterhalt seiner Armee erheben. Glücklicherweise war das Land reich genug, um wieder einmal eine Kontribution leisten zu können. Cäsar stellte sich auf den Standpunkt, alles Geld, das für Pompeius erhoben worden war, müsse ihm, Cäsar, übergeben werden; die Gemeinden wurden ermuntert, freiwillige Spenden in Form schwerer Goldkränze zu machen. Aber das alles geschah nicht in erpresserischer Absicht, denn ihm war daran gelegen, den Eindruck zu vermeiden, als wiederhole er die Druckmethoden, für die Metellus Scipio während seines Durchmarsches durch diese Länder berüchtigt geworden war. Cäsar verband seine Auflagen mit einer Maßnahme, die das Los der Provinzbewohner erleichtern sollte. Obwohl er dringend Gelder benötigte, befreite er dennoch die asiatische Provinz von den römischen Steuerpächtern und erlaubte statt dessen den örtlichen Behörden, ihren Tribut in Form einer festen Agrarsteuer selbst zu erheben; hierdurch wurde die gesamte Last um ein Drittel verkleinert. Diese Reform mußte natürlich die Finanziers in Rom aufbringen, aber Cäsar war der Ansicht, er habe sie durch sein Schuldengesetz ohnehin schon gut behandelt — sie könnten sich jetzt ruhig ein wenig entrüsten.

In den »Kommentaren« berichtet er auch, wie der Schatz des Tempels der Artemis in Ephesus, der für kurze Zeit gerettet war, weil Metellus Scipio keine Zeit mehr hatte, ihn zu beschlagnahmen, ehe er sich zu Pompeius nach Griechenland begab, nun von Cäsar zum zweiten Mal gerettet wurde. Eine Widmung dieser Stadt bezeichnet ihn als »offenbaren Gott und allgemeinen Retter der Menschheit«. Nichts wird darüber in den »Kommentaren« gesagt, denn es ist weit entfernt von den Feinheiten der römischen konstitutionellen Regierungsform. Aber den asiatischen Städten machte es keine Schwierigkeit, Cäsar — wie vorher Pompeius und zur Not auch Metellus Scipio — mit den hellenistischen Monarchen gleichzusetzen, an die sie gewöhnt waren.

Inzwischen hatte sich Pompeius nach der Flucht vom Schlachtfeld von Pharsalus nach Mazedonien eingeschifft. Er berührte das anatolische Festland nicht, sondern segelte direkt nach der Insel Lesbos, wo er seine Frau und seinen jüngeren Sohn an Bord nahm. Er hätte dann nach der Hauptprovinz, die noch treu zu ihm hielt, Africa (Tunis) mit seinen großen Kornvorräten, segeln können; Napoleon war der Meinung, er hätte es tun müssen, da sich hier viele seiner führenden Anhänger sammelten. Aber vielleicht war er nicht sicher, daß sie auch wirklich weiter Widerstand leisten würden; auch konnte ihm nicht daran gelegen sein, von einem so unangenehmen Barbaren wie Juba von Numidien abhängig zu sein. Es schien ihm daher am besten, weiterhin auf östliche Hilfsquellen zurückzugreifen, die er noch mobilisieren konnte.

Aber irgendeine ausländische Hilfe benötigte er auf alle Fälle, denn auf allzuviel Unterstützung aus den römischen Provinzen Afrikas konnte er nicht rechnen. Syrien zum Beispiel forderte ihn unverzüglich auf, weiterzuziehen. Man sagt, er habe erst im Sinn gehabt, nach Parthien zu gehen, um dort gemeinsame Sache mit dem Nationalfeind zu machen, diesen Gedanken aber aufgegeben, weil seine Frau Cornelia die Schwiegertochter des verhaßten Eindringlings in Parthien, Crassus, gewesen war. Aber Pompeius wußte, daß die Parther ihm seinen Verrat noch nicht vergessen hatten. Daran hatten sie Crassus nach seiner Niederlage sehr scharf erinnert und den Boten des Pompeius festgehalten. So befolgte er den Rat seines griechischen Ratgebers Theophanes und entschloß sich, in das halbunabhängige Königreich Ägypten zu gehen. Bei der Wiedereinsetzung seines Königs hatte er eine führende Rolle gespielt; er hatte der Dynastie dazu verholfen, auf dem Thron zu bleiben, und die Annexion durch Rom verhindert. Als der ältere Sohn des Pompeius ein Jahr zuvor in Ägypten war, hatte die Regierung ihm fünfzig Schiffe und fünfhundert Mann mitgegeben. Auch lebten dort viele alte Soldaten des Pompeius. Sie waren ins Land gekommen, als Gabinius dort vor acht Jahren intervenierte, und dageblieben. Nun konnte er sie wieder ausheben, als den Kern eines neuen Heeres, um damit den Krieg gegen Cäsar weiterzuführen.

Was ihn aber unzweifelhaft am meisten verlockte, war der ungeheure Reichtum des Landes. Wenn er auch dank der gigantischen Summen, die Pompeius selbst und andere Römer von seinen Herrschern erpreßt hatten, in den letzten Jahren zurückgegangen war, stellte der potentielle Reichtum Ägyptens dennoch den aller anderen Mittelmeerländer in den Schatten. Sein Weltmonopol an

Papyrus war eine unvergleichliche Trumpfkarte, es hatte einen großen Handel in Glaswaren, Leinen und Edelmetallen. Ägyptische Smaragde, Topase, Amethyste und Onyxe erzielten hohe Preise, und duftende Essenzen, Öle und Parfüms wurden überallhin exportiert. Außerdem konnte Ägypten genug Korn liefern, um Rom in jedem Jahr vier Monate lang zu ernähren. Gerade deshalb hatten räuberische römische Augen in den letzten Jahren so oft nach Ägypten geblickt, und gerade deshalb wandte sich Pompeius nach seiner Niederlage in die gleiche Richtung. Er hatte vor elf Jahren große Summen ägyptischen Geldes in seine eigene Tasche gesteckt, und seine Zukunft hing nun davon ab, daß ihm dasselbe noch einmal gelang.

Der unglückliche Pharao, Ptolemäus XII., der Flötenspieler, war vor drei Jahren gestorben, und die regierende Gruppe in Ägypten, zu der sich Pompeius jetzt auf den Weg machte, war in zwei feindliche Lager gespalten; jedes unterstützte einen anderen Nachfolger: das eine den fünfzehnjährigen Sohn des Flötenspielers, Ptolemäus XIII., die anderen seine zwanzigjährige Schwesterbraut Kleopatra. Ihre Heere lagen sich bei der Küstenstadt Pelusium, südöstlich von Port Said, gegenüber.

Alexandria war in den Händen des Ptolemäus, oder besser seines Ersten Ministers, des Eunuchen Pothinus, und eines Generals mit Namen Achillas. Am 28. September 48, als Pompeius sich der fremden Küste näherte, fuhren ihm Achillas und zwei römische Offiziere in einem Ruderboot entgegen und überbrachten ihm eine freundliche Botschaft ihres Königs. Pompeius ließ seine Frau an Bord und stieg in das Boot, begleitet von einem Freigelassenen und drei Sklaven. Als die Ruderer auf die Küste zufuhren, stieß ihm einer der Römer, ein gewisser Septimius, der unter ihm gegen die Piraten gekämpft hatte, einen Dolch in den Rücken; er fiel vornüber in das Boot und starb.

Cäsars Ankunft in Ägypten

Nur vier Tage später kam Cäsar aus Rhodos an und segelte mit einer kleinen Streitmacht von dreitausendzweihundert Mann Infanterie und achthundert Reitern in den Hafen von Alexandria ein. Der Vormund des Königs, Theodotus, ein Lehrer der Rhetorik aus Chios, besuchte ihn auf seinem Flaggschiff und bot ihm Gaben zum

Willkommen: den Siegelring des Pompeius und seinen Kopf, der — so erklärte er — auf Befehl des jungen Königs einbalsamiert worden war.

Cäsar sagte dazu nur: »Er lernte aus dem Tod des Pompeius.« Aber der gräßliche Vorfall gab anderen Schreibern freie Bahn, seine edlen Gefühle und seinen Abscheu zu beschreiben. Seine Gefühle waren wohl wirklich etwas gemischt. Es war kein gutes Beispiel, wenn römische Führer durch Nichtrömer ermordet wurden; außerdem konnte sein Tod die Feindseligkeiten des Bürgerkriegs verewigen und zu einer Blutrache führen.

»Erst wenn die Schwerter seines Landes
das Herz Cäsars durchbohren,
wird der große Pompeius gerächt sein.« [7]

Auch war Cäsar in der Hoffnung nach Alexandria geeilt, Pompeius lebend zu fangen. Denn ihn am Leben zu lassen — wenn man sich auch keine größere Demütigung hätte ausdenken können — wäre ein sehr geschickter Höhepunkt seines »Programms der Milde« gewesen. Andererseits brachte der Tod seines ärgsten Feindes — ebenso wie der des Lentulus — sicherlich den Bürgerkrieg seinem Ende näher, wenn er ihn nicht sogar abschloß.

Aber die Verfolgung des Pompeius war nicht der einzige Grund für Cäsar, nach Ägypten zu kommen. Auch er brauchte Geld. Seine politische Mäßigung gegenüber den Provinzen des Ostens nach der Schlacht von Pharsalus machte es um so notwendiger, die Hand auf den Reichtum Ägyptens zu legen, den man, da es sich um Ausländer handelte, mit weniger Rücksicht beschlagnahmen konnte. Die ungeheuren Schätze des Landes hatten Pompeius magnetisch angezogen, und so ging es auch Cäsar. Er betonte insbesondere, daß das Land ihm drei und eine halbe Million Pfund schulde.

Es war eine seltsame Schuld. Cäsar und Pompeius hatten von dem verstorbenen Flötenspieler eine reiche Belohnung für seine Wiedereinsetzung gefordert, und dieser hatte das Geld dafür von dem finanziellen Hexenmeister Rabirius Postumus geborgt. Doch selbst nachdem er ägyptischer Finanzminister geworden war, behauptete Rabirius, er habe das Geld von dem König niemals zurückerhalten. Wenn auch Zweifel an der Richtigkeit dieser Behauptung bestanden, so scheint Cäsar die Verantwortung dafür übernommen zu haben, die Summe aus dem Land herauszuziehen. Als Ptolemäus starb, hatte er mit leicht ironischer Großzügigkeit gegenüber dessen Erben diesen Anspruch auf nur zwei Millionen Pfund herabgesetzt: und die einzuziehen, war er nun gekommen.

Weiter behauptete Cäsar, es gäbe eine höchst altruistische Rechtfertigung für seine Intervention in die inneren Angelegenheiten dieses offensichtlich autonomen Staates. Denn man sagte, der verstorbene König habe die Regierung von Rom gebeten, dafür zu sorgen, daß sein Letzter Wille, der eine Erbengemeinschaft proklamierte, durchgeführt würde. Das ist nicht unwahrscheinlich, denn er mag gefühlt haben, daß es der beste Weg sei, um die Annexion durch Rom zu vermeiden, die sein eigener Vorgänger tatsächlich gefordert haben sollte. Cäsar war daher — um seine eigenen zweideutigen Worte zu gebrauchen — gekommen, um »als Freund beider Seiten und als Schiedsrichter den Streit in der königlichen Familie zu schlichten«. War das einmal geschehen, so war die Beschlagnahme der Gelder viel schicklicher und leichter. Man hat Erstaunen darüber geäußert, daß er überhaupt in Ägypten blieb. Sicher hatte er vor, zu bleiben, bis er genug Geld hatte. Auch können wir heute zurückblickend sagen, daß der Bürgerkrieg nicht vorbei war. Endlich war es ihm physisch unmöglich, Ägypten gerade jetzt zu verlassen; es war Oktoberbeginn, als er ankam, und es lagen zwei Monate vor ihm, in denen ungünstige Nordwinde die Abfahrt von der Küste bis zur Unmöglichkeit erschwerte.

So kam Cäsar als Schiedsrichter, in Erfüllung der angeblichen Bitte des verstorbenen Königs; und um zu beweisen, daß dieses zivile Geschäft der Zweck seines Besuches war und er keine militärischen Absichten hatte, landete er unter den Abzeichen eines römischen Konsuls, begleitet von zwölf Beamten.

Das aber war ein Fehler gegenüber der Bevölkerung von Alexandria, die ihm diesen Auftritt eines Römers in ihrem unabhängigen Lande schwer verübelte. In der Tat — indem er mit einer solch winzigen Macht landete, sich in die inneren Angelegenheiten einmischte, mit der offensichtlichen Absicht, Geld einzutreiben, hatte Cäsar diesmal sein Glück überfordert. Dennoch besuchte ihn auf sein Verlangen hin der junge König, begleitet von seinem Ersten Minister Pothinus. Als Cäsar ihm seine Forderung von zwei Millionen Pfund unterbreitete, versuchte der Minister, Cäsar zu überreden, er habe gewiß dringendere Geschäfte in anderen Ländern. Nachdem dies schlecht aufgenommen worden war, sorgte Pothinus dafür, daß ab sofort der Tisch seines Königs nur noch das armseligste irdene Geschirr trug, so daß alle sehen konnten, daß

Cäsar sogar seine Hand auf das königliche Tafelgeschirr gelegt hatte.

Ein paar Wochen später erhielt Cäsar, der nun im königlichen Palast lebte, einen anderen Besuch. Es war Kleopatra, die sich verkleidet durch die Stadt zu ihm einschmuggelte; denn da Cäsar als Schiedsrichter wartete, war es nur billig, daß er auch sie empfing. Sie hatte ihm schon eine Botschaft gesandt, als er noch in Anatolien war, und nun, wie der Historiker Dio berichtet, »hielt sie es für sehr wichtig, Cäsar von Angesicht zu Angesicht zu sehen, da sie ihren Anblick für ihre größte Trumpfkarte hielt«. Der Umgang mit römischen Heerführern war Kleopatra nicht fremd; sie hatte schon den älteren Sohn des Pompeius gefesselt, als er im vorigen Jahr nach Ägypten gekommen war, um Hilfe zu erbitten. Cäsar jedoch, obgleich viel älter, war viel interessanter und verfügte dazu über den Vorteil, sehr viel mächtiger zu sein. Weiblichen Reizen gegenüber war er äußerst aufgeschlossen. Obwohl Kleopatra das Produkt vieler Geschwisterehen war, so beweisen ihre Erfolge doch genügend ihren Zauber. Shakespeare sagt:

»... Andre Weiber
sättigen die Lust, gewährend, sie macht hungrig,
je reichlicher sie schenkt.« [8]

Auch ihr Intellekt und ihre Entschlußkraft waren beeindruckend. All dies, Schönheit, Klugheit und Entschlußkraft setzte sie ein, um den Ruhm Ägyptens unter ihrer Führung wieder zu erneuern. Sie allein von allen Mitgliedern ihres Hauses sprach ägyptisch, dazu eine ganze Reihe anderer afrikanischer und asiatischer Sprachen. Wenn sie auch als Mazedonierin, die sie durch Geburt war, mit Rom so manches Huhn zu rupfen hatte, so war eine Verbindung mit Cäsar der gangbarste Weg, um diesen Ehrgeiz zu erfüllen.

Tatsächlich beeindruckte sie ihn schon bei der ersten Begegnung tief und zog als seine Geliebte zu ihm in den Palast. Lucan's Geschichte, sein erstes Gastmahl in ihres Gesellschaft habe er in tiefer Unterhaltung über Altertümer mit seinem Kollegen, dem Oberpriester der Isis, verbracht, gehört wahrscheinlich ins Reich der Fabel.

»Inmitten von Zorn und Tollheit
in dem Palast, in dem der Geist des Pompeius umging,
beschmutzt mit dem Blut von Pharsalus,
liebte er, inmitten seiner Sorgen.« [9]

Der Dichter sagt uns auch, daß es eine wirkliche Leistung war, ein Herz wie das Cäsars zu entflammen. Natürlich faszinierte sie ihn, aber dazu kam ein politisches Element. Man konnte auch so argumentieren, daß er sein Schiedsamt am besten erfüllte, wenn er Partei nahm, weil ihm dann wenigstens eine Partei verpflichtet war. Und es war keineswegs von Nachteil, das mit den Gegnern des Pothinus zu tun, der Pompeius unterstützt hatte, ehe er ihn ermorden ließ und dann Cäsar gegenüber anmaßend geworden war. Cäsar verstieß in keiner Hinsicht gegen seine eigenen Interessen, wenn er sich von Kleopatra verführen ließ. Shakespeare läßt Brutus sagen:

»... um von Cäsarn
die Wahrheit zu gestehn, ich sah noch nie,
daß ihn die Leidenschaften mehr beherrscht
als die Vernunft.«[10]

Es war wunderbar, Kleopatra bei sich zu haben. Und Alexandria konnte er ohnehin nicht verlassen, einmal wegen der widrigen Winde und der Notwendigkeit, Geld einzutreiben, und dann, weil er in einen kleinen Krieg verwickelt wurde.

Man konnte nicht von Ptolemäus erwarten, daß er die Verbindung Cäsars mit seiner gehaßten Schwestergattin gern sah: er verließ wütend den Palast und hetzte die Massen von Alexandria auf, die für ihren Hang zu Gewalttaten bekannt waren. Cäsar trug eine gelassene Miene zu Schau, besichtigte die Sehenswürdigkeiten der Stadt und mischte sich in der Universität unter die Menge. Aber seine Lage war so schwierig, daß er, als die Zeit kam, den Schiedsspruch zu fällen, es für geraten hielt, dem ägyptischen Establishment ein lukratives Privileg anzubieten. Er bestätigte die vereinte Herrschaft der beiden jungen Monarchen, Ptolemäus XIII. und Kleopatras, beschenkte aber gleichzeitig ihren jüngeren Bruder und ihre jüngere Schwester Arsinoë mit der Insel Zypern. Es war erst zehn Jahre her, daß Zypern durch Cato in eine römische Provinz umgewandelt worden war, und diese Annexion umzustoßen, war eine wohlberechnete Beleidigung für Cato. Ob Cäsar eine Schenkung von Dauer beabsichtigte oder sie gar durch einen Vertrag fixieren wollte, wissen wir nicht mit Sicherheit. In jedem Fall aber mußte die Rückgabe römischen Gebiets an einen fremden Herrscher viel Kritik unter seinen Landsleuten hervorrufen. Er selbst protestierte später energisch, als er glaubte, seine Feinde planten etwas Ähnliches. Jetzt aber schien ihm die Lage diese außerordentliche Konzession zu fordern.

Denn der General des Ptolemäus, Achillas, der nach Cäsars Ankunft Alexandria verlassen hatte, um sich zu seiner Armee nach Pelusium zu begeben, war von Pothinus zurückgerufen worden. Mit ihm kam eine feindliche Streitmacht von zwanzigtausend Mann — ehemalige Legionäre, Gesetzlose, Piraten, Banditen, entlaufene Sklaven und zweitausend Reiter. Cäsar, der sich einer fünffachen Überzahl gegenüber sah, sandte eine Eilbotschaft um Verstärkung an seine Offiziere und Anhänger in der Levante und Anatolien.

Inzwischen schloß Achillas Cäsar im Palastviertel ein, und es kam zu heftigen Gefechten, wobei vier-(vielleicht sogar sieben-) hunderttausend Bücher, die in den Hafenanlagen aufgestapelt lagen, zerstört wurden — wahrscheinlich aber nicht die berühmte Alexandrinische Bibliothek selbst, wie man behauptete. Cäsar bemächtigte sich des Königs, in der Hoffnung, es sähe dann mehr aus, als wären seine Feinde nur Rebellen, die nichts mit dem Regime zu tun hatten. Er hielt es auch für geraten, mit Pothinus ein Ende zu machen. Aber der jungen Arsinoë, die mit ihrem Bruder Ptolemäus ihre Schwester Kleopatra um die Wette haßte, gelang es zu entfliehen, zusammen mit ihrem Eunuchenkammerherrn Ganymedes, der Achillas umbrachte und sich dann als sein tüchtiger Nachfolger erwies, indem er Meerwasser in die römischen Brunnen pumpte, eine Flotte in Aktion setzte und Cäsars Hauptquartier durch bewaffnete Posten und Straßensperren blockierte. All dies und noch vieles andere wird uns von dem unbekannten Verfasser des »Alexandrinischen Krieges« erzählt.

Nachdem eine Legion ehemals pompeianischer Truppen, die nun aus Asien zu ihm gestoßen war, seine kleine Streitmacht verstärkt hatte, fühlte sich Cäsar in der Lage, tatkräftiger einzugreifen. Zunächst ging alles gut; sein fähiger rhodesischer Admiral Euphranor besetzte die Insel Pharos, die mit ihrem berühmten Leuchtturm vor der Hafeneinfahrt lag. Aber dann, im Februar 47, schlug ein Versuch, den Damm, der die Insel mit der Stadt verband, völlig unter Kontrolle zu bekommen, entsetzlich fehl. Cäsar selbst erlebte die mißlichste Lage, in der er sich je befand; er mußte von einem überladenen Boot ins Meer springen und unter einem Hagel von Wurfgeschossen zweihundert Meter um sein Leben schwimmen, von einem Boot zum anderen. Es wird berichtet, er habe seinen

Marcus Tullius Cicero,
antike Büste

Marcus Licinius Crassus
(115 – 53 v. Chr.)

Magnus Pompejus
(106 – 48 v. Chr.)

Brutus-Büste
von Michelangelo

Purpurmantel mit den Zähnen hinter sich hergezogen, damit seine Feinde nicht in den Besitz einer solchen Trophäe kämen.

Jetzt versuchte Cäsar einen charakteristischen Propagandastreich. Die Alexandriner hatten sich beschwert, sie hätten genug von Ganymedes und der Unruhestifterin Arsinoë. Sie verlangten die Freilassung des Königs — und Cäsar stimmte zu. Seine eigenen Offiziere und Truppen — so wird uns berichtet — hätten darin eine idealistische und arglose Maßnahme gesehen, was kaum stimmen kann, weil sie ihren Feldherrn besser kennen mußten. In der Tat sollte dieses Beispiel von Großmut die gegnerische Führung spalten, indem es den unvermeidlichen Unstimmigkeiten zwischen den Beratern des Ptolemäus und der Arsinoë neue Nahrung gab. Doch in diesem Punkt schlug der Versuch fehl: die Ägypter setzten ihren Widerstand mit unverminderter Kraft fort. Aber die Geste sollte auch noch einem anderen Zweck dienen: nach einem Sieg konnte er Ptolemäus um so leichter zugunsten seiner Schwester Kleopatra entthronen.

Früh im März erschien das Entsatzheer, das Cäsar bald nach seiner Ankunft in Ägypten in Marsch gesetzt hatte, am Ostrand der Wüste. Seine kritische Lage hatte Cäsar gezwungen, sich an die von Rom unterworfenen Völker zu wenden. Die Streitmacht aus asiatischen, syrischen und arabischen Truppen, die nun eintraf, stand unter dem Befehl des Mithridates von Pergamon, des Sohnes einer Galaterprinzessin und angeblich (obgleich dies angezweifelt wurde) des Königs Mithridates von Pontus, des berühmten Feindes der Römer und des Pompeius. Aus hebräischen Quellen erfahren wir, daß bei Askalon dreitausend Mann unter Antipater, dem klugen, unternehmenden Premierminister des jüdischen Hohepriesters Hyrcanus (der nach Pharsalus die Seiten gewechselt hatte), zu Mithridates gestoßen waren. Die Nachricht, daß sie kamen, bewirkte unter anderem, daß ihre Landsleute in den ägyptischen Städten zu Cäsar überliefen. Mit dem jüdischen Kontingent, das eine führende Rolle spielte, eroberte Mithridates Pelusium und umging das Delta bis in die Nähe von Kairo. Ptolemäus hatte sein Heer nilaufwärts geführt, um ihn zurückzuwerfen, aber inzwischen hatte auch Cäsar seine Truppen aus der Stadt gezogen. Er brachte sie auf dem Seeweg zu einem Landeplatz westlich von Alexandria und eilte gleichfalls nach Süden, wo es ihm gelang, sich mit Mithridates zu vereinigen. Am 27. März 47 kam es zu einem erbitterten Kampf, bei dem die Ägypter durch eine Umklammerungsbewegung geschlagen wurden. Cäsar ritt noch am gleichen Abend nach Alexandria zurück. Eine eindrucksvolle Prozession von Götterbildern wurde ihm aus der Stadt entgegengetragen, und er konnte Kleopatra die erfreuliche Nachricht überbringen, daß ihr junger Bruder, der auch ihr offizieller Gatte war, ertrunken sei. Sein Körper war rasch aus dem Nil geborgen worden, um jeden Gedanken an eine Vergöttlichung zu unterbinden, die mit dem Tod in diesem Fluß verbunden war.

Sentimentale oder lüsterne Geschichtsschreiber lassen Cäsar und Kleopatra nun eine Lustfahrt von zwei bis drei Monaten auf dem Nil unternehmen, mit jedem nur denkbaren exotischen Luxus. Aber die jüngste wissenschaftliche Forschung hat diese Reise auf höchstens eine Woche zusammengestrichen. Vielleicht fand sie sogar überhaupt nicht statt. Vielleicht aber doch, weil eine friedliche, politische Parade, die die freundschaftlichen Beziehungen zwischen Ägypten und Rom demonstrierte, nicht unangebracht schien. Außerdem konnte Cäsar Ferien gebrauchen, und sicher machte Kleopatra sie ihm vergnüglich. Aber sie wurde auch anderswo dringend gebraucht; vierzehn Tage nach dem Kampf scheint er Ägypten bereits verlassen zu haben.

Vorher jedoch hatte er die nächste Zukunft des Landes bestimmt. Seine Verbindung mit Kleopatra verhinderte für den Augenblick die immer gegenwärtige Drohung einer römischen Annexion, die Cäsar keinesfalls wünschen konnte — denn welchem Statthalter sollte er ein solches Juwel anvertrauen? Weil die Ägypter jedoch nicht an die Alleinherrschaft einer Frau gewöhnt waren, verband er sie offiziell mit einem neuen Brudergatten, dem zwölfjährigen Ptolemäus XIV. — jenem Knaben, dem zusammen mit Arsinoë kürzlich die Insel Zypern zugesprochen worden war. Nun aber wurde ihm das Geschenk wieder genommen, da es keine Krise mehr gab, die eine solche Großzügigkeit gerechtfertigt hätte. Und Arsinoë, die mit der Königin tief verfeindet war, wurde fortgebracht.

Wir dürfen annehmen, daß Cäsar seine Schuld von Kleopatras Ratgebern eintrieb. Dann scheint er — zum Dank für Antipater — Maßnahmen zugunsten der Juden von Alexandria getroffen zu haben. Sie waren wohl kaum populär, und um sie durchzusetzen und den Frieden in Ägypten zu erhalten, ließ er drei Legionen im Lande zurück. Nach außen schien das Land noch immer unabhängig zu sein, aber man konnte von seiner Bevölkerung kaum erwarten, daß sie ein neues Regime von Kollaborateuren begrüßen würde. Die Garnison sollte also gleichzeitig Kleopatras Minister und vielleicht auch die Königin selbst vor jeder Versuchung bewahren, später eine unabhängige und illoyale Haltung einzunehmen. Doch wenn er keinem Statthalter von Ägypten trauen konnte, dann galt das ebenso für jeden Befehlshaber einer größeren Truppenmacht in einem so verführerischen Lande. Als siebzehn Jahre später die Annexion wirklich durchgeführt wurde, wurden das militärische Kommando und die Statthalterschaft nie einem römischen Senator anvertraut; Cäsar schuf einen Präzedenzfall für solche Vorsicht, indem er den Befehl über die drei Legionen, die er in Ägypten zurückließ, nicht einem anerkannten Heerführer übertrug, sondern einem gewissen Rufio, einem seiner liebsten Freigelassenen.

So endete dieses außergewöhnliche, belanglose Zwischenspiel zwischen dem Krieg gegen Pompeius und dem Krieg gegen seine Söhne und Anhänger, der folgen sollte. Napoleon, der auch Ägypten kannte, war erstaunt, daß Cäsar seine Zeit so vertändelte, obgleich man kaum sagen kann, wie er sich nach Lage der Dinge früher hätte frei machen können. Dennoch hatte er an einer Expedition zur Erhebung von Geldern, die als fromme Schiedsrichterschaft getarnt wurde, acht Monate verschwendet — mehr, als er für jeden Feldzug im Bürgerkrieg aufgewandt hatte.

Cäsar dehnt seine Fahrt in den Osten aus

Auch jetzt kehrte er noch nicht zurück, um sich mit den Problemen in der Heimat zu befassen. Er hatte zwischen zwei Notwendigkeiten die schwierige Wahl zu treffen und entschied sich — da er nun schon einmal im Osten war — dafür, erst nach Hause zurückzukehren, wenn er soviel Geld wie möglich aus Syrien und Ostanatolien herausgeholt und diese ehemals von Pompeius verwalteten Gebiete neu geordnet hatte. Mit knapp tausend Soldaten segelte er von Alexandria zu dem Hafen von Ptolemais Ace (Akka, nördlich von Haifa). Dort erhob er unter jedem nur möglichen Vorwand große Geldbeträge, besonders von Leuten, die Pompeius unterstützt hatten. Gleichzeitig bestätigte er die Regierung von Hyrcanus und Antipater. Den Juden erlaubte er, Jerusalem wieder aufzubauen, und gab ihnen ihren natürlichen Seehafen Joppe (Jaffa) zurück.

Sie brauchten auch keine Winterquartiere für die römischen Truppen zu stellen und waren wenigstens eine Zeitlang von allen Tributzahlungen befreit. Nach Cäsars Plan sollte dieser jüdische Staat als Gegengewicht gegen Ägypten einen beträchtlichen Teil der Levante beherrschen. Dieser Plan war besonders verdrießlich für Kleopatra, da Ägypten seit langem ein Auge auf Palästina geworfen hatte. Aber Cäsar erwarb sich damit den guten Willen der jüdischen Diaspora, einschließlich der einflußreichen Gemeinde in Rom.

Als er nach Anatolien aufbrach, ließ er die lebenswichtige Grenzprovinz Syrien in der Obhut eines jungen Verwandten, Sextus Cäsar, zurück. Dann segelte er weiter nach Tarsus, wo er die Vertreter der örtlichen Gemeinden zusammenrief. Ein junger, prominenter Anhänger des Pompeius, Gaius Cassius Longinus, wurde begnadigt, da er sich mit ihm durch Servilias Sohn, Brutus, wieder versöhnt hatte, der selbst nach Pharsalus die Seiten gewechselt hatte. Nun hatte Cäsar noch eine letzte große Aufgabe im

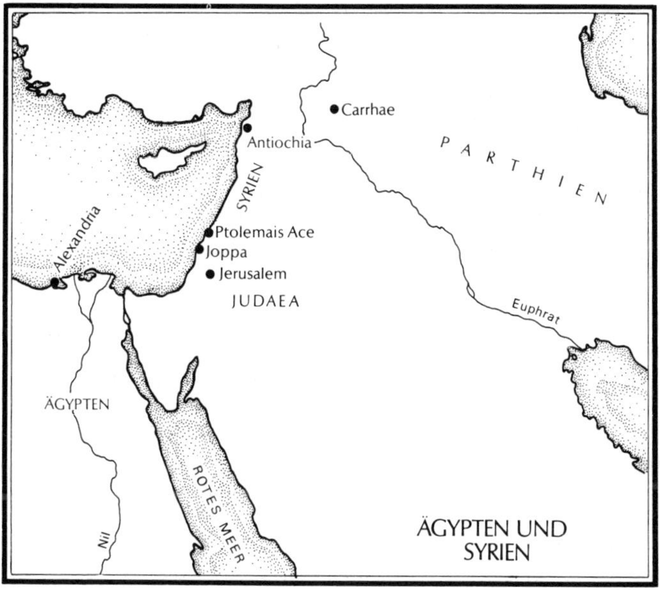

Osten zu erfüllen: er mußte Pharnakes II., den Sohn und Mörder von Roms Feind Mithridates von Pontus, niederwerfen. Pompeius hatte Pharnakes als Regenten des reichen Kimmerischen Bosporus (Krim) eingesetzt. Doch als Pharnakes sah, daß die Römer durch den Bürgerkrieg gebunden waren, kreuzte er über das Schwarze Meer und eiferte seinem Vater nach, indem er ein riesiges Gebiet in Nordanatolien an sich riß. Noch im Vorjahr hatte er bei Nikopolis (Pürk) über Cäsars General Cnaeus Domitius Calvinus gesiegt; Calvinus' Heer war ihm unterlegen, weil er soviel Truppen an Cäsar nach Ägypten hatte abgeben müssen. Er hatte gehofft, Cäsar nach der Schlacht den Rest seiner Streitmacht senden zu können, wurde aber geschlagen und hatte dann keine Truppen mehr. Nach diesem Erfolg versklavte und kastrierte der König Römer und Griechen und machte die römischen Steuereinnehmer nieder; nur ein Aufstand auf der Krim gebot ihm vorübergehend Einhalt.

Nun, da Cäsar herannahte, war Pharnakes voller Hoffnung, daß der unwillkommene Besucher der Unruhen in Rom wegen nicht lange bleiben könne. Er verließ sich deshalb auf den Vorteil der Zeit. Aber sein Angebot, Cäsar seine Tochter zur Frau zu geben, fand kein Gehör, und die Gabe einer massiv-goldenen Krone mit der Zusicherung, er werde später noch bessere Geschenke senden, half ihm ebensowenig. Cäsar erklärte, nichts könne die Greueltaten auslöschen, die Pharnakes auf römischem Gebiet begangen habe, und rückte nach Zela (Zile) in Süd-Pontus vor. Dort hatte einst der Vater des Königs die Römer besiegt, und Pharnakes war so überzeugt davon, daß die Geschichte sich wiederholen müsse, daß er seine Sichelwagen und die Infanterie *hügelaufwärts* angreifen ließ — ein völlig überraschendes Manöver, wie es Pharnakes gehofft hatte; Cäsar traute seinen Augen kaum. Dennoch genügten vier Stunden harten Kampfes, um den Römern den Sieg zu bringen. Aus Anlaß dieser Schlacht vom 1. August 47 prägte Cäsar in einem Brief nach Rom, in Anlehnung an einen griechischen Schriftsteller — man sagt, es sei der Philosoph Demokrit gewesen — das unsterbliche, arrogante Epigramm »veni, vidi, vici«: »ich kam, ich sah, ich siegte«. Er wollte damit einen Ausspruch überbieten, den Pompeius nach seinen eigenen, länger dauernden Kämpfen im Osten ähnlich formuliert hatte. (Kaiser Karl V. übernahm diesen Ausspruch in der ebenfalls nicht ganz bescheidenen Form: Ich kam, ich sah, Gott siegte.)

Pharnakes floh und kam auf der Krim um. Daraufhin zog Cäsar die Grenzen aller Klientenreiche neu. Ein alter Galaterherrscher in Zentralanatolien, Deiotarus, empfohlen von Brutus, der ihm Geld geliehen hatte, erhielt einen Anteil; daß er Pompeius unterstützt hatte, wurde ihm verziehen. Im Gegensatz zu dem verschleppten Feldzug in Ägypten hatte Cäsars Auftreten in Asien nur etwas über zwei Monate gedauert. Doch auch so hatte er seit Pharsalus ein ganzes Jahr für zwei Kriegszüge gebraucht, die kaum mit dem Bürgerkrieg zu tun hatten, den er noch auskämpfen mußte. Inzwischen hatte Vatinius die Adria von den Resten der pompeianischen Flotte gesäubert, und so kehrte Cäsar nach Italien zurück.

Die letzten Kämpfe: Nordafrika und Spanien

Am 24. September 47 landete Cäsar in Tarentum (Taranto). Vor allem lag ihm daran, mit Cicero zu sprechen. Bei ihrer letzten Begegnung vor mehr als zwei Jahren hatte der Redner Cäsar getrotzt, war dann einem Ruf der Senatoren gefolgt und hatte sich zu Pompeius auf den Balkan begeben. Aber an den Kampfhandlungen hatte Cicero nicht teilgenommen. Die Nachricht von Pharsalus erfuhr er auf Corcyra (Korfu). Daraufhin lenkte er sofort ein und schickte Cäsar einen Kapitulationsbrief. Er war nach Italien zurückgegangen, aber Antonius, der nach der Schlacht dorthin zurückgekehrt war und als Cäsars Stellvertreter amtierte, gestattete ihm nicht, Brundisium zu verlassen, wo er elf elende Monate zubrachte. Schließlich hatte Cäsar beruhigend geschrieben, und jetzt hob er nach einer erneuten höflichen, unehrlichen Unterhaltung (darin waren die beiden Männer groß) den Bann auf — aber, wie es scheint, nicht umsonst, denn Cicero lieh Faberius, dem anrüchigen Sekretär Cäsars, eine hohe Geldsumme, und aus späteren Briefen entnehmen wir, daß er diesen Betrag nur mit Mühe zurückbekam.

In Italien, mit dem Cäsar während seiner langen Abwesenheit kaum noch Verbindungen hatte, standen die Dinge nicht allzu gut. Das war auf die Schuldengesetze zurückzuführen, die er kurz vor seiner Abreise erlassen hatte. Diese Gesetze hatten die fast verzweifelte Notlage nur zum Teil bereinigt. Die Maßnahmen waren zu milde — wenigstens für ehrgeizige junge Bürger wie Ciceros Brieffreund Caelius, der sich benahm, als gäbe es keinen Cäsar mehr, und während seiner Amtszeit als Prätor eine revolutionäre und völlige Aufhebung aller Schulden verkündet hatte. Doch dieser Versuch, Popularität zu gewinnen und sich aus seiner eigenen schwierigen finanziellen Lage zu befreien, schlug fehl; daraufhin machte Caelius gemeinsame Sache mit dem Gangster Milo, der ohne Erlaubnis aus dem Exil in Massilia zurückgekehrt war, und die beiden Männer stachelten das Volk zu Gewalttaten auf, bei denen sie beide durch Gewalt umkamen. Auch der junge Tribun Publius Dolabella, der noch schwerer verschuldet war als Caelius, stellte ähnliche Anträge, die Antonius mit harter Hand zurückwies, wobei achthundert Menschen den Tod fanden. Seine Frau Fulvia muß dabei gemischte Gefühle gehabt haben, denn wie es hieß, war sie Dolabellas Geliebte. Zuvor war sie mit Clodius und dann mit Curio verheiratet gewesen.

Als Cäsar nach Rom kam und sah, daß der Senat in seiner Abwesenheit nicht weniger als drei Notstandsgesetze erlassen hatte, empfing er die beiden Männer sehr frostig. Antonius ließ er für zwei Jahre fallen und ernannte für diese Zeit Lepidus zu seinem Stellvertreter. So oft Kriegszustand und Ausschweifungen ein wenig nachließen, hatte Antonius die zur Auktion kommenden Besitztümer der politisch Verbannten und Toten aufgekauft, einschließlich des Palastes und der Sklaven des Pompeius. Er hatte sie billig gekauft und glaubte, er brauche gar nichts dafür zu zahlen. Aber Cäsar bestand darauf, daß er wenigstens den vollen Preis zahlte, den er geboten hatte. Dolabella mußte das gleiche tun; der einzige Käufer, von dem berichtet wird, daß für ihn eine Ausnahme gemacht wurde, war Servilia, deren Tochter Junia Tertia dem alten Freund ihrer Mutter, dem Diktator — so deutet Cicero an — zu Diensten stand.

Dennoch stellte die fortdauernde Misere der Schuldner, so sehr sie auch von ehrgeizigen Agitatoren ausgebeutet wurde, eine echte und ständig steigende Pression dar, die man nicht ignorieren durfte. Cäsar beachtete das Warnzeichen und beschloß, alle Zinsen zu streichen, die während des Bürgerkrieges aufgelaufen waren, und die Mieten bis zu einer Gesamtsumme von hundert Pfund in Rom und von dreißig Pfund im übrigen Italien für ein Jahr zu erlassen.

Ein noch ernsteres Problem ergab sich, als die Meuterei von vor zwei Jahren von neuem ausbrach, und diesmal in schlimmerer Form. Die unzufriedenen Legionäre waren Männer, die unter Cäsar im Osten gekämpft hatten und nun in Campanien lagen. Unter der Führung des Gaius Avienus, eines höheren Offiziers, der zusammen mit Labienus gedient hatte und wahrscheinlich sein Landsmann war, verweigerten sie jeden weiteren Dienst außerhalb Italiens, bevor sie nicht die versprochenen Belohnungen erhalten hatten. Bei Nichterfüllung ihrer Forderungen verlangten sie ihre Entlassung. Sie vertrieben einen gewählten Prätor, den Geschichtsschreiber Sallust, aus ihrem Lager und marschierten nach Rom. Cäsar stimmte ihrer Entlassung — die gar nicht das war, was sie wirklich wollten — sofort zu; dann sprach er sie kränkend als

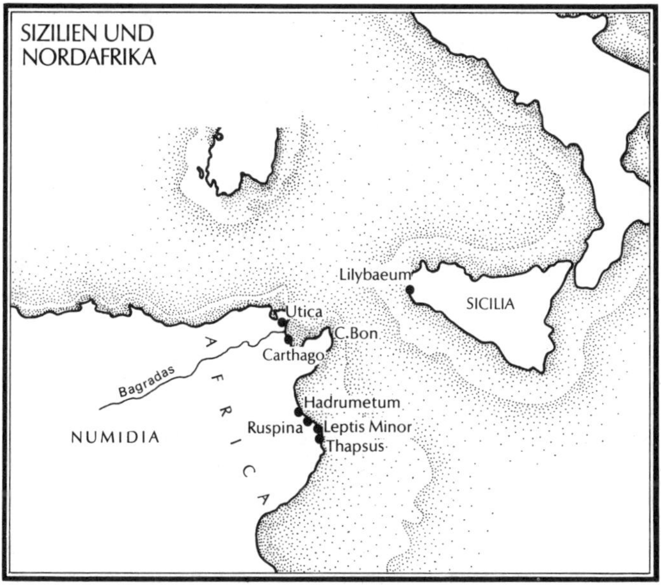

Zivilisten an und machte ihnen klar, daß sie sich, wenn auch ihre augenblicklichen Ansprüche erfüllt würden, offensichtlich von der Verteilung der Beute, die seinen Triumphzug begleiten würde, selbst ausgeschlossen hätten. Damit war die Meuterei schlagartig zu Ende.

Der Krieg in Afrika

Dies war ein glücklicher und dringend notwendiger Erfolg, da ein neuer Feldzug unmittelbar bevorstand. Cicero, dessen Begeisterung für die Sache des Pompeius mit dem Tod ihres Anführers dahingestorben war, verzweifelte angesichts der Schwierigkeiten, denen Cäsar sich nun gegenübersah. Seine lange vordringliche Beschäftigung mit den Angelegenheiten im Osten hatte den beiden Söhnen des Pompeius, Cnaeus und Sextus, zusammen mit Metellus Scipio, Labienus, Afranius und Petreius, Gelegenheit gegeben, beträchtliche Streitkräfte in der Provinz Africa (Tunis) zusammenzuziehen. Selbst mit dem unangenehmen Numidierkönig Juba hatten sie gemeinsame Sache gemacht. Auch Cato stieß nach einem dramatischen Marsch aus der Cyrenaica zu ihnen.

Labienus war, wenn er sich auch manchmal verrechnete, bei weitem der fähigste dieser Befehlshaber, und seine besonderen Kenntnisse in der Führung von Reitertruppen sollten in diesem Gebiet eine lebenswichtige Rolle spielen. Aber seine Abstammung aus einfachen sozialen Kreisen und das Mißtrauen, das er durch seine Zähigkeit auslöste, bewirkten, daß man ihm den Posten des Oberbefehlshabers nicht anvertraute. Als es über die Besetzung dieses Postens zu Streitereien kam, bestand Cato darauf, daß Metellus Scipio das Oberkommando übernähme. Im Gegensatz zu Cicero begeisterte sich Cato immer mehr für den Streit; nach dem Tode des verdächtigen Pompeius konnte er die Verteidigung der Republik nun mit reinerem Gewissen fortsetzen. Um aber zu vermeiden, daß die Frage des Oberkommandos zu weiteren Reibereien führte, begnügte er sich damit, das Garnisons-Hauptquartier in Utica nördlich von Kap Bon zu übernehmen.

Zu dem Heer der Pompeianer in Africa gehörten zehn Legionen (vierzehn, wenn man die vier Einheiten Jubas dazuzählt) und fünfzehntausend Reiter. Das war eine große Streitmacht, nicht viel geringer als diejenige, die bei Pharsalus gefochten hatte. Aber gegen Cäsars Führerqualitäten wog sie gering. Cato hatte daher guten Grund, Metellus Scipio zu raten, Cäsar auszuweichen, bis er in Nachschubschwierigkeiten geriete.

Der Africanische Krieg, der nun folgte, ist uns von einem Bewunderer Cäsars berichtet worden, der wohl niedrigen Ranges war, da er über die Motive politischer Entscheidungen nichts zu sagen weiß. Als Cäsar mit der Meuterei in Italien fertig war, war es bereits Anfang Dezember, so daß er seine Operationen fast bei Anbruch des Winters beginnen mußte. Um keine Zeit zu verlieren, wartete er nicht einmal ab, bis er genügend Schiffe, Nahrungsmittel oder Wasser hatte; auch die Ankunft der vier Veteranen-Legionen, die auf dem Wege zu ihm waren, wartete er nicht ab, sondern schiffte sich am 25. Dezember in Lilybaeum (Marsala) in West-Sizilien ein, wo er pompeianische Besitzungen versteigert hatte. Er nahm sechs Legionen mit, von denen fünf aus Neuangeworbenen bestanden, und nur zweitausend Reiter. Ein Sturm trieb die meisten seiner Schiffe nordwärts; dennoch landete er nach dreitägiger

Überfahrt mit kaum mehr als dreitausend Mann an der nordafrikanischen Küste. Er hatte Hadrumetum (Sousse) als Landeplatz gewählt, weil der Hauptteil der feindlichen Kräfte sich jenseits des Kaps, in der Nordprovinz, befand.

Hadrumetum jedoch öffnete ihm nicht die Tore, und so zog er etwa fünfundzwanzig Meilen weiter südöstlich nach Leptis Minor (Lemta), das ihn freundlicher empfing. Dort stieß ein Teil seiner vom Sturm verschlagenen Transporte zu ihm, und er befestigte seine Stellung auf der Hochebene an der Küste von Ruspina, nördlich der Stadt. Das Hauptproblem bestand darin, genug Verpflegung herbeizuschaffen. Der ganze Feldzug bestand fast nur aus der Jagd nach Nahrungsmitteln; eine Zeitlang mußten die Pferde sogar entsalzten Seetang fressen. An dem Tag, an dem seine letzten Truppen zu ihm gestoßen waren, unternahm er eine größere Fourageaktion. Dabei wurden seine Leute fast von den feindlichen Reitern der Numidier, Gallier und Germanen überwältigt, die Labienus sehr geschickt führte. Cäsar rettete die Lage nur durch eine beispielhafte Operation nach dem Drillbuch, indem er eine um die andere Kohorte kehrt machen ließ, so daß sein Heer gleichzeitig nach zwei Seiten kämpfte.

Cäsar nutzte jede Gelegenheit zur Propaganda; und er hatte eine Menge über Metellus Scipio zu sagen, dem, wie er verlauten ließ, sogar der Mut fehlte, seinen römischen Purpurmantel in Gegenwart seines Verbündeten Juba zu tragen. Metellus Scipio behauptete daraufhin, Cäsar habe mit Eunoë geschlafen, der Frau des Bogudes, eines der beiden mauretanischen Fürsten, die auf seiner Seite kämpften. Zu Cäsars Freunden gehörte auch der Ex-Catilinarier und campanische Ritter Sittius, der vor seinen Gläubigern aus Italien geflüchtet und in Mauretanien gelandet war. Hier hatte er bewaffnete Abenteurerbanden um sich geschart, die er mit großem Gewinn als Söldner an eingeborene Fürsten vermietete. Dieses Kontingent stellte er Cäsar zur Verfügung und beunruhigte mit den Mauretaniern das Gebiet Jubas, den er besonders verabscheute. Die Unruhe in seinem Rücken zwang den König, Metellus Scipio für kurze Zeit zu verlassen; aber er kehrte bald zurück und brachte dreißig Kriegselefanten mit.

Noch aber gelang es Cäsar nicht, seine Feinde zur Schlacht zu zwingen. Nachdem nun sein Heer durch die Verstärkungen auf rund dreißigtausend Mann angewachsen war, hielt ihn die Beschaffung von Nahrungsmitteln ständig in Bewegung, und so marschierte er sieben Meilen landeinwärts, nachdem er die Reiter des Labienus verjagt hatte. Auf beiden Seiten kam es nun zu Disziplinarschwierigkeiten. Die ehemaligen Meuterer Cäsars waren aus Campanien angekommen. Sie hatten eine furchtbare Überfahrt, fast ohne Verpflegung, hinter sich und beklagten sich bitter, daß ihr Kommandant, Avienus, in vollem Luxus gereist sei. Cäsar ergriff die Gelegenheit und schickte den ehemaligen Rädelsführer der Unruhen sofort nach Italien zurück.

Zwei große Feldherren in der Schlacht

Endlich fand Cäsar, der inzwischen schnell von Ort zu Ort marschiert war, einen Weg, den Feind zur Schlacht zu zwingen. Es gelang ihm, indem er auf die wichtige Stadt Thapsus (Ras Dimas) zu marschierte. Thapsus lag auf einer Landenge, die anderthalb bis drei Meilen breit war, zwischen dem Meer und einem verlandeten See. Als Cäsar bis zu diesem Streifen gekommen war, vergaßen die Pompeianer Catos Rat, die Taktik des Fabius anzuwenden, und glaubten, sie könnten Thapsus retten und gleichzeitig ihren Feind einkesseln. Sie beeilten sich, die Landenge an beiden Enden zu sperren, Juba und Afranius im Süden, Scipio im Norden. Cäsar, der ein Schlachtfeld gewählt hatte, auf dem der Gegner seine Kräfte teilen mußte und seine Reiterei nur sehr begrenzt verwenden konnte, fand das Heer des Metellus Scipio in Schlachtordnung aufmarschiert.

Das Gefecht, das am 6. April 46 stattfand, verlief zunächst nicht so, wie es Cäsar geplant hatte. Man sagte später, er selbst sei krank gewesen. Seine hungrigen, zerlumpten Soldaten, wütend über die Gerüchte von dem Wohlleben des Feindes und erregt durch Zeichen von Panik in den gegnerischen Reihen, griffen an, ehe Cäsar den Befehl dazu gab. Er machte jedoch aus der Not eine Tugend und ritt mit ihnen. Die feindlichen Elefanten, die Juba gestellt hatte, wurden von Bogenschützen und Schleuderern beunruhigt, machten kehrt und trampelten die Infanterie hinter sich nieder; die africanischen Reiter zogen sich voll Schrecken zurück. In wenigen Minuten befand sich das ganze Heer in wilder Flucht, und als Juba und Afranius am anderen Ende der Landenge davon erfuhren, flüchteten sie auch.

Wieder war ein Feldzug des Bürgerkriegs vorbei. Er endete unerfreulicher, als alle anderen bisher. Cäsars halbverhungerte Veteranen gerieten ihm aus der Hand. Sie machten über zehntausend Pompeianer nieder, die sich ergeben wollten, und wandten sich dann, toll geworden, gegen die römischen Senatoren und Ritter und selbst gegen ihre eigenen Offiziere, die sie der Weichheit gegenüber dem Feinde beschuldigten. Labienus und den beiden Söhnen des Pompeius gelang es noch einmal, zu entkommen. Cato dagegen, der einsah, daß er nur Aussicht hatte, am Leben zu bleiben, wenn Cäsar es ihm schenkte, beschloß seinem Leben ein Ende zu machen. Er beging bei Utica in voller Ruhe und Überlegung Selbstmord und schuf so eine Legende, die Cäsar recht unbequem werden sollte. Auch Metellus Scipio erdolchte sich selbst, als er von Sittius am Meer eingekesselt war, und starb in jenem großartigen Stil, den er in seinem Leben nie erreicht hatte.

Die Liste der Toten wurde noch verlängert durch Cäsars Entschluß, einen der feindlichen Heerführer hinzurichten, vielleicht Afranius, vielleicht auch Sullas Sohn. Er hatte sie einmal bereits verschont — zum zweiten Mal gab es keine Gnade, nicht einmal für einen ehemaligen Konsul wie Afranius. Cäsars Milde wurde mit der Zeit fadenscheinig. Dies erfuhr selbst einer seiner Verwandten, der der Grausaumkeit an seinen Sklaven und Freigelassenen angeklagt war und des kaum weniger schweren Verbrechens, Tiere geschlachtet zu haben, die für die Begräbnisfeiern zur Erinnerung an Cäsars Tochter Julia bestimmt waren. Während der Gefangene seine Verhandlung vor Gericht erwartete, starb er unter geheimnisvollen Umständen — vielleicht sogar auf Anordnung Cäsars, dem gegenüber er sich dauernd feindlich gezeigt hatte.

Inzwischen wurde Nordafrika neu geordnet. Sittius und die Mauretanier erhielten Teile von Jubas Königreich. Der Rest, einschließlich der numidischen Reiterei, wurde von Rom übernommen, die neue Provinz Africa Nova gegründet. Der Historiker Sallust wurde ihr erster Statthalter. Die Schätze Jubas und die Besitzungen der Römischen Bürger, die sich Cäsar entgegengestellt hatten, wurden versteigert und von den Städten schwere Kontributionen an Geld, Weizen und Olivenöl erhoben. Wieder mußte das Gebiet enorme Beträge an Korn und Öl für den jährlichen Unterhalt von Rom leisten. Hundert Jahre später sandten die africanischen Provinzen im Westen Ägyptens genug Getreide nach Rom, um die Stadt jedes Jahr acht Monate lang zu ernähren.

Milde

Über Sardinien (»der einzigen seiner Besitzungen, die er noch nicht besucht hat«, sagte Cicero voll Bitterkeit) erreichte Cäsar am 25. Juli 46 die Hauptstadt. Nach den Barbareien, die den Abschluß des Africanischen Krieges begleitet hatten, schien ihm wichtig, den Ruf seiner Milde neu zu begründen. Der Höhepunkt seiner Bemühungen war die Amnestie, die er im September auf Marcus Claudius Marcellus ausdehnte, der fünf Jahre zuvor als Konsul seine Feinde mit wahrer Lust angeführt hatte und nun folgerichtig in der Verbannung lebte. Auf Bitten des Senats hielt Cicero eine Rede, die dick aufgetragene Komplimente geschickt mit der diskreten Aufforderung verband, Autokratie zu vermeiden. Bald danach, in einer anderen Rede Ciceros, bewegte ein Hinweis auf die Schlacht von Pharsalus Cäsar so sehr, daß er, wie Augenzeugen berichten, die Dokumente, die er in der Hand hielt, fallen ließ. Dem Redner ging es darum, die Aufhebung der Verbannung eines gewissen Ligarius zu erreichen, und Cäsar stimmte zu, obgleich er den Mann nicht leiden konnte. In dieser mit Schmeicheleien gespickten Rede gelang es Cicero, darzulegen, daß Männer von Rang im großen und ganzen die Sache des Pompeius als die bessere angesehen hatten. Und in einem Essay, an dem er damals arbeitete, einer feinen Arbeit römischer Redekunst, bekannt als »Brutus«, betonte er, Kunst könne sich nur in einem freien Lande entfalten und gedeihen, und spielte darin wiederholt auf die Notwendigkeit an, das Erbe der Väter zu pflegen.

Cäsar jedoch tat nichts, um die Republik wiederherzustellen. Statt dessen entschied er, es sei jetzt an der Zeit, das Volk mit Feiern zu Ehren seiner Taten zu erfreuen. So folgte bald nach der Begnadigung des Marcellus eine Orgie von Triumphen mit all den dazugehörigen, sagenhaften kostspieligen Ritualen, Festlichkeiten und Banketten. Die Dankfeier sollte vierzig Tage dauern; vom 20. September bis zum 1. Oktober wurden vier Triumphe gehalten. Da keiner von ihnen an Siege über römische Mitbürger erinnern sollte, wurden als besiegte Länder Gallien, Ägypten, Pontus und Africa genannt. Die vier Festzüge zeichneten sich durch reichgeschmücktes Pferdegeschirr aus, das jeweils aus Zitrusholz, Akanthus, Schildpatt und Elfenbein gefertigt war. Cäsar wurde von einer noch nie dagewesenen Schar von zweiundsiebzig Beamten begleitet, der vollen Zahl für seine drei Diktaturen. Beim Gallischen Triumph, der die Reihe eröffnete, gingen Männer neben ihm her, die Gefäße trugen, in denen Parfüm verbrannt wurde — ein willkommener Gedanke an einem heißen Tag voller Menschengedränge — und Musiker, die Flöte und Zither spielten. Einer der Festwagen trug eine goldene Statue, die den Ozean in Ketten darstellte. Doch als Cäsar selbst erschien, mit der schweren Goldkrone Jupiters, die über sein Haupt gehalten wurde, brach die Achse seines Wagens. Da dies alte, abergläubische Vorstellungen hätte wachrufen können, erlebte Rom das verwunderliche Schauspiel, den Feldherren die Stufen des Kapitols auf den Knien erklimmen zu sehen, um für das Omen zu büßen.

Pompeius hatte nach seinem eigenen Triumph die feindlichen Heerführer geschont, aber jetzt genierte es die Römer nicht im mindesten, als der tapfere Vercingetorix, den man sechs lange Jahre für diese Gelegenheit aufgespart hatte, am Ende des Zuges mitgeführt und dann als verräterischer Rebell erdrosselt wurde. Der zweite Triumph — der Ägyptische — war etwas weniger erfolgreich: zwar wurden die Bilder des Todes von Achillas und Pothinus gut aufgenommen, aber der Anblick einer echten Prinzessin in Ketten, der jungen Arsinoë, die man Kleopatra zu Gefallen mitführte, veranlaßte die im allgemeinen hartherzigen Römer zu ritterlichen Gefühlen des Mitleids. Immerhin entging sie dem Schicksal des Vercingetorix und durfte am Leben bleiben. Der Pontische Triumph verewigte auf einem Ehrenschild das von Cäsar geborgte Epigramm »Ich kam, ich sah, ich siegte« und brachte sogar eine humoristische Note: ein Bild, das Pharnakes zeigte, wie er davonlief. Im letzten, dem Africanischen Triumph, wurde der vierjährige Sohn Jubas, der den gleichen Namen trug und das Blutbad überlebt hatte, mitgeführt. Er blieb am Leben, wurde ein äußerst gebildeter König von Mauretanien unter römischer Oberhoheit und heiratete die Tochter Kleopatras. Daß er im Triumphzug mitgeführt wurde, sollte beweisen, daß der Africanische Feldzug gegen Ausländer gerichtet und kein Bürgerkrieg gewesen war. Die Wirkung wurde jedoch zerstört durch Bilder, die den grausigen Tod von Cato, Scipio und Petreius zeigten. Cäsar konnte sich nun einmal von seinen Vorurteilen nicht losreißen, wenn es um Cato ging; er hatte sich dafür entschieden, die Genannten als Männer anzusehen, die ihr Bürgerrecht verloren hatten, weil sie sich einem ausländischen König unterworfen und ihm wahrscheinlich Teile des Reiches versprochen hatten. Das war zwar kaum der Fall, während Cäsar es getan hatte; aber es war nicht der Augenblick, um objektiv zu sein.

Die Triumphe wurden gewürzt durch Spiele, eine Seeschlacht, einen Kampf zwischen Kriegsgefangenen und Verbrechern und eine mörderische Jagd nicht nur auf vierhundert Löwen, sondern auch auf Giraffen, eine Novität aus der neuen Provinz, die ihr Statthalter Sallust beigesteuert hatte. Das blutige Schauspiel fand — unpassend genug — zur Erinnerung an Cäsars Tochter Julia statt; dazu kam eine Reihe von Duellen der Gladiatoren, die dadurch besonders attraktiv wurden, daß Römer aus der oberen Gesellschaftsklasse und im Ritterrang in den Ring stiegen. Ein anderer Ritter, Decimus Laberius, ein bedeutender Autor populärer Spiele, wurde für eine geringschätzige Bemerkung über den Diktator damit bestraft, daß er sich dem entehrenden Los unterziehen mußte, selbst in einem seiner Stücke aufzutreten. Er rächte sich für diese Demütigung, indem er in seine Darbietung ein paar nur allzu deutliche Hinweise auf die gegenwärtige Lage in Rom einflocht. So deklamierte er: »Der Mann, den viele fürchten, muß selber viele fürchten.« In der Tat fehlte es nicht an Komplimenten für Cäsar, aber sie hatten Stacheln und spielten auf die Tatsache an, daß es keine Freiheit mehr gab.

> »Sieh, wie leicht ein alter Mann ausgleitet und
> bewegt durch das Behagen eines höchst Ausgezeichneten
> gelassen und nachgiebig eine servile Rede hält.«[11]

Die großen Volksmengen, die diese Darstellungen sahen, wurden durch Planen aus dem luxuriösen Seidenersatz geschützt, den man jetzt auf der Insel Kos herstellte. Es gab auch ein Bankett für das Volk, bei dem man sich auf zweiundzwanzigtausend Liegen streckte, Falerner Wein trank und sechstausend Seeaale verzehrte, die der wohlhabende, für seine Fischzucht berühmte Vetter des Pompeius, Lucilius Hirrus, Cäsar »geliehen« hatte. Auch Fleisch wurde verteilt. Höhere Offiziere wurden reiche Leute, wenn sie es nicht schon geworden waren, jeder Centurio erhielt zweitausend Pfund und jeder Legionär wenigstens eintausend — dreimal mehr als das, was Pompeius ihnen gegeben hatte. Doch immer gab es noch Soldaten, die sich beklagten, sie hätten mehr haben können, wenn der Triumph nicht so viel gekostet hätte. Cäsar packte einen der Unzufriedenen beim Genick und ließ ihn hinrichten. Dann, in einem furchtbaren Ausbruch von Brutalität und archaischem Ritualismus, ließ er zwei seiner alten Soldaten zeremoniell als Menschenopfer durch den Priester des Mars töten. Als Abschluß dieser noch nie dagewesenen alarmierenden Darbietung wurden ihre Köpfe an der Front des Amtshauses aufgehängt, das er als Oberpriester bewohnte.

Die Kriegsbeute, aus der diese Orgien bezahlt wurden, enthielt zweitausendachthundertzweiundzwanzig goldene Kronen, die die Gemeinden des Reichs gestiftet hatten. Sie wogen zusammen zwanzigtausendvierhundertundvierzehn Pfund. Viele Geschenke, die der Diktator verteilte, bestanden aus Goldmünzen. Die römische Handelsmünze war lange der »denarius« aus Silber gewesen, aber Cäsars Goldmünzen gibt es heute noch in ungewöhnlicher Menge. Ein anderer Beamter in Norditalien gab Münzen aus, deren Material nicht die traditionelle durch Münzen von zu geringem Gewicht diskreditierte Bronze war, sondern das glänzende Messing. Das sah attraktiv aus und war wenig bekannt. Daher konnten diese Münzen zu künstlich überhöhten Werten ausgegeben werden, die für den Münzhersteller und seinen Herrn zweifellos höchst lukrativ zu Buch schlugen. Als Cäsar nach Rom zurückkehrte, hatte jemand ihn gefragt, wie er die gigantischen Mengen an Geld und Wertsachen ausgeben werde, die er von seinen Feldzügen mitgebracht hätte. Seine Antwort wirkte gewiß beruhigend: »Ich werde mein Bestes tun, um mit euch reich zu sein«, sagte er. »Das ist mir lieber, als irgend jemanden seines Besitzes zu berauben.«

Große Bauprojekte

Wie viele Autokraten wollte er wenigstens mit einem Teil seiner Reichtümer die Stadt durch monumentale Bauten für immer verschönern. Während der vergangenen acht Jahre waren die Arbeiten auf dem Juliusforum weitergegangen, mit denen Cicero so profitbringend verbunden war. Die herrliche Anlage neben dem Forum Romanum, die den Verkehr im Zentrum Roms erleichtern sollte, war noch nicht beendet. Trotzdem fand die formelle Eröffnungsfeier im Rahmen der Siegesfeiern statt. Nach einem Modell, das schon in anderen italischen Städten eindrucksvoll entwickelt war, war das ganze riesige Gelände als Hof einer mächtigen Tempelanlage geplant. Ursprünglich war vorgeschlagen worden,

den Tempel der Venus Victrix (der Siegreichen) zu widmen, deren Name der Kriegsruf Cäsars bei Pharsalus gewesen war. Aber Pompeius hatte dieser Gottheit bereits einen Tempel neben seinem Theater erbaut. So entschied sich Cäsar dafür, diesen Tempel der Venus Genetrix (der Mutter) zu weihen, der Ahnherrin des Hauses der Julier, deren Schutzgottheit damit auch als die Siege Schenkende angesehen werden mußte. Ihre Statue, ein Werk des griechischen Bildhauers Arkesilaos, war noch nicht fertig und wurde inzwischen durch ein Tonmodell ersetzt. Als das Meisterwerk dann eintraf, war die Brust der Venus mit britischen Perlen beladen (obgleich man nur wenige davon erbeutet hatte), und ihr Tempel erhielt als Stiftung sechs Sammlungen von Kameen und Gemmen. Vor dem Tempel stand ein Reiterstandbild des Diktators; das Pferd war eine Arbeit des Lysippos und stammte von einem Denkmal Alexanders des Großen.

Auch an anderen großen Bauten wurde gearbeitet. Auf dem Forum Romanun, gegenüber vom Juliusforum auf der Südseite der Heiligen Straße, wurde bei dieser Gelegenheit die Basilica Julia geweiht, obwohl auch sie noch nicht fertig war. Die Basilika, ein großer rechteckiger Raum, von Säulenhallen umgeben, sollte die Akten der vier Gerichtshöfe aufnehmen; doch auch Kinderspiele haben auf dem Fußboden des widerhallenden Saales ihre Spuren hinterlassen. Anderswo sollten große Bibliotheken entstehen, und Varro, der es zwar nicht geschafft hatte, Cäsar auf dem Schlachtfeld Widerstand zu leisten, dafür aber der berühmteste Enzyklopädist seiner Zeit war, erhielt den Auftrag, diese Bibliotheken mit allen Werken zu füllen, die die griechische und lateinische Literatur hervorgebracht hatten. Cäsar plante auch, auf dem Marsfeld ein neues Wahlgebäude zu errichten, um die Wähler vor der Sonne zu schützen und von der Tatsache abzulenken, daß die Wahlen inzwischen zu reiner Augenauswischerei entartet waren. Dieses Bauwerk, das eine luftige Säulenhalle von einer Meile Länge umgab, wurde in der Tat nach seinem Tode gebaut. Hier, neben dem Tarpejischen Felsen auf dem kapitolinischen Hügel, wollte er auch den größten Tempel der Welt und das größte Theater der Welt errichten. Die Betonung riesiger Ausmaße entsprach eher östlicher als griechischer oder römischer Tradition. Aber im vergangenen Jahrhundert waren in der Republik schon viele Bauten von neuer Großartigkeit und Kühnheit entstanden, und die Häufigkeit, mit der jetzt neue Bauten auf Münzen dargestellt wurden, zeigt, wie sehr die propagandistische Bedeutung solcher Tätigkeit erkannt wurde. Ein Detail beweist, daß Cäsar nachtragend sein konnte. Der Name des Catulus, eines der beiden Männer, die Cäsar wirklich zutiefst gehaßt hatte, wurde an dem wiederaufgebauten Tempel des Jupiter auf dem Kapitol ausgeschabt und statt dessen Cäsars Name eingesetzt.

Im Gegensatz zu dieser Kleinlichkeit traf er auch eine Maßnahme, die wohltätige und dauernde Erfolge hatte. Das war die Reform des Kalenders. Während der letzten Jahre war der Kalender mehr und mehr mit dem Sonnenjahr in Konflikt geraten. Der alte Kalender war ein Mondkalender mit dreihundertfünfundfünfzig Tagen. Dazu hatte man in jedem zweiten Jahr einen Extramonat (Schaltmonat) von zweiundzwanzig oder dreiundzwanzig Tagen eingeschaltet. Das brachte den Jahresdurchschnitt auf dreihundertsechsundsechzig ein Viertel Tage, was zuviel war, aber der Überschuß wurde ausgeglichen, indem man den Extramonat alle zwanzig Jahre ausfallen ließ. Die Verantwortung dafür, daß dies zur rechten Zeit geschah, oblag dem Priesterkollegium. Aber während der unruhigen fünfziger Jahre, als ihr Vorsitzender — Cäsar — abwesend war, hatten die Priester ihrer Pflicht nicht genügt und versäumt, für die richtigen Schaltmaßnahmen zu sorgen. Das gab viel Ärger bei ehrgeizigen jungen Politikern, die gern einen Extramonat gehabt hätten, um länger im Amt sein und mehr Gesetze einbringen zu können. Die Weigerung konservativer Interessenten, die Schalttage einzusetzen, soll sogar einer der Gründe dafür gewesen sein, daß Curio ihre Partei verlassen hatte. Die Priester andererseits fürchteten angeklagt zu werden — wie es schon geschehen war —, wenn sie willkürlich und zu politischen Zwekken Monate einschalteten. So war das Kalenderjahr den Jahreszeiten nun fast um zwei Monate voraus.

Der Julianische Kalender

Auf Anraten des Astronomen Sosigenes von Alexandria ging Cäsar daran, den bestehenden Kalender durch ein Sonnenjahr von dreihundertfünfundsechzig ein Viertel Tagen zu ersetzen. Das Jahr sollte nunmehr dreihundertfünfundsechzig Tage haben, und in jedem vierten Jahr (jetzt Schaltjahr genannt) sollte ein Tag zugegeben werden, um die Vierteltage auszugleichen. Um das neue

System in Gang zu bringen, wurden im Jahr 46 zwischen November und Dezember zwei Monate von achtundzwanzig bzw. neunundzwanzig Tagen eingeschoben, so daß dieses Jahr, das schon einen Schaltmonat hatte, die Rekordlänge von vierhundertfünfundvierzig Tagen erreichte. Dieser Julianische Kalender, der von Papst Gregor XIII. im Jahre 1581 nur geringfügig korrigiert wurde, ist heute noch in Kraft und hat sich daher als die dauerhafteste aller Veränderungen erwiesen, die Cäsar der Welt aufgezwungen hat.

Cicero und andere Republikaner, die hofften, Cäsar würde eines Tages die Zügel niederlegen, drängten ihn oft, seine große Autorität zu gebrauchen, solange er sie noch besaß, und etwas vom alten puritanischen Lebensstil der Republik wiederzuerwecken. Cäsar konnte sagen, er entspräche dieser Bitte, als er für drei Jahre die Sonderaufgabe der Überwachung der öffentlichen Moral übernahm. Extravaganzen hatten fantastische Ausmaße erreicht, und selbst die klügsten Römer gaben sich der Selbsttäuschung hin, man könne durch eine entsprechende Gesetzgebung Abhilfe schaffen. Schon Sulla hatte eine Reihe wirkungsloser Gesetze erlassen, und Cäsar versuchte nun — trotz der unerhörten Verschwendung bei seinem Triumph — die Ausgaben für Nahrung und Grabbauten, den Gebrauch von Sänften und das Tragen von Juwelen einzuschränken. Die Beachtung dieser Preisregelungen wurde durch Inspektoren erzwungen, die die Märkte besuchten. Ja, man sagt — vielleicht ist es übertrieben —, daß sie auch die Speiseräume in Privathäusern aufsuchten, manchmal von einer Militäreskorte begleitet, und verbotene Speisen unter den Augen der Gäste vom Tisch fegten.

Diese Maßnahmen gegen übermäßigen Aufwand wurden natürlich übertreten, und wir hören von einem Brieffreund Ciceros, daß Cäsar es bald bemerkte. Es ist fraglich, ob ihn das sehr kümmerte. Sein Amt als Präfekt der öffentlichen Moral mit seinem ziemlich vagen, altmodischen Klang war ihm sicherlich willkommen, da es ihm geachtetere Mittel bot als die Diktatur, um Reformen durchzusetzen und denen Sanktionen anzudrohen, die sich dagegen sperrten. Es ermöglichte ihm auch, sich Rechte anzumaßen, die traditionellerweise den Zensoren gehört hatten, die für fünf Jahre ernannt wurden, und insbesondere war es nützlich, um die Zulassungen zum Senat zu kontrollieren.

Aber alle Pläne Cäsars für Rom und Italien wurden ernstlich verzögert, als es klar wurde, daß der Bürgerkrieg noch lange nicht beendet war. Wieder war die pompeianische Sache aufgelebt, diesmal in Spanien, nur vier Jahre nach Cäsars siegreichem Feldzug. Das geschah durch die Grausamkeit und Unfähigkeit des Beamten, den er als seinen Vertreter in Hispania ulterior gelassen hatte, Quintus Cassius Longinus — ein erfolgreicher Tribun, aber ein furchtbarer Statthalter. Als er versuchte, Cäsar für den Africanischen Feldzug Truppen zuzuführen, hatten die Spanier vergeblich versucht, ihn umzubringen. Der Versuch war ihnen grausam vergolten worden; aber auch zwei Veteranenlegionen, die Cassius von den Pompeianern übernommen hatte, meuterten, und seine Hauptstadt Corduba sagte ihm die Gefolgschaft auf. Auf beunruhigende Nachrichten über sein Verhalten befahl Cäsar seine Rückberufung; doch als er nach Italien absegeln wollte, erlitt er in der Ebromündung Schiffbruch und ertrank; auch der ungeheure Schatz, der er angesammelt hatte, sank auf den Grund des Meeres. Doch der Schaden war schon geschehen, und seinem Nachfolger Trebonius gelang es nicht, Cäsars Sache zu retten; denn auch er wurde von den rebellierenden Legionen nicht anerkannt, als sie vor der Schlacht von Thapsus hörten, daß der ältere Sohn des Pompeius, Cnaeus, von Nordafrika herübergekommen war und die Balearen besetzt hatte. Bald setzte er auf das spanische Festland über, wo er mit seinem jüngeren Bruder Sextus und mit Labienus zusammentraf. Wenn auch Cnaeus nicht besonders klug war und — wie man sagte — Grausamkeit für Tapferkeit hielt, brachte doch die Magie seines Namens den ganzen Süden Spaniens auf seine Seite. Es gelang ihm, ein großes Heer aus dreizehn Legionen aufzustellen, das größtenteils aus Spaniern bestand; aber auch die zwei Veteranenlegionen und viele ehemalige Legionäre des Pompeius gehörten dazu. Außerdem verfügte er über sechstausend Reiter.

Wenn Cäsar, wie es denkbar ist, seine Triumphe in dem Glauben gefeiert hatte, der Krieg sei vorbei, so erkannte er nun seinen Irrtum. Zwei Befehlshaber, die er nach Abschluß des Africanischen Feldzuges gegen dieses Heer entsandt hatte — einer davon war Cäsars eigener Neffe —, erwiesen sich als unfähig, mit ihrer viel kleineren Streitmacht irgendwelche Fortschritte zu erzielen. Es wurde somit rasch nur allzu klar, daß niemand außer Cäsar selbst in der Lage war, es mit einem General wie Labienus aufzunehmen. So machte er sich zu Beginn des Novembers 46 zum vierten Mal während seiner Laufbahn nach Spanien auf.

Nach siebzehn Tagen erreichte er Saguntum, nördlich von

Valencia, und war zehn Tage später mit seinen Truppen bei Obulco (Porcuna) in der Nähe der feindlichen Stadt Corduba. Für einen Mann von vierundfünfzig Jahren muß diese Reise von eintausendfünfhundert Meilen in einem ungefederten Wagen, in dem er vierzig bis fünfzig Meilen am Tag zurücklegte, eine gehörige Schinderei gewesen sein. Aber er hatte immer noch genug Energie übrig, um unterwegs zu schreiben, diesmal keine Abhandlung über Grammatik wie einst, als er die Alpen überquerte, sondern ein Gedicht, das die Reise schilderte, die er eben unternahm.

Als er in Südspanien ankam, sah er, daß das Problem darin bestand, die Pompeianer zur Schlacht zu zwingen; wenn ihm das gelang, glichen seine vier Veteranenlegionen und vier andere Legionen, nicht zu reden von seinen achttausend Reitern die weniger erfahrenen Truppen seines Gegners und dessen uneinige Führung aus. War es auch ein ernstliches Handicap für sie, daß sie zwei Legionen in Corduba lassen mußten, um es nicht zu verlieren, verweigerten die Pompeianer doch zwei Monate lang die Schlacht. Diese Taktik stellte Cäsar vor die Notwendigkeit, Nachschub und Unterkunft für einen Winterfeldzug zu organisieren. Aber am 19. Februar 45 gelang es ihm, die wohlversorgte Stadt Ategua zu erobern, die nur eine Tagereise von Corduba entfernt lag. Das hatte eine niederschmetternde Wirkung sowohl auf die feindliche Armee wie auf die Moral der Städte in der Gegend, die in der Verzögerungstaktik des Cnaeus Pompeius eine unnötige Verlängerung des Krieges sahen.

Die Schlacht bei Munda

Und so war Cnaeus, als er, stets von Cäsar belästigt, südwärts zog, durch das Mißfallen seiner Umgebung gezwungen, die Schlacht anzubieten. Am 17. März fand er bei Munda, vierzig Meilen von Hispalis (Sevilla), ein günstiges Terrain und stellte sich. Das Treffen, das folgte und von einem völlig inkompetenten Augenzeugen, der den »Spanischen Krieg« schrieb, geschildert wurde, war ein wildes und langdauerndes Handgemenge. Cäsar hatte nie zuvor von seinen Leuten verlangt, eine Schlacht auf ungünstigem Gelände auszufechten, und die Pompeianer kämpften verzweifelt, denn in einer Schlacht, die schon durch ihre Wildheit charakteristisch war, waren ihre Aussichten nach einer Niederlage mehr als finster. Cäsar, der schon vor der Schlacht ungewöhnlich bedrückt gewirkt hatte, sagte später, hier hätte er zum ersten Mal um sein Leben kämpfen müssen. Schließlich riß er den Schild eines Soldaten an sich, stürmte selbst in die Frontlinie und schrie: »Schämt ihr euch nicht, mich diesen Kerlen zu überlassen?« Was schließlich die Waagschale zu seinen Gunsten senkte, war der Entschluß, den Feind durch seine mauretanischen Verbündeten, die Boguden, mit einer Schwadron Reiter in der linken Flanke und im Rücken anzugreifen. Labienus sah diese Bewegung voraus — er kannte Cäsar gut genug — und begann schleunigst, Truppen auf diesen Flügel zu werfen, um seine linke Flanke zu schützen. Doch diese Bewegung wurde von seinen eigenen Leuten katastrophal als Beginn des Rückzugs mißverstanden. Die Mißverständnisse, die so oft zwischen Labienus und anderen Pompeianern herrschten, hatten hier ihren vernichtenden Höhepunkt erreicht; ihre Front erschlaffte und brach auseinander. Das ganze Heer wandte sich zur Flucht, und Labienus selbst fiel in dem wilden Durcheinander. Dreißigtausend seiner Soldaten fielen, dreißigmal mehr, so wird berichtet, als Cäsars Verluste betrugen.

Der kurze Feldzug war zu Ende. Aber die Brutalität, die seinen Beginn gekennzeichnet hatte, war keineswegs vorüber. Als Cäsar den von Corduba fortgeführten Widerstand brach, tötete er zwischen zwanzig- und dreißigtausend Menschen. Eine ungeheure Kriegsentschädigung wurde aus der Stadt herausgepreßt, und selbst Gades, die Heimatstadt seines engsten Verbündeten Balbus, mußte die Beschlagnahmung ihres reichen Tempelschatzes hinnehmen. Die Undankbarkeit dieser Städte schien Cäsar unverzeihlich, besonders in einem Gebiet, als dessen anerkannten Patron er sich betrachtete, nachdem er wiederholt hier residiert hatte.

Noch einmal kam der jüngere Sohn des Pompeius, Sextus, davon; er lebte weiter und war noch für die Nachfolger Cäsars eine Plage. Sein älterer Bruder dagegen, der an einer Verwundung litt und einem verrenkten Knöchel, konnte nicht mehr über See entkommen, wurde verraten, eingekesselt und getötet. Sein Kopf wurde nach Sevilla gebracht und vor den Massen und Cäsar ausgestellt. Jetzt hatte er die abgetrennten Köpfe beider, des Vaters und des Sohnes, gesehen.

Dann wandte er sich der üblichen Aufgabe der Reorganisation zu und blieb einige Monate im Lande, um dessen wichtigste Angelegenheiten zu ordnen.

Die letzten Jahre als Despot

Nach mehr als vier furchtbaren Jahren und schweren politischen Erschütterungen in vielen Ländern war der Bürgerkrieg nun zu Ende. Die dringendste Aufgabe bestand darin, weitere Störungen zu verhindern, indem von den Soldaten, die noch unter Waffen standen, so viele wie möglich entlassen wurden. Im Augenblick gab es mindestens fünfunddreißig einsatzfähige Legionen. In Zukunft wurden so viele nicht mehr gebraucht, welche Unternehmungen im Ausland Cäsar auch planen mochte. Das bedeutete, daß Geldgeschenke für diese Unzahl von Menschen bereitgestellt werden mußten. Aber sie wollten Land — kein Geld, das als Sicherheit keineswegs das gleiche Ansehen genoß. Daher mußte in weit größerem Maßstab als früher die Landverteilung, die vor vierzehn Jahren eine solche Rolle in Cäsars Gesetzgebung während seines ersten Konsulats gespielt hatte, wieder aufgenommen werden.

Und so wurden die Veteranen nun im ganzen italischen Gebiet auf das Land verteilt. Aber das Land in Italien, auf das sich die früheren Maßnahmen bezogen, war völlig erschöpft, und es gab eine Grenze für Härten, die man der örtlichen Bevölkerung zumuten konnte. Deshalb griff Cäsar in großem Maßstab auf eine Einrichtung zurück, mit der Rom sehr vorsichtig am Ende des vorigen Jahrhunderts begonnen hatte: die Gründung von Bürgergemeinden, nicht nur in Italien, der Heimat der Bürgerrechte, sondern auch in den Provinzen des Reichs. Wie im Jahr 59 war das ein doppelter Prozeß: zu den Siedlern gehörten nicht nur ehemalige Soldaten, sondern auch viele Mitglieder des arbeitslosen Proletariats von Rom. Ungefähr achtzigtausend dieser Stadtbürger wurden nach Übersee gebracht. Wieviel Veteranen Cäsar in der kurzen Zeit seines Lebens, die ihm noch blieb, ansiedeln konnte, bleibt ungewiß, es mögen zwanzigtausend, es mögen auch dreißigtausend gewesen sein. Die Zahl der Städtegründungen in den Provinzen — brandneue Städte und Niederlassungen, die Gemeinden der Eingeborenen einschlossen oder ihnen benachbart waren — wurde vervielfacht. Diese Zentren sollten nicht nur dem Handel, sondern auch der Verteidigung dienen, denn die Veteranen bildeten eine nützliche militärische Reserve.

Nirgendwo sieht man das deutlicher als auf der iberischen Halbinsel, wo zu den Städten, die neue Siedler erhielten, Romula (Sevilla, früher Hispalis), Carthago Nova (Cartagena) und Tarraco (Tarragona) gehörten. In Gallien erhielt Arelate (Arles) einen Teil des Gebiets von Massilia; eine andere Niederlassung war die Marinebasis Forum Julii (Fréjus). In Nordafrika überwand man das Vorurteil gegen das Wiederaufleben von Carthago (der Ort war verrufen), und im hundertsten Jahre nach seiner Zerstörung wurden Kolonisten dorthin ausgesandt. Auch in Korinth, das die Römer im Jahre 146 zerstört hatten, wurde eine Neusiedlung angelegt, ermutigt durch das Projekt eines Kanals, der erst 1893 Wirklichkeit wurde. Korinth war Teil eines völlig neuen Kolonisationsplans, der die Gründung einiger Bürgergemeinden, nicht nur im Westen, wo man vor allem Latein sprach, sondern auch in Schlüsselstellungen des griechischen Ostens vorsah. Eine andere solche Niederlassung war Sinope (Sinop) an der Südküste des Schwarzen Meeres; noch eine weitere war Buthrotum nahe der griechisch-albanischen Grenze, gegenüber von Korfu. Aber Ciceros Freund Atticus, der der Patron des Gebiets war, beklagte sich bei Cäsar über die Beschlagnahmen, die der Plan nötig machen würde. Cäsar zeigte sich geneigt, den Plan unter der charakteristischen Bedingung fallenzulassen, dafür in bar von dem wohlhabenden Atticus entschädigt zu werden. Cicero war sehr überrascht, als er erfuhr, daß die zukünftigen Siedler, die sich auf den Weg in ihre neue Heimat machten, nichts davon wußten, daß diese sich in Luft aufgelöst hatte.

Im Osten ließ die griechische Zivilisation keinen Raum für die lateinische, und dort konnte von Romanisierung nicht die Rede sein. Aber im Westen bedeutete diese Ausdehnung der römischen Bourgeoisie über ein enormes Gebiet einen entscheidenden Schritt; das gleiche bewirkten die eingehenden Überlegungen über Organisation und Verfassung dieser Gemeinden und ihrer Räte, die schon unter Cäsar begonnen hatte, obgleich sie erst viel später Früchte tragen sollten.

Der Romanisierungsprozeß wurde auch auf eine weniger in die Augen fallende Weise vorangetrieben: durch die Verleihung der Lateinischen Rechte an einheimische Städte, deren Beamte und Stadträte Römische Bürger wurden. Dieses Privileg wurde auf ganz Sizilien und Südfrankreich (das narbonensische Gallien) ausgedehnt, so daß diese Provinzen jetzt den Halbstatus erhielten, den auch die italischen Städte nördlich des Po besaßen, bevor sie vor vier Jahren völlig in die Halbinsel einbezogen wurden. Es gab auch ausgedehnte Verleihungen des Latinischen Status im südlichen Spanien. Dieser Status war nicht so sehr ein Versprechen künftiger Vollbürgerschaft für die ganze Gemeinde — die selten erfolgte — als ein Vermeiden unnötiger Reibereien, indem man die eingeborene Oberschicht gesetzlich mit den römischen Kolonisten gleichstellte, die unter ihnen lebten. Die gleiche Gunst erwies Cäsar ziemlich großzügig Einzelpersonen, Provinzmagnaten, Gelehrten und Ärzten, von denen viele Orientalen waren; aber dem Verkauf der Bürgerrechte durch seinen Sekretär Faberius, der sich aus diesen Gewinnen einen Palast auf dem Aventin gekauft hatte, gebot er Einhalt.

So sah Cäsar mit seinem weitumfassenden Blick und seiner Erfahrung bereits das Imperium vor sich, wie kein Römer vor ihm, und er schlug die erste Bresche, die andere zwei Jahrhunderte später erweitern sollten, in die Barriere, die Italiker und Bewohner der Provinzen trennte. Da außerdem in seinen Kolonien nicht nur Veteranen, sondern auch die arbeitslosen Armen der Hauptstadt untergebracht wurden, gebührt ihm der Ruhm, der einzige römische Staatsmann zu sein, der jemals erfolgreich mit dem Problem des überschüssigen hauptstädtischen Proletariats fertig geworden ist. Denn die Verbringung einer solchen Volksmenge nach Übersee — verbunden mit einer Verminderung der Bevölkerung seit Beginn des Bürgerkriegs — ermöglichte es ihm, die Zahl der Empfänger von kostenlosem Getreide von dreihundertzwanzigtausend auf einhundertfünfzigtausend herabzusetzen. Cäsar kümmerte sich auch mit großer Sorgfalt um die gesetzliche Verwaltung und plante sogar einen Codex des Römischen Bürgerrechts, eine Aufgabe, die erst sechshundert Jahre später unternommen wurde. Es scheint, daß er sich auch erneut mit dem Schuldenproblem beschäftigt hat und Schuldnern gestattete, ihre Zahlungsunfähigkeit vor einem öffentlichen Beamten zu erklären und den Gläubigern Land oder Güter an Stelle von Bargeld zu überlassen, dabei aber genug für ihren Unterhalt zurückzubehalten. Wenn dieses Gesetz, was wahrscheinlich ist, während der letzten Lebensmonate Cäsars erlassen wurde, so versuchte er damit eine weitere Minderung der brutalen und unbeschränkten Macht der Geldverleiher und begründete die Rechte des Schuldners, auf denen die modernen Gesetze über den Bankrott basieren.

Solche Maßnahmen kamen sowohl Italien als auch Rom zugute. In den ländlichen Gebieten der Halbinsel unternahm Cäsar weitere Reformen. Er bekämpfte die Straßenräuberei und bemühte sich, die Arbeitslosigkeit zu reduzieren, indem er festsetzte, daß mindestens ein Drittel der Arbeiter auf großen Gütern freie Männer und nicht Sklaven sein mußten. Er versuchte auch der geographischen Erscheinung Italiens seinen Stempel aufzudrücken, indem er plante, den See von Fucine in den Bergen östlich von Rom und die Pontinischen Sümpfe südöstlich der Stadt durch einen neuen Wasserweg zu drainieren und in Ackerland zu verwandeln. Diese Projekte hatte man schon vor hundert Jahren ins Auge gefaßt, sie wurden von den Kaisern verwirklicht — freilich nicht mit dem Erfolg, der erst unserer Zeit beschieden war. Andere Pläne Cäsars, deren Durchführung er nicht mehr erlebte, sollten in den ein oder zwei Jahrhunderten, die seinem Tode folgten, gleichfalls nützliche Früchte tragen — unter anderem sein Plan, den Hafen von Ostia zu vertiefen, damit Rom nicht länger auf Puteoli (Pozzuoli) als seinen Haupthafen angewiesen war.

Während der kurzen Zeit, die er in Rom verbrachte, lastete ein ungeheures Maß wichtiger Arbeiten aus dem Gebiet der Verwaltung und der Gesetzgebung auf dem Diktator. In keinem Fall brach er hart mit der Tradition; er griff auch nicht weit über das augenblicklich Notwendige hinaus. Aber wenn er sich mit der Lage im Augenblick befaßte und man betrachtet, was in der Vergangenheit geleistet worden war, muß man sagen, daß Cäsars Spürsinn für Leistung schnell und stark war. In der Tat war sein Blick vielen Leuten viel zu geschärft, wenn es sich darum handelte, Mißstände zu entdecken und abzustellen. Gesetze und Erlasse der Senatoren wurden mit solcher Schnelligkeit durchgepeitscht, daß Cicero sich beklagte, er erhielte Dankschreiben von ausländischen Fürsten für ehrenvolle Maßnahmen, von denen er noch nie gehört habe. Als jemand bei einer Unterhaltung bemerkte, daß in der kommenden Nacht eine bestimmte Stellung der Gestirne aufginge, machte der Redner einen seiner berühmten, boshaften Witze: »Sicher haben sie den Befehl erhalten, so aufzugehen.«

Der Senat, dem die Durchführung dieses Programms oblag, hatte sich in seiner Zusammensetzung beträchtlich verändert. Die Zahl seiner Mitglieder war von fünf- bis sechshundert auf neunhundert angestiegen, und fast die Hälfte aller Senatoren kam von außerhalb Roms. Die meisten neuen Mitglieder waren italische

Bankiers, Industrielle und Bauern, viele von ihnen kamen aus Gebieten der Halbinsel, die der Bürgerkrieg und die Unruhen bisher daran gehindert hatten, ihren Anteil an römischen Ämtern zu erhalten. Aber Cäsar brauchte Männer im Senat, die wertvolle Beiträge zu leisten imstande und dazu seine Parteigänger waren. Er sagte: »Selbst wenn ich, um meine Position zu verteidigen, auf die Dienste von Banditen und Halsabschneidern hätte zurückgreifen müssen, ich hätte ihnen ihre Belohnung gegeben.«

Veränderungen im Senat

Die Konsuln während der Jahre von Cäsars Diktatur waren keineswegs Revolutionäre. Zu ihnen gehörten fünf Adlige, davon drei aus seiner eigenen patrizischen Gesellschaftsklasse, und vier »neue Männer«, die ihren Wert in Gallien unter Beweis gestellt hatten. Die Neuheit lag in der Tatsache, daß Cäsar sie wählte — und nur er allein. Seine einzige Konzession an die Wählerschaft war die Abschaffung der politischen Gilden, die mit seiner eigenen, stillschweigenden Duldung die Wahlen der fünfziger Jahre in blutige Handgemenge verwandelt hatten. Aber er machte ein Gespött aus der Volksversammlung selbst, weil sie vor ihrer Aufgabe, den Willen des römischen Volkes auszudrücken, so völlig versagt hatte. Von nun an wurde sie nur einberufen, um das zu tun, was er verlangte. Höhere Beamtenstellen zu besetzen, war nichts Neues, aber Cäsar tat es in aller Öffentlichkeit, und schließlich wurde ein Gesetz erlassen, das ihm das Recht zusprach, die Beamten für einen großen Teil der höheren Posten zu »empfehlen«, und zwar sogar für mehrere Jahre im voraus. Eine Verletzung des Rechts war auch die Verzögerung der Wahlen, wodurch Konsuln ihr Amt oft nur wenige Monate bekleideten, und als einer von ihnen am letzten Tag des Jahres 45 starb, ersetzte ihn Cäsar für die wenigen Stunden des Jahres, die noch übrig waren. Cicero bemerkte bitter dazu, dies sei eine ungewöhnliche Amtszeit, in der keiner zu Mittag aß und der Konsul selbst nicht schlief. Dem Diktator ging es nicht etwa darum, die Institution zu verspotten — er nahm lediglich die Gelegenheit wahr, einen seiner loyalen Untergebenen in den Konsulrang zu erheben. Zu dem gleichen Zweck — und im Interesse ihrer Leistungsfähigkeit — erhöhte er die Zahl der Prätoren von acht auf sechzehn, die der Ädilen von vier auf sechs und der Quästoren von zwanzig auf vierzig. Über die Tribunen, von denen einer im Jahre 49 versucht hatte, ihn von dem Schatzhaus fernzuhalten, äußerte er weiter heftige Erbitterung wegen ihrer Nadelstiche. So war er tagelang wütend, als ein Tribun bei seinem Spanischen Triumph sitzenblieb, und zwei andere, die zu auffällig einer Demonstration zu seinen Ehren Einhalt geboten hatten, wurden für einige Zeit von ihren Funktionen entbunden.

So viel zu dem Schlachtruf der Immunität der Tribunen und der demokratischen Rechte, mit dem er in den Bürgerkrieg gezogen war. Viel ernster war, daß er sich nicht bereitfinden konnte, die Gefühle der höheren Beamten, der ehemaligen Beamten und der Möchtegern-Beamten zu schonen, die bisher den Staat regiert hatten. Es gelang ihm nicht, republikanische Formen und aristokratischen Stolz mit seinem persönlichen Regime auszusöhnen. Er versuchte es auch nicht. Er hatte nie viel von der Verfassung gehalten — beziehungsweise von den Adligen, für deren Oberherrschaft sie stand. Einmal sagte er: »Nichts ist mir lieber, als daß ich mir selbst treu bleibe — und die anderen sich selbst.« Nun wurde dieser intellektuelle Stolz immer sichtbarer und immer ungeduldiger.

Aber die gefährlichste Kritik erstand ihm aus Gräbern. Gleich nach Catos Selbstmord in Afrika hatte seine Legende solche Ausmaße angenommen, daß Vergil ihn eine Generation später als den edlen Gesetzgeber der Unterwelt darstellte, während Lucan, uneins mit Nero, in ihm die Essenz der Opposition gegen kaiserliche Tyrannen sah:

> »Gerechtigkeit und unbeugsame Ehre vergötterte er
> und Unbescholtenheit im Dienste der Welt. Keine Tat Catos
> wurde von Lust berührt und selbstischer Habgier.« [12]

Das wurde hundert Jahre nach seinem Tode geschrieben; andere Lobpreisungen Catos jedoch wurden schon während der ersten Monate nach seinem Freitod vorbereitet. Eines dieser Pamphlete hatte Cicero geschrieben. Wenn er auch den lebenden Cato viel zu starr gefunden hatte, so war er doch im Juli 46 bereits am Werk, eine Nachrede für ihn zusammenzustellen. Ein Jahr später fragte er sich, ob es klug gewesen war, dergleichen unter der Diktatur zu versuchen. Im August 45 schrieb Cäsar ihm und lobte den Essay sehr höflich, aber angesichts des besonderen Hasses, den er stets gegen Cato empfunden hatte, muß ihn Ciceros Arbeit tief erbittert haben, und nach Munda begann er, mit Hilfe eines Entwurfs von

Hirtius, eine Gegenschrift zu verfassen. Der größte Teil des »Anti-Cato« ist nicht auf uns gekommen, aber es gibt die Aufzeichnung eines eleganten Kompliments an Cicero, dessen Eloquenz — sagt Cäsar — sein einfacher, soldatischer Stil nicht erreiche; dann jedoch verbreitet sich das Pamphlet in giftigen Schmähungen über Catos Geiz, seinen Inzest, seine Trunkenheit und den schmierigen Händlersinn, mit dem er seine eigene Frau verkaufte und wieder zurückkaufte. Cicero drückte privatim die Hoffnung aus, Cäsars Buch möge veröffentlicht werden, teils wegen der freundlichen Bemerkungen über ihn selbst, teils aber auch, weil diese grobe Invektive einen Umschwung der Gefühle zugunsten der Republik hervorrufen würde.

Als er aus Spanien zurückkam, war Cäsar so mit der Republik beschäftigt, daß er dem neuen Triumph, den er mit zwei Leutnants (einer davon war sein Neffe) teilte, das Thema »Befreiung« gab. Die Feiern waren nicht so volkstümlich, wie sie es hätten sein können; letzten Endes ließ sich nicht verhehlen, daß die besiegten Feinde römische Mitbürger waren. Trotzdem beharrte er auf dem Thema; ein Tempel der Freiheit wurde geplant, und auf einer Münze erschien das Wort LIBERTAS. Jedoch: politisch gesehen war der Gedanke schwer faßbar und bedeutungslos. Vor Pharsalus hatte Cäsar in einem Friedensfühler an Metellus Scipio so etwas wie ein politisches Programm entwickelt: Ruhe für Italien, Frieden für die Provinzen, Sicherheit für das Reich. Aber in dieser Formel glänzte die Vefassung der Väter durch Abwesenheit. Elf lange Jahre war Cäsar dem Zentrum der Regierung fern gewesen, und als die Republik zur angemessenen Subordination zurückgeführt worden war, sah sein Geist schon weitere Horizonte.

Im Frühsommer 45 faßte Cicero den Gedanken, ein Memorandum darüber vorzulegen, wie unter Cäsars Führung die Republik wiederhergestellt werden könne. Aber Balbus und Oppius rieten ihm, darin keinerlei Empfehlungen vorzulegen, die nicht mit den gegenwärtigen Absichten des Diktators übereinstimmten. Sie waren auch der Meinung, der Entwurf sähe zu sehr nach Protest gegen Despotismus aus. So gab Cicero Ende Mai den Gedanken auf. »Nicht, daß ich mich dieser Sache schäme, ist es, was mich hindert«, schrieb er an Atticus, »obwohl es gerade das sein sollte. Aber ich kann an nichts denken, was ich schreiben könnte.«

Cäsar jedoch blieb höflich wie immer. Er bat Hirtius und Dolabella, Ciceros witzige Bemerkungen für ihn zu sammeln. Dies sollte dem doppelten Zweck dienen, ihm seine Anerkennung auszusprechen und darauf zu achten, daß des Redners spitze Zunge nicht mit ihm durchginge. Denn Ciceros Verhältnis zu Cäsar erlebte wieder einmal eine rasche Verschlechterung. Tief verdüstert wegen der Auflösung der Republik und gebrochen durch den Tod seiner geliebten Tochter, schrieb er an Atticus: »Bei allen Göttern, laß uns das Schmeicheln aufgeben und wenigstens halb frei sein!« Brutus hatte gemeint, Cäsar werde ein guter Konservativer werden, aber Cicero, wenn auch gerührt durch einen freundlich teilnehmenden Brief, erkannte, daß dies Überoptimismus war. Und doch war die Tätigkeit, in die er sich nun stürzte, um sein Elend zu bekämpfen, von unendlicher Bedeutung für die Welt. Denn nun schrieb er seine halbphilosophischen Abhandlungen, die dem lateinischen Denken ein ganzes System moralischer Werte gaben und wesentlich dazu beitrugen, der sterbenden Republik eine kostbare literarische Blütezeit abzuringen.

Auf diesem Gebiet, wenn auch auf keinem anderen, konnten Cäsar und er sich in gegenseitigem Respekt treffen und unbeschwert miteinander sprechen. Wir verdanken Ciceros Feder ein einzigartiges Bild von dem Besuch, den ihm der Diktator privat in Puteoli im Dezember 45 abstattete.

> »Ein furchtbarer Gast; und dennoch kein Bedauern! Denn alles verlief in der Tat erfreulich. Als er am Abend des 18. bei Lucius Marcius Philippus ankam, war das Haus zwar so voller Soldaten, daß kaum ein Zimmer frei war, in dem Cäsar speisen konnte. Zweitausend Mann! Ich war ernstlich in Sorge, was am nächsten Tag geschehen werde, aber Cassius Barba kam mir mit ein paar ausgeliehenen Wächtern zu Hilfe. Ein Lager wurde auf meinem Land aufgeschlagen und das Haus unter Bewachung gestellt.
>
> Am 19. blieb er bis ein Uhr bei Philippus und ließ niemand ein — ich glaube, er sah mit Balbus Abrechnungen durch. Dann machte er einen Spaziergang an die Küste. Nach zwei Uhr badete er. Dann erzählte man ihm von Mamurra, aber er verzog keine Miene. Er ließ sich mit Öl massieren und setzte sich dann zu Tisch.
>
> Da er gerade eine Kur mit Brechmitteln machte, aß und trank er ohne Bedenken und nach Herzenslust. Es war ein üppiges Diner, gut serviert, und mehr als das, gut gekocht und

gewürzt, mit gutem Gespräch, mit einem Wort, angenehm. Seine Begleitung wurde in drei anderen Räumen üppig bewirtet. Selbst den im Rang niedrigeren Freigelassenen und den Sklaven fehlte es an nichts.

Mit anderen Worten, wir waren Menschen miteinander. Aber doch war er nicht die Art von Gast, zu dem ich sagen möchte: Bitte, komm auf dem Rückweg wieder herein. Einmal genügt! Wir sprachen nicht ernsthaft über Politik, sondern viel über Literatur. Kurz, er mochte es und hatte seinen Spaß daran. Er sagte, er werde einen Tag nach Puteoli gehen und den nächsten in der Nähe von Baiae verbringen. Da hast du die Geschichte, wie ich ihn zu Gast hatte — oder, wie er sich bei mir einquartierte. Mit war es lästig, wie ich schon sagte, aber nicht unangenehm.«[13]

Cäsar verachtet die Republik

Aber Ciceros relativ freundlicher Bericht über Cäsar, hervorgerufen durch diesen denkwürdigen Besuch und seinen unerhörten Charme, war nur ein dünner, wässeriger Sonnenstrahl im düsteren Gesamtbild der nationalen Lage. Er stand auch keineswegs allein mit seinen Gefühlen. Land, Ehre, Respekt und Stellung, jene Dinge, die dem Menschen so lieb sind wie die eigenen Kinder, alles war verloren — so schrieb ihm privat der Jurist Servius Sulpicius Rufus. Aber Cäsar wußte nicht, wie tief das Gefühl für die traditionelle republikanische Staatsführung im Volke verankert war; es war ihm auch gleichgültig. Ihm war sie ein leerer Schein. Das sprach er auch aus; er soll gesagt haben, das Volk müsse sein Wort als Gesetz nehmen. Seine persönliche Magie und sein Charme, seine taktvolle Höflichkeit und seine geistvolle Heiterkeit brachen noch manchmal durch, aber sporadischer als bisher. Seine Hand war aus Eisen und der Samthandschuh darüber erschreckend fadenscheinig, wie es später auch Shakespeare sah.

»Ja, er beschreitet, Freund, die enge Welt
wie ein Kolossus, und wir kleinen Leute,
wir wandeln unter seinen Riesenbeinen
und schaun umher nach einem schnöden Grab ...
Wer sagte jemals, wenn er sprach von Rom,
es faß' ihr weiter Kreis nur einen Mann?«[14]

Cäsars Ermordung

Antonius
hält Cäsar die Leichenrede

Bei Ausgrabungen
auf dem römischen Forum
fand man die Stelle,
wo Cäsars Leiche
verbrannt worden war

Münzbildnis
des Gajus Julius Cäsar

Die Lage drückte sich in neuen Formen aus, die weniger der Verfassung als der Persönlichkeit Cäsars entsprachen. So wurde er zum Beispiel der Oberbefehlshaber (der Imperator) im wahren Sinn des Wortes; diese Anrede erhielt eine besondere und halboffizielle Bedeutung, die kurz nach seinem Tod zu der offiziellen, autokratischen Entwicklung des Wortes führen sollte, das der Geschichte den Begriff »Imperator« (emperor, empire) schenken sollte. Schon zu seinen Lebzeiten hatte die Darstellung seines Bildes in der Öffentlichkeit, wie etwa auf Münzen, größten Nachdruck auf sein lebenslängliches Amt als Oberpriester gelegt. Für das abergläubische Volk spiegelte dies seine engen Beziehungen zu den Göttern und seine Stellung als das ausführende Organ ihres göttlichen Willens wider. Die Griechen erklärten, er sei selbst ein Gott — sie waren daran gewöhnt, dies von ihren Monarchen zu sagen; aber auch in Rom führten verschiedene Nuancen des komplizierten religiösen Zeremoniells allmählich, wenn auch nie ganz offiziell und entschieden, in diese Richtung. Seine Statuen wurden unter dem Spott Ciceros in Tempeln aufgestellt. Kulte wurden eingerichtet, nicht direkt zu seiner Verehrung, wohl aber zu seinen Ehren. Die Trennungslinie zwischen Mensch und Gott wurde verwischt.

Diktator auf Lebenszeit

Daran wurden die Römer scharf erinnert, als im Februar 44 Cäsars Diktatur in ein Amt auf Lebenszeit umgewandelt wurde. Der unheilvolle neue Titel DICTATOR PERPETUUS erscheint mit seinem Porträt auf einer Anzahl von Münzen. Einige davon scheinen bereits vor seinem Tode ausgegeben worden zu sein. (Am 9. Februar war er bereits zum Diktator auf Lebenszeit designiert.) In jedem Fall nahm er diesen Titel noch zu Lebzeiten an. Das mußte wie ein Schock wirken. Das eigentliche Wesen der Diktatur war nach der römischen Verfassung ihr provisorischer Charakter, und keiner der früheren Diktatoren, dreiundachtzig an der Zahl, hatte jemals gewagt, das zu bestreiten. Daß Cäsars Amtszeit zu Ende des Jahres 45 bereits von drei auf zehn Jahre verlängert worden war, war schon schlimm genug. Aber nun, nachdem er das Amt bereits vierundzwanzig Monate innehatte, kam diese Ernennung auf Lebenszeit und erklärte damit den Notfall, auf den das

Amt immer beschränkt gewesen war, für null und nichtig. Bisher hatten Cäsars neue Maßnahmen fast immer auf dem Alten aufgebaut und vermieden, es zu zerstören. Und wenn das 19. Jahrhundert Cäsar als eine Art Übermenschen darstellt, der einen neuen Staat schmiedete, so hält diese Darstellung näherer Prüfung nicht stand; sie ist mit dem Namen Theodor Mommsens verbunden, der die Unterordnung der Junker, die er haßte, unter die preußische Monarchie dabei im Auge hatte.

Diktatur auf Lebenszeit war dem Königtum nahe verwandt. Gerade das aber erfüllte die Römer traditionsgemäß mit heftigem Abscheu, zurückgehend auf jene legendäre Zeit, in der sie vor fast fünfhundert Jahren den Tyrannen Tarquinius aus Rom vertrieben hatten. Nun liefen — geschürt von Adligen und anderen Unzufriedenen — Gerüchte um, Cäsar strebe in die gleiche unheilvolle Richtung. Bewunderer führten — wahrscheinlich ohne ihn ins Vertrauen gezogen zu haben — Demonstrationen an, die ihn drängten, den letzten Schritt zu tun und sich zum König ausrufen zu lassen. Nachdem zwei solcher Versuche infolge der beleidigend schnellen Intervention unfreundlicher Tribunen mißglückt waren, schien es ihm wünschenswert, in einer großen Schau darzutun, daß er keine solche Absichten hege. Und so bot ihm Antonius, der wieder in Gnaden aufgenommen war, am 15. Februar 44, dem alten religiösen Fest der Lupercalien, in aller Öffentlichkeit ein Diadem an, das er nicht minder öffentlich und wiederholt zurückwies und statt dessen Roms wahrem und einzigem König, Jupiter, weihte.

Cicero mochte privat Cäsar als »König« bezeichnen; der Diktator mochte in einem vergoldeten Stuhl sitzen, er mochte sich seiner legendären Ahnherren rühmen, indem er rote Schuhe trug, wie die alten Herrscher von Alba Longa. Aber in Rom war ihm die ständige Macht nur durch ein anderes Mittel sicher, die lebenslange Diktatur. Er hatte sich offenbar ausgerechnet, daß diese Stellung, selbst wenn sie der Verfassung Gewalt antat, sie doch nicht direkt brechen würde. Welchen Vorteil hätte es denn für ihn gehabt, den Titel eines Königs zu begehren, der noch unpopulärer war und seiner tatsächlichen Macht kein Jota hinzufügen konnte? Ein weiteres Vierteljahrhundert voll Blutvergießen mußte vergehen, bis eine formelle Monarchie errichtet werden konnte; und selbst dann mußte sie hinter einer sorgfältig und listig verkleideten Fassade versteckt werden. Dies sollte das Werk seines Großneffen Augustus sein, der — unter sorgfältiger Vermeidung der Fehler seines Vorgängers — den Namen »Cäsar« in seinen Titel einfügte und so den Begriff »Cäsarismus« schuf, der später auf die Familie Bonaparte und die Hohenzollern angewandt wurde.

Ebensowenig wie am Königtum war Cäsar daran interessiert, in seine italische Heimat den griechischen Gedanken der Monarchie einzuführen, der im Osten auf ihn, wie auf andere Römer vor ihm, angewandt worden war und in der Gestalt Kleopatras einen so faszinierenden Ausdruck gefunden hatte. Sie war ihm in der Tat nach Rom gefolgt. Denn sie war verständlicherweise voller Sorge, daß Rom, das gegenwärtig ein Vertragsbündnis mit ihr aushandelte, sich ohne ihren ständigen Einfluß auf Cäsar vielleicht doch für die Annexion ihres ungeheuer reichen Landes entschlösse. Auf Cicero, der sie unausstehlich fand, wirkte ihr Zauber nicht. Aber Cäsar hatte sie gastlich aufgenommen und sie und ihren jugendlichen Brudergatten in einer seiner Besitzungen jenseits des Tibers einquartiert. Er war sogar so höflich gewesen, den Tempel der Venus mit ihrer Statue zu schmücken. Aber er hatte so viel zu tun, daß er nicht viel Zeit für ihre angenehme Gesellschaft gehabt haben kann.

Cäsars Gesundheit läßt nach

Auch seine Gesundheit, die immer gut gewesen war, ließ langsam nach. Zweimal während der letzten Feldzüge, in Thapsus und in Corduba, wird berichtet, sei er in kritischen Lagen krank geworden. Er scheint an Epilepsie gelitten zu haben. Wir brauchen uns nicht um die angeblichen Alpträume zu kümmern, mit denen antike Schriftsteller so gern den unruhigen Schlaf des Tyrannen belasten. Aber zweifellos litt er in den letzten Jahren an Kopfschmerzen und Ohnmachten. Er war gegen sich selbst immer unvorstellbar hart gewesen. Porträtbüsten sagen nichts Sicheres über seine Erscheinung aus, da sie fast durchweg nach seinem Tod angefertigt sind. Aber zeitgenössische Münzporträts lassen ihn viel älter aussehen als sechsundfünfzig Jahre.

Es war also nur verständlich, daß er an die Zukunft dachte. Sobald er aus Spanien zurückkehrte, im September 45, begab er sich auf seine Besitzung bei Lavicum (Labici), südöstlich von Rom, um sein Testament zu machen. Aber dieses Testament, das nicht vor seinem Tode eröffnet oder bekannt wurde, beweist, daß er nur über sein persönliches Vermögen zu verfügen gedachte — nicht über den römischen Staat. Das wäre auch nicht in Frage gekommen: Cäsars Macht beruhte auf seiner Stellung als Diktator, und der Gedanke an eine Nachfolgerschaft in diesem Amt, als Erbe oder in anderer Weise, existierte nicht in der Verfassung und konnte überhaupt nicht aufgeworfen werden. Dennoch war sein Testament von großer Bedeutung, denn sein Besitz betrug fünf Millionen Pfund, ein Siebentel des gesamten römischen Staatsschatzes. Außerdem gewährt es uns Einblick in Cäsars Denken.

Er bestimmte drei Viertel seines Vermögens für einen Jüngling von noch nicht achtzehn Jahren, Gaius Octavius (Octavian), den späteren Augustus. Dieser junge Mann, der Enkel einer seiner Schwestern, war mit ihm in Spanien gewesen und hatte trotz seiner zarten Gesundheit eine außergewöhnliche Kaltblütigkeit bewiesen und damit die Aufmerksamkeit des Diktators auf sich gezogen. Zum Schluß seines Testaments ordnete er an, Octavian solle als sein Sohn adoptiert werden, falls ihm seine Frau Calpurnia nicht noch einen männlichen Erben gebäre. Mit dem gleichen Vorbehalt, der sich vielleicht auf ein Kind bezog, das schon empfangen war, als er das Testament machte, teilte er das verbleibende Viertel seines Besitzes dem erprobten Neffen, der ihm in Spanien gedient und einen ihm nicht ganz zukommenden Triumph erhalten hatte, und einem anderen, kaum bekannten Mann, der entweder ein Neffe oder ein Großneffe war. Unter den verschiedenen Personen, die er für den Fall benannte, daß diese drei Erben ausfielen, waren sein sehr fähiger Admiral Decimus Brutus Albinus und Marcus Antonius. Diese beiden Männer wurden so Cäsars eigener Familie als Erben vorgeordnet. Kleopatras Sohn Cäsarion wurde nicht erwähnt. Die Königin behauptete später, Cäsar sei sein Vater, und nachdem sie ihren jungen Bruder umgebracht hatte, nahm sie das Kind unter dem Namen Ptolemäus XV. Cäsar als ihren Gemahl an. Es ist übrigens möglich, daß dieses Kind erst nach seinem Tode geboren wurde, und seine Vaterschaft, seinerzeit schon bestritten, bleibt zweifelhaft, besonders da Cäsar nur ein einziges Mal in seinem Leben mit Sicherheit ein Kind zeugte, seine Tochter Julia — und das lag nun schon dreißig Jahre zurück.

In jedem Fall gibt uns sein Testament nicht den leisesten Hinweis auf das, was nach Cäsars Vorstellungen nach seinem Tode mit der Regierung des Römischen Reiches geschehen solle. Vielleicht gedachte er sich später mit diesem Problem zu beschäftigen; vielleicht schob er, wie viele Herrscher — darunter auch solche aus unserer Zeit — den Gedanken beiseite, was immer auch für Gefahren seinem Land daraus erwachsen mochten. Auf alle Fälle ist uns einer seiner engsten Freunde, Gaius Martius, Gewährsmann dafür, daß er nie an eine Lösung dieser Frage dachte. Er hinterließ keine Formel, die in der Lage gewesen wäre, politische Stabilität zu schaffen.

In der Tat, wenn der römische Staat in diesem Augenblick auseinandergebrochen wäre, wie es durchaus möglich gewesen wäre, so hätten ihm andere Völker nur wenige Tränen nachgeweint. Außer der wunderbaren Literatur dieser Jahre und den politischen Erfolgen der fernen Vergangenheit lagen die meisten wertvollen Leistungen der römischen Welt noch in der Zukunft.

Vorbereitungen für einen neuen Krieg

Inzwischen hatte der Diktator eine verblüffende und, wie es schien, endgültige Entscheidung getroffen. Ungeduldig hatte er beschlossen, sich jetzt nicht mehr länger mit der Verbitterung und Nörgelei zu befassen, die seine Autokratie unter dem frustrierten Adel von Rom geschaffen hatte, der sich bemühte, seine Pläne zu durchkreuzen. Statt dessen entschloß er sich zu einem neuen Krieg, gigantischer als einer je zuvor, und der Feind, den er sich bestimmt hatte, war Parthien, der Nationalfeind im Osten. Das war die reine Kampfeslust,

> »ruhelos, grenzenlos,
> die kein Erfolg sättigen und keine Grenzen binden konnten.«[15]

Nach Plutarch fühlte er eine verzehrende Sehnsucht nach neuem Ruhm, »als habe er den bereits errungenen verbraucht — eine Art von Rivalität mit sich selbst«. Pascal sagt, man könne Alexander seine Welteroberung als jugendlichen Exzeß vergeben — aber Cäsar hätte es besser wissen müssen. Auch tiefe psychologische Gründe veranlaßten ihn, Rom zu verlassen. Sicher würde das Lagerleben für seine Gesundheit und seine Stimmung besser sein als die erstickende Atmosphäre Roms, das er so sehr geliebt hatte, als er jung war, das ihm aber nun, da er an der Macht war, nichts mehr bedeutete. Auch mußten die Legionäre, die er zu der größten Kampfmaschine des Altertums zusammengeschmiedet hatte, noch einmal erprobt werden, bevor auch sie zu alt wurden; ihre Reaktion auf seine Befehle war der erhebendste Antrieb und die größte Genugtuung, die Cäsar je erfahren hatte.

Brauchte man einen besseren Vorwand, so gab es auch den, und die Publizisten mußten ihn ausbeuten. Der Herrscher Roms war ganz offensichtlich verpflichtet, die demütigende Niederlage und den Tod des Crassus durch die Parther vor neun Jahren zu rächen. Der Bürgerkrieg zwischen Römern hatte besonders deshalb soviel Ärgernis erregt, weil er diese Strafexpedition gegen den ausländischen Feind verzögerte:

> »Während der Geist des erschlagenen Crassus
> ungerächt wandelt, führst du einen Krieg,
> für den du keinen Triumph haben wirst.«[16]

Außerdem hatten die Parther Rom erst kürzlich provoziert. Nach Pharsalus hatte ein römischer Ritter und Abenteurer, dessen Anspruch, von Metellus Scipio eingesetzt worden zu sein, zweifelhaft war, Cäsars Verwandten und Stellvertreter aus Syrien vertrieben, und ein neuer Statthalter, den der Diktator eingesetzt hatte, wurde durch einen parthischen Einbruch in die Provinz gehindert, Maßnahmen gegen die Rebellen zu ergreifen.

So zog Cäsar jetzt sechzehn Legionen und zehntausend Reiter und Bogenschützen zusammen, um mit einer größeren Macht als je zuvor in Parthien einzubrechen. Der Krieg sollte von Norden her, über den oberen Euphrat, eingeleitet werden. Wie die Operationen schließlich enden würden, konnte niemand vorhersehen, besonders wenn man sich an Cäsars gallische Feldzüge erinnerte, die weit über ihre ursprünglichen Absichten hinausgegriffen hatten.

Inzwischen hatte Vatinius, der vor vier Jahren in Illyricum erfolgreich gekämpft hatte, den schwierigen Auftrag erhalten, auch dieses Land völlig zum Gehorsam zu bringen. Er beklagte sich bei Cicero, sein harter Meister verlange Unmögliches. Aber der Auftrag des Vatinius war besonders wichtig, da in seiner Flanke ein mächtiges barbarisches Königreich unter Burebistas erstanden war, dem strenge, völlig abstinente priesterliche Ratgeber, die keinerlei Wein in ihrem Lande duldeten, den Rücken stärkten. Das Zentrum von Burebistas' Reich war Dakien, aber der König hatte auch in noch weiter westlich gelegenen Gebieten, die an die Provinz selbst grenzten, einzelne Stämme unterworfen. Auf der anderen Seite war er bis zum Schwarzen Meer vorgestoßen, und wenn er auch

Händler aus dem römischen Gebiet zuließ, so konnte man seine Oberherrschaft über die griechischen Küstenstädte doch als einen Eingriff in die Interessensphäre Roms ansehen. Am schlimmsten aber war, daß er vor Pharsalus Verhandlungen mit Pompeius begonnen hatte. Hier also lag die Bedeutung der Aufgabe des Vatinius. Denn man sprach davon, daß Cäsar, wenn er die Parther besiegt hatte, nordwärts durch den Kaukasus marschieren, dann nach Westen schwenken, Burebistas unterwegs erledigen und die Donau entlang nach Gallien zurückkehren werde. Kein Zweifel, nicht einmal Cäsar wußte, ob die Gerüchte über diese gigantischen Fahrten sich verwirklichen würden.

Er hatte sich entschlossen, Rom am 18. März zu verlassen und sich den ungewohnten Luxus zu gestatten, einen Feldzug regelrecht im Frühling zu beginnen. Die letzten Reste der republikanischen Verfassung machte er zunichte, indem er für zwei Jahre im voraus alle Ernennungen für Rom und das Ausland festsetzte. Lepidus wurde zu seinem Stellvertreter bestimmt. Er sollte später Hispania citerior und Südgallien übernehmen; Antonius und Dolabella waren für Mazedonien und Syrien bestimmt. Während Cäsar im vergangenen Jahr in Spanien war, hatte er die normale Maschinerie der römischen Regierung durch die Schaffung von acht neuen Präfekten für die Stadt Rom, denen bewaffnete Kohorten zur Verfügung standen, außer Betrieb gesetzt. Solche Anordnungen, die den abwesenden Diktator repräsentieren sollten, waren schon während des kurzen Spanischen Krieges hart genug zu ertragen, aber sie mußten unerträglich sein während seiner vorgesehenen langen Abwesenheit. Die wahren Regenten wären dann Balbus mit seinen ausgedehnten Parks und Vergnügungsgärten in Rom und Tusculum und der Finanzexperte Oppius gewesen. Sie waren nicht einmal Senatoren. Und jeder Senator, der etwas wollte, hätte in ihren Vorzimmern antichambrieren müssen.

Ein Diktator auf Lebenszeit war schlimm genug. Es war seltsam, daß Cäsar trotz aller seiner Einsicht sich keine Gedanken darüber machte, daß ein Diktator auf Lebenszeit, der durch Kontrolle aus der Ferne regierte, so furchtbar war, daß er untragbar wurde. Und als die Zeit für diese Kontrolle aus der Ferne näherrückte, begann und verstärkte sich die Verschwörung. Es hatte schon früher Verschwörungen gegen Cäsars Leben gegeben — etwa durch einen Sklaven, der für eine ungenannt gebliebene Person handelte, und dann vielleicht noch durch jemand anderen.

Der erste, der etwas unternahm, war Gaius Cassius Longinus, der sich nach Pharsalus auf Cäsars Seite gestellt hatte. Im Januar 45 hatte er noch zu Cicero gesagt, er wäre nicht darauf aus, einen grausamen neuen Meister zu haben, den jungen Cnaeus Pompeius, sondern behielte lieber den alten und nachsichtigen. Aber als Cassius für das Jahr 44 zum Prätor gewählt wurde, gab ihm Cäsar nicht das höchste Amt, und als die parthische Expedition geplant wurde, bekam er auch kein wichtiges Kommando. Dabei hatte er sich als Soldat ausgezeichnet und kannte das Land und den Feind aus der Zeit seines Dienstes unter Crassus bei Carrhae, wo er — unter zweifelhaften Umständen — dem Massaker entkommen war. Er war ein unnachgiebiger Mann von heftigem Temperament, und der Despotismus, für den es keine Parallele gab und der nun immer klarere Gestalt annahm, wurde zuviel für seinen Stolz. Zum Jahreswechsel war er einer der wenigen Senatoren, die sich bei der Abstimmung über einen Glückwunsch zu Ehren Cäsars der Stimme enthielten. Er beteiligte sich mit Antonius an dem seltsamen Schauspiel am Lupercalienfest, als Cäsar die Königskrone ablehnte; aber schon damals war sein Motiv — anders als bei Antonius — nicht, Cäsar zu helfen, sondern ihn zu öffentlicher Unklugheit zu treiben.

Die Frau des Cassius, Junia Tertia, war die Tochter der Servilia und Schwester des Brutus; sie hatte gleichfalls nach Pharsalus die Seiten gewechselt und sich Cassius angeschlossen, der in Cäsars Stab in Anatolien war. Dies gefiel Servilia zweifellos, denn um ihretwillen bezeigte der Diktator dem Brutus seine besondere Gunst und erhob ihn zum Statthalter der Gallia Cisalpina. Zweifellos war sie noch mehr befriedigt, als Brutus daraufhin hoffnungsvoll die falsche Ansicht äußerte, Cäsar sei nun praktisch ein Republikaner. Aber die Situation des Brutus war kompliziert, da er sich nicht nur Cäsar anschloß, sondern sich auch, wie später deutlich wurde, noch stärker dem Gedächtnis an seinen Onkel Cato verpflichtet fühlte. Er hatte zu Catos Stab in Zypern gehört, wo er seine zyprischen Schuldner brutal verfolgte und bald nach Catos Tod dessen Tochter Porcia heiratete. Auch verfaßte Brutus nach seinem Tode eine Flugschrift zu seinen Ehren. Sie war viel trockener als die von Cicero — Balbus sagte, beim Lesen dieses Essays fühle er sich geradezu eloquent —, aber seine Gefühle waren ein gut Teil aufrichtiger.

Brutus war empfindsam, emotional und gehemmt. Seine persönlichen Bindungen waren in Aufruhr. So optimistisch er sich auch über Cäsar äußern mochte, seine Frau, die früher mit Bibulus verheiratet gewesen war, stammte aus zwei Häusern, in denen gegenteilige Gefühle über Jahre hinweg mit ungewöhnlicher Schärfe geäußert wurden. Vielleicht half Porcia dazu, daß ihr Gatte seine Meinung über Cäsar änderte, indem sie ihn darauf hinwies, daß Cäsars langdauernde Liebschaft mit der Mutter des Brutus eine Unehre war. Aber es gab wohl noch einen anderen Grund dafür, daß Brutus sich gegen den Diktator wandte. Und dieser Grund wurde nun von Cassius ausgenützt, der ihn (obwohl Cäsar ihm Brutus übergeordnet hatte) als das Haupt der Verschwörung ansah: Brutus war von seinen Vorfahren nahezu besessen. Das war nichts Ungewöhnliches bei jungen adligen Römern; aber zu den Ahnen, die Brutus heiß verehrte, gehörten zwei legendäre Figuren, Lucius Brutus und Servilius Ahala, deren einer, nach der Legende, den Tyrannen Tarquinius vertrieben hatte, während der andere, nicht lange danch, Spurius Maelius getötet hatte, der die Tyrannis anstrebte. Als junger Beamter der römischen Münze hatte Brutus die Köpfe dieser beiden Heroen auf seine Münzen geprägt. Aristokratische Römer waren von alters her dazu erzogen, den Tyrannenmord als ihre Pflicht anzusehen, und die Ahnen des Brutus, sein Temperament und sein Studium griechischer Geschichte, in der es so viele ruhmreiche Tyrannenmörder gibt, all das kam zusammen, um den Gedanken in ihm zu wecken, daß eine solche Tat heilige Pflicht sei — eine Pflicht, die notwendigerweise ihm zufiel. In den umlaufenden Versionen der Geschichte Roms las man, daß Roms Gründer Romulus selbst wegen Tyrannei getötet worden war. Nun sprachen alle Leute von Cäsar als einem zweiten Romulus oder zweiten Tarquinius, und gewiß gewann die großartige Idee des Tyrannenmordes dadurch an Macht über Brutus. Auch Cassius bestärkte ihn in dieser Idee; er hatte richtig kalkuliert. Brutus wurde als Galionsfigur und Anführer der Verschworenen auf die Liste gesetzt.

Unter der Führung dieser beiden Männer verschmolzen kleine Gruppen von Unzufriedenen schnell zu einer Gruppe von sechzig Verschwörern. Von zwanzig kennen wir die Namen: neun davon hatten für Pompeius gekämpft. Ein strenger römischer Kaiser, der die Geschichte zweihundert Jahre später las, meinte, Cäsars Politik der Milde hätte zu verhängnisvollen Ereignissen geführt. Sieben andere hatten während des Bürgerkriegs auf Cäsars Seite gefochten; vier von ihnen waren seine Leutnants in Gallien gewesen. Einige von ihnen hegten überdies einen persönlichen Groll gegen ihn.

Trebonius fühlte sich schuldig, weil er in Spanien Schlechtes geleistet hatte, wenn er auch jetzt die lukrative Provinz Asien erhalten sollte. Basilius war ärgerlich, weil Cäsar ihm nicht gestattet hatte, Statthalter zu werden, obwohl er einen großen Geldbetrag als Ausgleich erhalten hatte. Tillius Cimber war von Cäsar als Statthalter für die Provinz Bithynien bestimmt worden, aber er war wohl wegen der Verbannung seines Bruders verdrossen. Von den Brüdern Casca, die beide an der Verschwörung teilnahmen, war Publius ein verarmter Gefolgsmann von Cassius, den er, aus den gleichen subversiven Gründen wie sein Patron, bei der Zeremonie am Lupercalienfest unterstützt hatte.

Bei den anderen und bedeutenderen Verschwörern scheint es nicht möglich, ein persönliches Motiv oder einen persönlichen Groll aufzudecken. Da war Decimus Junius Brutus Albinus, ein entfernter Verwandter des Brutus, der fortlaufend und mit Auszeichnung und Erfolg unter Cäsar gedient hatte. Cäsar hatte ihn in seinem Testament als Restnachlaßempfänger bestimmt und ihn als Statthalter für die Gallia Cisalpina vorgesehen, worauf nach zwei Jahren ein Konsulat folgen sollte. Und doch setzte dieser Mann alle seine glänzenden Aussichten aufs Spiel und schloß sich der Verschwörung an. War er vielleicht durch Familienbande mit den Claudii Marcelli beeinflußt, die — wenn auch inzwischen begnadigt — vor Jahren die Bewegung gegen Cäsar angeführt hatten? Oder hatte er gehofft, im Testament des Diktators besser bedacht zu werden? Viel wahrscheinlicher ist, daß er einfach durch die unerhörte Macht Cäsars dazu gebracht wurde. Das alte republikanische System schien trotz all seiner widersinnigen Fehler immer noch die bessere Alternative.

Dante stimmte ihm nicht zu. Er sieht Cäsar als den Vorkämpfer des von ihm bewunderten Heiligen Römischen Reiches und verweist Brutus und Cassius mit Judas Ischariot zusammen in die Hölle. Wie dem auch sei, die Verschwörer verrechneten sich gründlich, wenn sie glaubten, daß die Republik — nach getaner Tat — automatisch wiedererstehen und ihre alte Form wieder annehmen werde. Tatsächlich hatte der Adel, der von Jahrzehnt zu Jahrzehnt unfähiger geworden war, die Fäden unwiederbringlich aus der Hand verloren und sollte nie mehr seine alte Stellung einnehmen. Brutus und Cassius wurden in der Schlacht von Philippi im Jahre 42 von dem zweiten Triumvirat — Antonius, Lepidus und Octavian — geschlagen. Lepidus wurde im Jahre 36 zum Rücktritt gezwungen, und im Jahre 30 wurden Antonius und Kleopatra bei Actium von Octavian geschlagen, der drei Jahre später den Namen Augustus annahm.

Was für eine Fehlkalkulation war es, anzunehmen, Cäsar zu töten hätte eine Wirkung, wenn man seinen Anhängern — wie Antonius — erlaubte, weiterzuleben! Brutus selbst entschied, Antonius dürfe nicht ermordet werden, damit der klare Plan, den Tyrannen zu entfernen, nicht getrübt würde. Später bedauerte Cicero, während er der Ermordung Cäsars Beifall zollte, zutiefst die Entscheidung, Antonius zu schonen.

Cäsar wird unpopulär

Cäsar wußte wohl, daß das Volk ihn ablehnen mußte; er sprach es aus, als er Cicero auf eine Unterredung warten lassen mußte. Er war sich auch der Gefahr bewußt, die ihm von Provinzstatthaltern mit bewaffneten Heeren drohen konnte (eine Gefahr, die seine eigene Laufbahn nur allzu klar gemacht hatte), denn er begrenzte ihre Amtszeit durch Gesetz. Aber es ist zweifelhaft, ob er sich darüber klar war, wie sehr seine wachsende Autokratie die Menschen aufgebracht hatte. Er war der Meinung, die Leute müßten sich über seine Milde freuen; wenn diese Milde sie demütigte, so kümmerte ihn das nicht.

Er verzichtete sogar auf seine spanische Leibwache; Hirtius und andere rieten ihm vergeblich, sie wieder aufzustellen. Statt dessen plante Cäsar eine Sicherheitsmaßnahme auf psychologischer statt auf physischer Ebene: er beschloß, daß ihm alle Römischen Bürger persönliche Treue schwören sollten, vielleicht in der gleichen Art wie die Klienten ihren Patronen. Der Patron war ein Vater seines Klienten, und es ist kein Zufall, daß Cäsar zu dieser Zeit als »Vater des Vaterlandes« gegrüßt wurde, ein Titel, der — wenn er auch verfassungsmäßiger Folgerungen ermangelte — doch, wie Augustus zugab, im sozialen Kontext des alten Rom eine intime und mächtige Bedeutung besaß. Die Klienten mußten ihren Patron schützen, wie ein Sohn verpflichtet war, seinen Vater zu schützen. Die wenigen Monate, die noch verblieben, können nicht ausgereicht haben, um jedem gewöhnlichen Bürger den Eid abzunehmen, aber er wurde den Senatoren abgenommen, so beunruhigend sie das auch finden mochten.

Die Tatsache, daß sie sich so in diese besondere Verwandtschaft mit ihrem Herrn hineingeschworen hatten, mag ein merkwürdiges Geschehnis erklären, das sich im späten Januar oder zu Beginn des Februar 44 zutrug. Eine Menge Senatoren kamen mit einer schmeichlerischen und kriecherischen Ergebenheitsadresse zu Cäsar, um ihm ihre Ehrerbietung zu erweisen. Er saß an den Plänen für sein Forum vor dem Tempel der Venus, und als sie hereinkamen, versäumte er es, sich zu erheben. Dies führte zu viel Überraschung und Kritik und wurde von seinen Freunden mit seinem schlechten Gesundheitszustand entschuldigt. Aber es kann auch eine Geste gewesen sein, die ihren Zweck verfehlte. Er mag sich als Patron gesehen haben, der seine Klienten empfängt (und vielleicht war das die außerkonstitutionelle emotionale Basis, die die spätere Monarchie gerne besessen hätte). Als sein Klient hatte sich jeder Senator, mehr als nur metaphorisch, als Cäsars Leibwache eingetragen. Er erhielt auch formell die Unverletzlichkeit eines Tribuns zuerkannt. Natürlich war diese theoretische Maßnahme nur eine ungenügende Vorsorge gegen Mörder. Aber Cäsars aristokratischer Stolz und seine Gleichgültigkeit erlaubten ihm nicht, sich über solche Dinge Gedanken zu machen. Zweifellos wußte er, daß Mord möglich war, aber er sah ihm mit einer Mischung von Verachtung und Fatalismus entgegen.

Am 15. März, nur drei Tage vor seiner Abreise in den Osten, versammelte sich der Senat in der Halle neben dem Theater des Pompeius. Es wäre erstaunlich, wenn ein Komplott, an dem so viele beteiligt waren, völlig geheim geblieben wäre, und auch hier scheint etwas durchgesickert zu sein. Als Cäsar sich dem Versammlungsraum näherte, versuchte ein Grieche, der früher einmal der Lehrer des Brutus gewesen war, ihn anzusprechen, und steckte ihm eine warnende Notiz zu. Aber sie blieb ungelesen in seiner Hand. Die Verschwörer hatten einige Gladiatoren des Decimus Brutus, die an diesem Tage in einer Schau zu fechten hatten, außerhalb der Halle bereitgestellt, falls man sie benötigte. Man hatte auch dafür gesorgt, daß Antonius, dessen Körperkraft gefährlich werden konnte, durch ein Gespräch mit Trebonius aufgehalten wurde.

Tillius Cimber nahte sich dem Diktator und fiel auf die Knie, als

GALLIA COMATA
HISPANIA ULTERIOR
HISPANIA CITERIOR
GALLIA NARBONENSIS
ITALIA
Rom
ILLYRICUM
SARDINIA
SICILIA
AFRICA NOVA
AFRICA
MACEDONIA
ACHAIA
BITHYNIA - PONTUS
ASIA
CILICIA
SYRIA
CYPRUS
CRETA
MITTELLÄNDISCHES MEER
CYRENE
DIE PROVINZEN
ROMS IM JAHRE
44 v. CHR.

wollte er um die Rückberufung seines verbannten Bruders bitten. Cäsar schob ihn zur Seite, aber Tillius ergriff seine Toga und zerrte daran. Dann traf ihn Cascas Dolch von der Seite, gerade unter dem Kinn. Der Stoß glitt ab, Cäsar riß seine Toga an sich, sprang auf und stieß Casca seine metallene Schreibfeder in den Arm. In diesem Augenblick durchstieß ein Dolch seine ungeschützte Flanke, und nun fielen die Verschwörer von allen Seiten über ihn her. Alle, so war man übereingekommen, mußten an diesem Blutopfer teilnehmen, und als Cäsar sich schreiend erst nach der einen und dann nach der anderen Seite wandte, verwundete ihn Cassius im Gesicht und Brutus in der Leiste. Aus dreiundzwanzig Wunden blutend, von denen nur die zweite, so sagte ein Arzt später, tödlich war, verhüllte Cäsar sein Haupt mit seinem Gewand und stürzte neben der Bildsäule des Pompeius zu Boden. Von all den Senatoren, die geschworen hatten, ihn zu schützen, versuchten nur zwei vergeblich, einzugreifen. Die übrigen blieben erstarrt an ihren Plätzen. Als die Tat geschehen war, stürzten alle aus dem Gebäude, die Verschwörer mit ihnen, und Cäsar blieb liegen, wo er niedergestürzt war. Nach einiger Zeit legten drei Sklaven seinen Leichnam auf eine Bahre und trugen ihn nach Hause; ein Arm hing auf die Erde herunter.

ANHANG

ZEITTAFEL

100 v. Chr.	*Gaius Julius Cäsar als Sohn des Gaius Julius Cäsar und seiner Frau Aurelia in Rom geboren.*
95	Marcus Portius Cato d. J. (Uticensis) geboren.
93	Lucius Cornelius Sulla wird Prätor.
91—89	Bundesgenossen-Krieg (Marsischer Krieg).
91	Reformvorhaben des Marcus Livius Drusus. Agrargesetze der Gracchen erneuert. Drusus ermordet. Staatsgründung der Bundesgenossen mit der Hauptstadt Corfinium.
89	Sulla besiegt die aufständischen Samniten. Lex Plautia Papiria: Die italischen Stämme erhalten das römische Bürgerrecht.
88—84	Erster Krieg Roms gegen Mithridates VI. Eupator Dionysos von Pontus und Bürgerkrieg zwischen Marius und Sulla.
88	Mithridates greift römisches Gebiet an. Delos geplündert. Griechische Künstler fliehen nach Rom. Vesper von Ephesus: 80 000 Italiker getötet. Unruhen in Rom. Sulla erobert die Stadt und geht dann in den Osten des Reiches.
87	*Cäsar zum Priester des Jupiter ernannt.* Gaius Marius kehrt nach Rom zurück. Schreckensherrschaft des Marius und des Lucius Cornelius Cinna. Zahlreiche Angehörige des römischen Senatorenadels (Optimaten) werden ihres Besitzes beraubt oder getötet.
86	*Gaius Marius, Cäsars Onkel, gestorben.* Sallust (Gaius Sallustius Crispus) geboren. Sulla erobert Athen und besiegt Mithridates bei Chaironeia.
um 85	Catull (Gaius Valerius Catullus) geboren.
85	Sieg Sullas über Mithridates bei Orchomenos.

84	*Cäsars Vater Gaius Julius in Pisa gestorben.* *Cäsar heiratet Cornelia, die Tochter des Lucius Cornelius Cinna.* Cinna gestorben. Friede von Dardanos zwischen Sulla und Mithridates.
83—81	Zweiter Krieg gegen Mithridates VI. von Pontus.
83	Rückkehr Sullas nach Italien.
82/81—79	Diktatur Sullas.
82	1. November: Sulla und Gnaeus Pompeius, der Sohn des Strabo, nehmen Rom ein. Sieg über die Samniten und Lukaner in der Schlacht am Collinischen Tor. Proskriptionen: Ächtung von Senatoren. Neunzig Senatoren und 2600 Ritter getötet. Sullas Leges Corneliae: Neubesetzung des Senats. Schwächung des Tribunats. Pompeius geht in Sizilien und Afrika gegen die Anhänger des Marius vor.
81—78	*Aufenthalt Cäsars im Osten des Reiches. Militärdienst.*
81	*Cäsar als Schwiegersohn Cinnas von Sulla geächtet und von der Priesterschaft Jupiters ausgeschlossen.* Marcus Tullius Cicero wird Gerichts-Redner.
80	*Cäsar schließt sich dem Stab des Statthalters von Asien an. Aufgaben in Bithynien.* *Cäsar erwirbt sich durch besondere Leistungen die römische Bürgerkrone.* Triumph des Pompeius (Beiname »Magnus« verliehen). Sulla Konsul.
79—77	Cicero in Athen und Rhodos.
79	Sulla geht nach Puteoli. Rückzug aus der Politik.
78—75	Krieg gegen die Seeräuber in Kleinasien.
78	*Cäsar beim Stab des Statthalters von Cilicien.* *Rückkehr nach Rom.* Lucius Cornelius Sulla gestorben. Der Konsul Marcus Ämilius Lepidus unternimmt einen Umsturzversuch.

77—71 Kampf des Pompeius gegen die Anhänger des Marius in Spanien.

77 *Cäsar klagt gegen Gnäus Dolabella.*
Marcus Ämilius Lepidus bei der Milvischen Brücke geschlagen. — Pompeius wirft Aufstände in Etrurien und Oberitalien nieder.

76 *Cäsars Tochter Julia geboren (oder 83?).*
Klage Cäsars gegen Gaius Antonius Hybrida, einen Agenten Sullas.

75 *Orient-Aufenthalt.*
Rhetorik-Studien bei Apollonius Molon, dem Lehrer Ciceros, auf Rhodos.
Cäsar von Seeräubern gefangengenommen.

74—64 Dritter Krieg gegen Mithridates VI. von Pontus.

74 Kyrene römische Provinz.
Nikomedes IV. vererbt Bithynien an das Römische Reich.
Marcus Antonius (Creticus) erhält Befehlsgewalt zum Kampf gegen die Seeräuber in Kreta.

73—71 Sklavenaufstand unter Führung des Spartacus.

73 *Rückkehr nach Rom.*
Cäsar wird Mitglied des Priesterkollegiums und Militärtribun.

72 *Militärdienst in Rom.*

70 Gnäus Pompeius und Marcus Licinius Crassus zu Konsuln gewählt.
Verfassung des Sulla aufgehoben. Die Tribunen erhalten ihre alten Rechte zurück. Plebiszite haben künftig Gesetzeskraft.
Prozeß gegen Gaius Verres, geführt von Cicero.
Cicero wird Ädil.
15. Oktober: Vergil (Publius Vergilius Maro) geboren.

69 Kleopatra geboren.
Cäsars Frau Cornelia und seine Tante Julia gestorben. Cäsar hält die öffentliche Grabrede für Cornelia. Mit der Rede für Julia, die Witwe des Marius, bekennt er sich zur Partei des Marius.

68	*Cäsar wird Quästor in Hispania ulterior.* Nach früheren Erfolgen scheitert die Mission des römischen Feldherrn Lucius Licinius Lucullus. Mithridates kann sein Reich nach der Abberufung des Lucullus zurückgewinnen.
67	Lex Gabinia: Gnäus Pompeius Magnus erhält auf drei Jahre den Oberbefehl über das Mittelmeer und die Küsten zur Bekämpfung des Seeräuberunwesens. *Cäsar kehrt nach Rom zurück. Er heiratet Pompeia, eine Enkelin Sullas.* *Verbindung mit Crassus.* *Cäsar wird Curator der Via Appia.*
66—64	Feldzug des Pompeius gegen Mithridates.
66	Lex Manilia: Zur Beendigung des dritten Mithridatischen Krieges erhält Pompeius die Befehlsgewalt in Asien. Sieg über Mithridates.
65	*Cäsar wird Curulischer Ädil in Rom.*
64	*Caesar Iudex quaestorius.* Kreta römische Provinz.
63	*Cäsar zum Pontifex maximus auf Lebenszeit gewählt.* Cicero wird Konsul. Verschwörung des Lucius Sergius Catilina. Ermordung der Konsuln und Errichtung der Diktatur beabsichtigt. Mithridates VI. von Pontus ermordet. Ende der Seleukiden-Herrschaft. Neuordnung Vorderasiens: Die Provinzen Pontus, Syrien und Cilicien werden geschaffen. *5. Dezember: Cäsar wendet sich gegen die Todesstrafe, die für die Anhänger Catilinas gefordert wird.* Hinrichtung von fünf Gefolgsleuten des Catilina auf Beschluß des römischen Senats.
62	*Cäsar wird Prätor.* *Scheidung von Pompeia.* *Gaius Octavius, Großneffe Cäsars (nach der Adoption »Gaius Julius Cäsar Octavianus Augustus«), der spätere Kaiser Augustus, geboren.*

Vernichtende Niederlage des Catilina und seiner Anhänger bei Pistoria. Catilina gefallen.
Pompeius landet in Brundisium und entläßt sein Heer.

61 *Cäsar Proprätor in Hispania ulterior.*

60 *Juni: Cäsar kehrt nach Rom zurück, um sich für das Konsulat zu bewerben.*
10. Dezember: Cäsars Freunde Marcus Antonius und Quintus Cassius Longinus werden Mitglieder des Tribunenkollegiums.
21. Dezember: Rede des Volkstribunen Antonius gegen die Machtbefugnisse des Pompeius.
Cäsar schließt mit Crassus und Pompeius das erste Triumvirat.

59 *Cäsar und Marcus Calpurnius Bibulus zu Konsuln gewählt.*
Ehe Cäsars mit Calpurnia, der Tochter des Lucius Piso.
Pompeius heiratet Cäsars Tochter Julia.
Agrargesetz. Steuergesetz für die Provinzen.
Publius Clodius Pulcher aus der Familie der Claudier schließt sich den Plebejern an und kann damit ins Tribunenamt gewählt werden.
Cäsar erhält Illyricum, Gallia cisalpina und Gallia Narbonensis auf fünf Jahre zugesprochen.

58—51 Gallischer Krieg.

58 *Feldzüge Cäsars gegen die Helvetier (Sieg bei Bibracte) und gegen Ariovist (Sieg von Mülhausen).*
Clodius Volkstribun in Rom.
Cato wird nach Zypern entsandt.
Cicero auf Betreiben des Clodius geächtet und verbannt.

57 *Feldzug Cäsars gegen die Nervier (Belgier).*
Cicero aus der Verbannung zurückberufen.

56 *15. April: Triumvirat Cäsar — Pompeius — Crassus in Luca erneuert.*
Cäsar zieht gegen die Veneter in Aremorica.
Crassus unterwirft Aquitanien.

55 *Cäsar kämpft gegen Usipeter und Tenktherer.*
Rheinübergang. Erster Britannien-Feldzug.

Pompeius zum zweiten Mal römischer Konsul. Ihm wird auf fünf Jahre die Verwaltung beider spanischer Provinzen übertragen. Crassus erhält Syrien, Cäsar erneut Gallien.
Ciceros »De oratore«.
Lukrez (Titus Lucretius Carus) begeht Selbstmord.

54 *Cäsars Mutter Aurelia gestorben.*
Julia, die Tochter Cäsars und Frau des Pompeius, bei der Geburt ihres Kindes gestorben.
Rückkehr nach Gallien.
Zweite Britannien-Expedition.
Ägypten kommt unter römische Besatzung.
Catull gestorben.

53 *Zweiter Rheinübergang. Feldzug Cäsars gegen die Eburonen.*
Crassus im Kampf gegen die Parther.
1. Juni: Schlacht von Carrhae. Crassus wird besiegt und getötet.
Pompeius und der Senat wenden sich gegen Cäsar.
Pompeius heiratet Cornelia, die Witwe des Crassus.

52 Cicero geht als Prokonsul nach Cilicien.
Gesamtgallischer Aufstand unter Vercingetorix. Cäsar belagert Alesia und erzwingt die Übergabe.
Clodius ermordet. Unruhen bei den Totenfeierlichkeiten in Rom.
Pompeius zum alleinigen Konsul (sine collega) gewählt.

51 *Erhebung der Biturigen und Eburonen niedergeworfen.*
Belagerung von Uxellodunum. Ende des Gallischen Krieges. Gallien wird römische Provinz.
Kleopatra VII. Königin von Ägypten.
Cäsar veröffentlicht »De bello Gallico«, Cicero sein Werk »De re publica«.
Poseidonios von Apamea in Rom.

50 Curio wird Tribun in Rom.
10. Dezember: Der Senat beschließt, Cäsar den Oberbefehl über die Truppen zu entziehen.
11. Dezember: Cäsar marschiert auf Rom.

49—46 *Bürgerkrieg zwischen Cäsar und Pompeius.*

49 1./7. Januar: Eröffnungssitzung des Senats unter Leitung der Konsuln Gaius Marcellus und Lucius Cornelius Lentulus.
»Senatus consultum ultimum«: Cäsar wird aus Gallien abberufen.
Endgültiger Bruch zwischen Cäsar und Pompeius. Ausbruch des Bürgerkriegs.
12. Januar: Cäsar überschreitet den Rubikon.
14. Januar: Arretium und Ancona fallen.
27. Februar: Cäsar in Rom.
23. Juni—2. August: Sieg bei Ilerda/Spanien über die Truppen des Pompeius. Hispania citerior gewonnen.
August: Das belagerte Massilia ergibt sich.
Cäsar kehrt nach Italien zurück.
22. Dezember: Ankunft in Brundisium.
Curio in Afrika gefallen.

48 *1. Januar: Cäsar zum zweiten Mal Konsul.*
4. Januar: Landung in Epirus/Griechenland.
Pompeius besiegt Cäsar bei Dyrrhachium.
9. August: Schlacht von Pharsalus. Sieg Cäsars über Pompeius.
28. September: Pompeius auf der Flucht in Ägypten ermordet.
2. Oktober: Cäsar landet in Alexandria. Beginn des Alexandrinischen Krieges.
Brand der römischen Flotte und der Bibliothek von Alexandria.
Cäsar empfängt Kleopatra.
Dezember: Cato erreicht nach dreißigtägigem Marsch durch die Wüste mit seinen Legionen Leptis Magna.

47 Januar: Unruhen in Kampanien.
Rebellion der Veteranen von Pharsalus.
Februar: Mithridates von Pergamon erreicht mit seinem Heer das Nildelta.
24./25. März: Cäsar stößt mit seinen Legionen zu den Truppen des Mithridates.
27. März: Cäsar siegt in der Schlacht am Nil über die Ägypter. Ptolemäus XIII. ertrunken.

Cäsar verheiratet Kleopatra mit ihrem jüngeren Bruder; Ptolemäus XIV. Mitregent.
Nilfahrt Cäsars und Kleopatras.
Juli: Cäsar kehrt nach Rom zurück.
13. Juli: Ankunft Cäsars in Antiochia.
2. August: Sieg bei Zela über Pharnakes, den Sohn Mithridates VI. von Pontus (»Veni, vidi, vici«).
24. September: Cäsar landet in Tarentum.
Oktober: Ankunft in Rom.
25. Dezember: Cäsar beginnt in Lilybaea/Sizilien mit Vorbereitungen für den Feldzug gegen Scipio und Juba.
Cäsarion, vermutlich natürlicher Sohn Cäsars und der Kleopatra, geboren (?).

46 Afrikanischer Krieg.
6. April: Schlacht von Thapsus/Nordafrika. Cäsar siegt über die Truppen Scipios und Jubas.
13. April: Cato begeht in Utica Selbstmord.
25. Juli: Cäsar in Rom.
Cäsar Diktator auf zehn Jahre und Präfector moribus.
Kleopatra kommt nach Rom.
Lex Julia Municipalis: Gemeindeordnung für die Städte Italiens.
20. September—1. Oktober: Triumph Cäsars.
Einführung des Julianischen Kalenders.
November/Dezember: Cäsar zieht nach Spanien, um den Aufstand des Titus Labienus, des Varus, Sextus und Gnäus Pompeius d. J. niederzuwerfen.
Sallust wird Statthalter in »Africa inferior«.
Ciceros »Orator« erscheint.

45 *19. Februar: Eroberung von Ategua/Spanien.*
17. März: Schlacht von Munda/Spanien. Sieg Cäsars über Gnäus Pompeius und seine Verbündeten.
September: Rückkehr nach Rom.
Cäsar wird Diktator auf Lebenszeit (Dictator perpetuus), Imperator, Konsul auf zehn Jahre und Pontifex maximus.
Erweiterung des Senats auf 900 Mitglieder.
Cäsar adoptiert seinen Großneffen Gaius Octavius, den späteren Kaiser Augustus.

44 1. Januar: Marcus Junius Brutus wird Stadtprätor in Rom.
26. Januar: Cäsar nimmt an den Latinischen Festspielen in den Albaner Bergen teil.
14. Februar: Der Senat bestätigt Cäsar als Diktator auf Lebenszeit.
15. Februar: Cäsar bei den Lupercalien. Mißglückte »Krönung« durch den Konsul Marcus Antonius. Cäsar weist das Königsdiadem zurück.
Vorbereitung eines Feldzugs gegen die Parther.
15. März (Iden des März): Ermordung Cäsars durch die Verschwörer Marcus Junius Brutus, Gaius Cassius Longinus, Gaius Trebonius, Decimus Brutus, Lucius Tullius Cimber und Publius Servilius Casca.
20. März: Begräbnis.
Kleopatra flieht aus Rom.
Erstes Triumvirat des Gaius Octavius (Octavian), Marcus Antonius und Lepidus.

CAESAR und das JULISCH-CLAUDISCHE HERRSCHERHAUS*

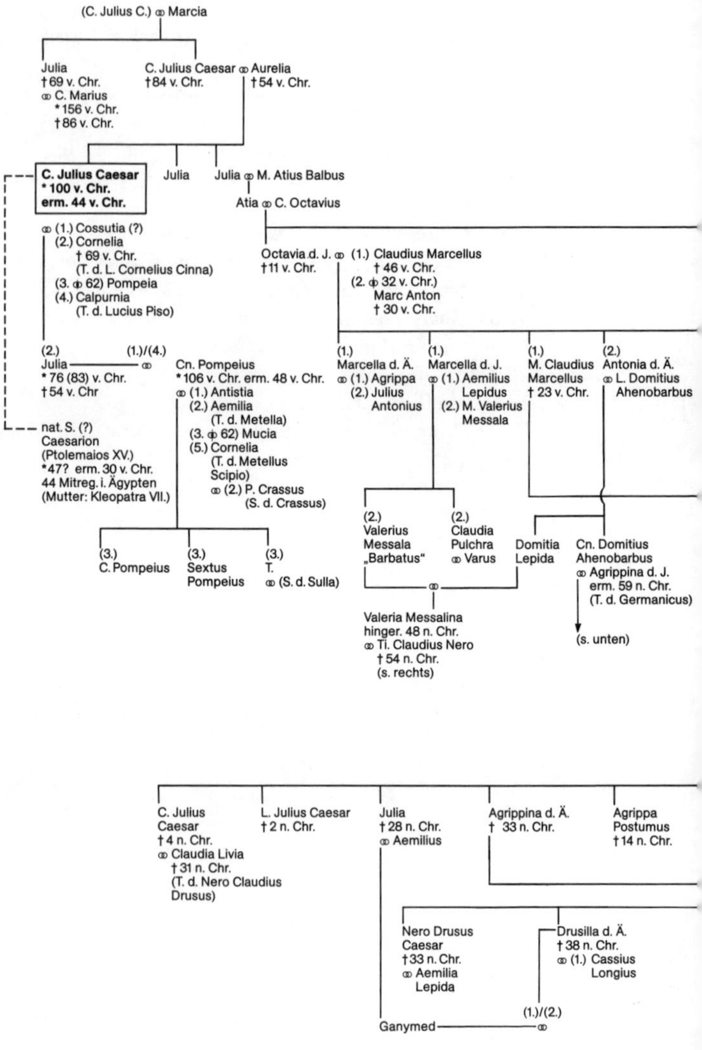

* Die Julier führen ihre Abstammung auf die Göttin Venus zurück.

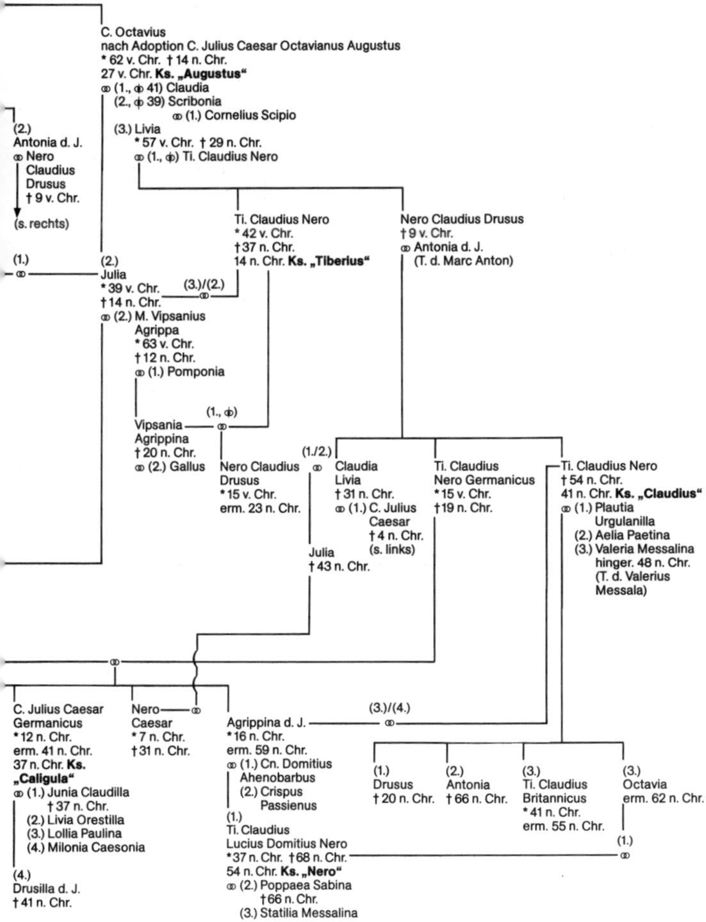
C. Octavius
nach Adoption C. Julius Caesar Octavianus Augustus
* 62 v. Chr. † 14 n. Chr.
27 v. Chr. **Ks. „Augustus“**
ꝏ (1., ⦶ 41) Claudia
(2., ⦶ 39) Scribonia
ꝏ (1.) Cornelius Scipio
(3.) Livia
* 57 v. Chr. † 29 n. Chr.
ꝏ (1., ⦶) Ti. Claudius Nero
(2.)
Antonia d. J.
ꝏ Nero Claudius Drusus
† 9 v. Chr.
(s. rechts)
Ti. Claudius Nero
* 42 v. Chr.
† 37 n. Chr.
14 n. Chr. **Ks. „Tiberius“**
Nero Claudius Drusus
† 9 v. Chr.
ꝏ Antonia d. J.
(T. d. Marc Anton)
(1.)
ꝏ
(2.)
Julia
* 39 v. Chr.
† 14 n. Chr.
ꝏ (2.) M. Vipsanius Agrippa
* 63 v. Chr.
† 12 n. Chr.
ꝏ (1.) Pomponia
(3.)/(2.)
ꝏ
Vipsania Agrippina
† 20 n. Chr.
ꝏ (2.) Gallus
(1., ⦶)
ꝏ
Nero Claudius Drusus
* 15 v. Chr.
erm. 23 n. Chr.
(1./2.)
ꝏ
Julia
† 43 n. Chr.
Claudia Livia
† 31 n. Chr.
ꝏ (1.) C. Julius Caesar
† 4 n. Chr.
(s. links)
Ti. Claudius Nero Germanicus
* 15 v. Chr.
† 19 n. Chr.
Ti. Claudius Nero
† 54 n. Chr.
41 n. Chr. **Ks. „Claudius“**
ꝏ (1.) Plautia Urgulanilla
(2.) Aelia Paetina
(3.) Valeria Messalina
hinger. 48 n. Chr.
(T. d. Valerius Messala)
ꝏ
C. Julius Caesar Germanicus
* 12 n. Chr.
erm. 41 n. Chr.
37 n. Chr. **Ks. „Caligula“**
ꝏ (1.) Junia Claudilla
† 37 n. Chr.
(2.) Livia Orestilla
(3.) Lollia Paulina
(4.) Milonia Caesonia
(4.)
Drusilla d. J.
† 41 n. Chr.
Nero Caesar
* 7 n. Chr.
† 31 n. Chr.
ꝏ
Agrippina d. J.
* 16 n. Chr.
erm. 59 n. Chr.
ꝏ (1.) Cn. Domitius Ahenobarbus
(2.) Crispus Passienus
(3.)/(4.)
ꝏ
(1.)
Ti. Claudius
Lucius Domitius Nero
* 37 n. Chr. † 68 n. Chr.
54 n. Chr. **Ks. „Nero“**
ꝏ (2.) Poppaea Sabina
† 66 n. Chr.
(3.) Statilia Messalina
(1.)
Drusus
† 20 n. Chr.
(2.)
Antonia
† 66 n. Chr.
(3.)
Ti. Claudius Britannicus
* 41 n. Chr.
erm. 55 n. Chr.
(3.)
Octavia
erm. 62 n. Chr.
(1.)
ꝏ

BIBLIOGRAPHIE*

Adcock, F. E., Caesar as a Man of Letters. Cambridge 1956. Dt. Ausg. u. d. T. Caesar als Schriftsteller. (= Kleine Vandenhoeck-Reihe. 45). Göttingen 1957.

—, From the Conference of Lusa to the Rubicon. The Civil War. Caesar's Dictatorship. In: Cambridge Ancient History. Bd. 9. Cambridge 1932, Kap. 15—17.

Bachofen, A., Cäsars und Lucans »Bellum civile«. Ein Inhaltsvergleich. Zürich 1972.

Badian, E., Roman Imperialism in the Late Republic. Pretoria 1967.

Bailly, A., Jules César. Paris ^{16}1932.

Balsdon, J. P. V. D., Julius Caesar and Rome. (= Teach Yourself History Library). London 1967.

Barwick, K., Caesars Bellum civile. Abfassungszeit, Stil. Leipzig 1951.

—, Caesars Commentarii und das Corpus Caesarianum. (= Philologus. Suppl. Bd. 31, H. 2). Leipzig 1938.

Barzini, L., From Caesar to the Mafia. Sketches of Italian Life. London 1971.

Beckmann, F., Geographie und Ethnographie in Caesars Bellum Gallicum. Dortmund 1930.

Borda, M. u. a., Gaio Giulio Cesare. Roma 1957.

Brady, S. G., Caesar's Gallic Campaigns. (= Military Classics). Harrisburg ^{3}1952.

Brown, V., The Textual Transmission of Caesar's Civil War. (= Mnemosyne. Suppl. 23). Lugduni Batavorum 1972.

Buchan, J., Julius Caesar. London ^{2}1932. Nachdr. London 1944.

—, Men and Deeds. London 1935. Nachdr. Freeport, N. Y. 1969.

Bühler, J., Die Kultur der Antike. Bd. II. Das Römertum. Stuttgart 1948.

Bychowsky, G., Dictators and Disciples from Caesar to Stalin. A Psychoanalytic Interpretation of History. Pref. by C. Binger. New York 1969.

Julius Caesar. (= Greece and Rome. Bimillenary Number). Oxford 1957.

Canali, L., Cesare senza miti. (= ERI Classe unica. 178). Torino 1969.

—, Personalità e stile di Cesare. (= Nuovi saggi. 43). Roma 1963.

Carcopino, J., Jules César. (= Club des libraires de France. Histoire. 36). Paris ^{2}1965.

—, Histoire romaine. Bd. 2. Paris 1936.

—, Passion et politique chez les Césars. Paris 1958.

—, Profils de conquérants. Paris 1961.

---

* Ausgaben von Cäsars Werken und der antiken Quellen nennen u. a.
  — *Kogon, E.*, Cäsar. In: Fassmann, K. (Hg.), Die Großen der Weltgeschichte. Bd. 2. Zürich 1972, S. 95 f.;
  — *Oppermann, H.*, Julius Caesar in Selbstzeugnissen und Bilddokumenten. (= Rowohlts Monographien. 135). Reinbek 1968, S. 173 f.

  Die wichtigsten Neuerscheinungen (auch wissenschaftliche Aufsätze) verzeichnet die
  — International Bibliography of Historical Sciences 1 (1926) ff. (erscheint jährlich).

  Vergleiche auch die Literaturangaben in den Heyne Biographien Bd. 25 Kleopatra.

Carrel, C. L., Color in Caesar's Bellum Gallicum. Diss. Ann Arbor, Mich. 1970.
Cary, M., Rome in the Absence of Pompey. The First Triumvirate. In: Cambridge Ancient History. Bd. 9. Cambridge 1932, Kap. 11—12.
Cesare nel bimillenario della morte. Hg. v. Radio Italiana. (= Saggi. 20). Torino 1956.
Costa, G., Cesare. (= Res romanae). Roma 1937.
Cowell, F. R., The Revolutions of Ancient Rome. London 1962.
Dahlke, H., Cäsar bei Brecht. Eine vergleichende Betrachtung. Berlin/Weimar 1968.
Dahlmann, H., Cicero, Caesar und der Untergang der libera res publica. In: Gymnasium 75 (1968), S. 337—355.
Delbrück, H., Geschichte der Kriegskunst im Rahmen der politischen Geschichte. Berlin 1900.
Dobesch, G., Caesars Apotheose zu Lebzeiten und sein Ringen um den Königstitel. Untersuchungen über Caesars Alleinherrschaft. Wien 1966.
Dorey, T. A. (Hg.), Latin Historians. London 1966.
Drachmann, A. G., Caesars bro over Rhinen. (= Studier frag sprog- og oldtidsforskning. 259). København 1965.
Duggan, A., Julius Caesar. London 1966.
Dupuy, T. N., The Military Life of Julius Caesar, Imperator. New York 1969.
Durant, W., Caesar and Christ. A History of Roman Civilisation and of Christianity from their Beginnings to A. D. 325. New York 1944.
Erdmann, E. H., Die Rolle des Heeres in der Zeit von Marius bis Caesar. Neustadt a. d. Aisch 1972.
Esser, A., Cäsar und die julisch-claudischen Kaiser im biologisch-ärztlichen Blickfeld. (= Janus. Suppl. 1). Leiden 1958.
Etienne, R., Les ides de mars. L'assassinat de César ou de la dictature? (= Collection Archives. 51). Paris 1973.
Eychart, P., Gergovie, légende et réalité. (= Auvergne de tous les temps). Clermont-Ferrand 1969.
Felber, D., Caesars Streben nach der Königswürde. Mit Beiträgen v. G. Radke u. a. (= Untersuchungen zur römischen Geschichte. 1). Frankfurt a. M. 1961.
Ferrabino, A., Giulio Cesare. (= I grandi Italiani. 1). Torino 1941.
Foschini, A., Cesare. Milano 1936.
Fowler, W. W., Jules César et la fondation du régime impérial romain. Paris 1931.
Friderici, R., Cäsar im Urteil der neueren Geschichtsschreibung. (= Teubners Quellensammlung für den Geschichtsunterricht. IV, 16). Leipzig 1931.
Fuller, J. F. C., Julius Caesar. Man, Soldier and Tyrant. London 1965.
Gabba, E., Sull' esercito professionale romano da Mario ad Augusto. Pavia 1951.
Gelzer, M., Caesar. Der Politiker und Staatsmann. Stuttgart/Berlin 1921, Wiesbaden [6]1960.
—, Caesars weltgeschichtliche Leistung. (= Preußische Akademie der Wissenschaften. Vorträge und Schriften. 6). Berlin 1941.
—, Cicero und Caesar. (= Sitzungsberichte der Wissenschaftlichen Gesellschaft an der Johann-Wolfgang-Goethe-Universität Frankfurt a. M. 7, 1). Wiesbaden 1968.
Gesche, H., Die Vergottung Caesars. (= Frankfurter Althistorische Studien. 1). Kallmünz 1968.

Gilles, R. C., How Caesar Bridged the Rhine. In: The Classical Journal (Ohio) 64 (1969), Nr. 8, S. 359—365.
Giovannetti, E., La religione di Cesare. (= Collezione Hoepli. 7). Milano 1937.
Gleichen-Russwurm, A. von, Der Kulturkreis des Imperium Romanum. (= Kultur- und Sittengeschichte aller Völker und Zeiten. 5). Hamburg o. J.
Goldschmit-Jentner, R., Die Begegnung mit dem Genius. Darstellungen und Betrachtungen. Hamburg 1951.
Gorce, M. M., César devant Gergovie. Tunis 1942.
Grazioli, F. S., Il genio militare di Cesare. (= Quaderni augustei. Studi italiani. 2). Roma 1938.
Grousset, R., Figure de proue. Paris 1950. Dt. Ausg. u. d. T. Schicksalsstunden der Geschichte. Wien 1951.
Gundolf, F., Caesar. Geschichte seines Ruhms. Berlin ²1925. Nachdruck Darmstadt 1968.
Hadas, M., Kaiserliches Rom. Übers. v. W. Bollkämper. (= Time-Life International. Zeitalter der Menschheit). Amsterdam 1966.
Harmand, L., César en Gaule. In: L'Information d'histoire de l'art 32 (1970), S. 112—120.
Harrison, G. B., Julius Caesar in Shakespeare, Shaw and the Ancients. (= Harbrace Sourcebooks). New York 1960.
Heinen, H., Cäsar und Kaisarion. In: Historia 18 (1969), S. 181—203.
Hering, W., Die Recensio der Caesarhandschriften. (= Deutsche Akademie der Wissenschaften. Schriften der Sektion für Altertumswissenschaft. 41). Berlin 1963.
Hignett, C., The Conquest of Gaul. In: Cambridge Ancient History. Bd. 9. Cambridge 1932, Kap. 13.
Hohl, E., Caesar. Rostock 1930.
Holmes, T. R., Caesar's Conquest of Gaul. London ²1911. Nachdr. 1931. Dt. Ausg. u. d. T. Cäsars Feldzüge in Gallien und Britannien. Leipzig/Berlin 1913.
Huber, P., Die Glaubwürdigkeit Caesars in seinem Bericht über den Gallischen Krieg. Bamberg ²1931.
Jordan, C., César et Attila en Gaule. Trois. Magots 1947.
Judson, H. P., Caesar's Army. A Study of the Military Art of the Romans in the Last Days of the Republic. New York 1961.
Jung, H., Caesar in Ägypten. Mainz 1900.
Kahrstedt, U., Geschichte des Griechisch-Römischen Altertums. München ²1952.
Kappelmacher, A. / Schuster, M., Die Literatur der Römer bis zur Karolingerzeit. Potsdam 1934.
Klass, J., Cicero und Caesar. Ein Beitrag zur Aufhellung ihrer gegenseitigen Beziehungen. (= Historische Studien. 354). Berlin 1939.
Klotz, A., Cäsarstudien. Leipzig/Berlin 1910.
Knoche, U., Caesars »Commentarii«, ihr Gegenstand und ihre Absicht. In: Gymnasium 58 (1951), S. 139—160.
Kogon, E., Cäsar. In: Fassmann, K. (Hg.), Die Großen der Weltgeschichte. Bd. 2. Zürich 1972, S. 36—97.
Kraft, K., Der goldene Kranz Caesars und der Kampf um die Entlarvung des »Tyrannen«. Mit e. Nachw. z. Neudr. (= Libelli. 258). Darmstadt 1969.
Krarup, P., Antichi ritratti di Gaio Giulio Cesare. In: Analecta Romana Instituti Danici 4 (1967), S. 7 ff.

Krawczuk, A., Gajusz Juliusz Cezar. Wrocław 1962.
Lossmann, F., Cicero und Caesar im Jahre 54. Studien zur Theorie und Praxis der römischen Freundschaft. (= Hermes. Zeitschrift für klassische Philologie. Einzelschriften. 17). Wiesbaden 1962.
Madaule, J., César. (= Le temps qui court. 13). Paris 1961.
Merguet, H., Lexikon zu den Schriften Cäsars und seiner Fortsetzer mit Angabe sämtlicher Stellen. Jena 1886. Nachdr. Hildesheim 1963.
Mess, A. v., Caesar. Sein Leben, seine Zeit und seine Politik bis zur Begründung seiner Monarchie. Leipzig 1913.
Meyer, E., Caesars Monarchie und das Principat des Pompejus. Stuttgart/Berlin ^{3}1922. Nachdr. Darmstadt 1963.
—, Römischer Staat und Staatsgedanke. Zürich ^{2}1961.
Michel, D., Alexander als Vorbild für Pompeius, Caesar und Marcus Antonius. Archäologische Untersuchungen. (= Collection Latomus. 94). Bruxelles 1967.
Moeglich, F., Attentate, die Geschichte machten. Pfaffenhofen a. d. Ilm 1963.
Mommsen, T., Caesar. Bildnis eines Staatsmanns. (= Goldmanns Gelbe Taschenbücher. 2475). München 1969.
—, Römische Geschichte. 4 Bde. Berlin 1874—1909. Gekürzter Neudr. Köln 1954. Neuaufl. d. Gesamtwerks. 8 Bde. (= Deutscher Taschenbuch Verlag. 5955). München 1976.
—, Die Rechtsfrage zwischen Caesar und dem Senat. In: T. M., Gesammelte Schriften, Bd. 4. Berlin 1906, S. 92—145.
—, Römisches Staatsrecht. Leipzig ^{3}1887. Neudr. Basel 1952.
Münzer, F., Römische Adelsparteien und Adelsfamilien. Stuttgart 1920.
Napoleon I. (Bonaparte), Darstellung der Kriege Caesars, Turennes, Friedrichs des Großen. Übers., hg. u. erl. v. H. E. Friedrich. Darmstadt/Berlin 1942.
Odelman, E., Etudes sur quelques reflets du style administratif chez César. Diss. Stockholm 1972.
Oman, C. W. C., Seven Roman Statesmen of the Later Republic. London 1902.
Oppermann, H., Caesar. Der Schriftsteller und sein Werk. Leipzig 1933.
—, Caesar. Wegbereiter Europas. (= Persönlichkeit und Geschichte. 10). Göttingen 1958.
—, Julius Caesar in Selbstzeugnissen und Bilddokumenten. (= Rowohlts Monographien. 135). Reinbek 1968.
Paillou, P.-H., L'Anti-César. Aurillac 1965.
Parain, C., Jules César. (= Portraits de l'histoire. 23). Paris 1959.
Poulsen, F., Billeder af Pompejus og Caesar. (= Studier fra Sprog- og Oldtidsforskning. 168). København 1935.
Raaflaub, K., Dignitatis contentio. Studien zur Motivation und politischen Taktik im Bürgerkrieg zwischen Caesar und Pompeius. (= Vestigia. 20). München 1974.
Rambaud, M., L'Armée de César pendant le conquête de la Gaule. In: L'Information d'histoire de l'art 30 (1968), S. 11—23.
—, L'art de la déformation historique dans les commentaires de César. (= Annales de l'Université de Lyon. III, 23). Paris 1953.
—, César. (= Que sais-je? 1049). Paris ^{3}1974.
Rasmussen, D. (Hg.), Caesar. (= Wege der Forschung. 43). Darmstadt 1967, ^{2}1974.
Rasmussen, D., Caesars Commentarii. Stil und Stilwandel am Beispiel der direkten Rede. Göttingen 1963.

Rice Holmes, T., The Roman Republic and the Founders of the Empire. Oxford 1923.
Rostovtzeff, M., Geschichte der Alten Welt. Wiesbaden 1942.
Sabben-Clare, J., Caesar and Roman Politics, 60—50 B.C. London 1971.
Sandiford, R., Le azioni di Cesare sul mare. (= Quaderni augustei. Studi italiani. 12). Roma 1938.
Saxtorph, N. M., Caesar som haerfører. (= Skrifter fra sprog- og oldtidsforskning. 276). København 1970.
Schieffer, R., Die Rede des Critognatus (B. G. VII 77) und Caesars Urteil über den Gallischen Krieg. In: Gymnasium 79 (1972), S. 477—494.
Schmitthenner, W., Octavian und das Testament Cäsars. Eine Untersuchung zu den politischen Anfängen des Augustus. (= Zetemata. 4). München 1952, ^{2}1973.
Schmittlein, R., La première campagne de César contre les Germains, 58 avant Jésus-Christ. (= Travaux et mémoires des Instituts français en Allemagne. 6). Paris 1957.
Schur, W., Caesar. Lübeck 1932.
Scopa, G., Biografia di C. Giulio Cesare e riassunto del »De bello gallico«. Milano 1935.
Scullard, H. H., From the Gracchi to Nero. London 1959.
Seel, O., Caesar und seine Gegner. (= Erlanger Universitäts-Reden. 24). Erlangen 1939.
—, Caesar — Studien. (= Der altsprachliche Unterricht. Reihe X. Beih. 1). Stuttgart 1967.
—, Römertum und Latinität. Stuttgart 1964.
Sihler, E. G., A Complete Lexicon of the Latinity of Caesar's Gallic War. Boston 1891. Nachdr. Amsterdam 1968.
Silvagni, U., Giulio Cesare. (= Piccola biblioteca di scienze moderne. 377). Torino 1930.
Skefich, S. L., Illyricum, Caeser and the Vatinian Law. Diss. Ann Arbor, Mich. 1969.
Strasburger, H., Caesar im Urteil seiner Zeitgenossen. (= Libelli. 158). Darmstadt ^{2}1968.
—, Caesars Eintritt in die Geschichte. München 1938. Nachdr. Darmstadt 1965.
Straub, J., Caesars »gerechter Krieg« in Gallien. (= Kronberg-Gymnasium Aschaffenburg. Jahresbericht 1972/73). Aschaffenburg 1973.
Syme, R., A Roman Post Mortem. Sydney 1950.
—, The Roman Revolution. Oxford 1939. Rez. v. A. Momigliano in: Journal of Roman Studies (1940), S. 75—80.
Szidat, J., Caesars diplomatische Tätigkeit im Gallischen Krieg. (= Historia. Einzelschriften. 14). Wiesbaden 1970.
Taylor, L. R., The Dating of Major Legislation and Elections in Caesar's First Consulship. In: Historia 17 (1968), S. 173—193.
—, Party Politics in the Age of Caesar. Berkeley 1949.
Thevenot, E., Les Eduens n'ont pas trahi. Essai sur les relations entre les Eduens et César au cour de la Guerre des Gaules et particulièrement au cours de la crise de 52. (= Collection Latomus. 50). Bruxelles-Berchem 1960.
Timpe, D., Rechtsformen der römischen Außenpolitik bei Caesar. In: Chiron 2 (1972), S. 277—295.

Veith, G., La campagna di Durazzo fra Cesare e Pompeo. Con particolare riferimento alla geografia storica del teatro di guerra albanese. Roma 1942.

Vleeschauwer, H. J. de, Jules César et l'origine de la bibliothèque publique dans la Rome antique. (= Mousaion. 28). Pretoria 1958.

Vogt, J., Caesar und Augustus im Angesicht des Todes. In: Saeculum 23 (1972), S. 3—14.

Walser, G., Caesar und die Germanen. Studien zur politischen Tendenz römischer Feldzugsberichte. (= Historia. Einzelschriften. 1). Wiesbaden 1956.

Walter, G., César. Paris 1947. Neuaufl. Verviers 1964. Dt. Ausg. u. d. T. Cäsar. Stuttgart 1955.

Warner, R., Die tugendhafte Republik. Hamburg 1959.

—, Der Imperator. Hamburg 1962.

Weinstock, S., Divus Julius. Oxford 1972.

Wiegandt, L., Studien zur staatsrechtlichen Stellung des Dictators Caesar. Das Recht über Krieg und Frieden. Dresden 1898.

Willenbücher, H., Cäsars Ermordung am 15. März 44 v. Chr. Gütersloh 1896.

Willrich, H., Cicero und Cäsar. Zwischen Senatsherrschaft und Gottkönigtum. Göttingen 1944.

Wollheim, G., Germania oeconomica. Das Bild der germanischen Wirtschaft bei Cäsar und Tacitus. Freiburg i. Br. 1958.

ZITATNACHWEISE

1 Catull. Gedichte, XCIII.
2 Sueton, Cäsarenleben, LI.
3 Shakespeare, »Julius Caesar«, II, 2, 44—5.
4 Lucan, »Pharsalia«, II, 63—4.
5 Ibid., I, 8—9.
6 Ibid., VII, 504—5.
7 Ibid., X, 528—9.
8 Shakespeare, »Antonius und Cleopatra«, II, 2, 244—6.
9 Lucan, »Pharsalia«, X, 72—5.
10 Shakespeare, »Julius Caesar«, II, 1, 19—20.
11 Decimus Laberius, O. Ribbeck, »Scaenicae Romanorum Poesis Fragmenta«, II.
12 Lucan, »Pharsalia«, II, 389—91.
13 Cicero »Briefe an Atticus«, XIII, 52; Ciceros Zitat »gut gekocht ...« stammt von Lucilius.
14 Shakespeare, »Julius Caesar«, I, 2, 134—7, 153—4.
15 Lucan, »Pharsalia«, I, 160—1.
16 Ibid., I, 11—12.

INFORMATIONSQUELLEN

1. Antike Quellen

Es gibt keinen verläßlichen überlieferten Bericht über Cäsar. Wer heute seine Biographie schreiben will, muß eine Fülle unzulänglicher und oft unzuverlässiger Nachrichten aus vielen Quellen zusammentragen.

a) Lateinische Schriftsteller

Cäsars Gallischer Krieg, I–VII, Bürgerkrieg, I–III. Diese Meisterwerke, als Rechtfertigung und Information geschrieben, sind im Text behandelt worden. Hirtius schrieb das Buch VIII zum »Gallischen Krieg«, und Unbekannte vollendeten den »Bürgerkrieg« mit Berichten über die Feldzüge in Alexandria, Afrika und Spanien. Das letztgenannte Werk ist besonders unzulänglich und schlecht erhalten.
Cicero (106—43 v. Chr.). Die große, faszinierende Sammlung seiner Briefe, über siebenhundert (sechzehn Bände an Atticus, sechzehn an andere Freunde) bieten uns die größte Zeitnähe und ein Bild von Ciceros Verbindung mit Cäsar. Wertvolle Briefe seiner Korrespon-

denzpartner sind eingeschlossen. Seine achtundfünfzig überlieferten Reden und seine philosophischen und rhetorischen Abhandlungen werfen manches Licht auf das Bild der Zeit. Eine Flugschrift, bekannt als »Commentariolum Petitionis« (Handbuch für die Wahlen), das allgemein seinem Bruder Quintus zugeschrieben wird, kann eine Literaturübung aus der Kaiserzeit sein.
Sallust (86—34 v. Chr.). Sein brillanter Essay »Die Verschwörung des Catilina« (beendet 42—1) zeigt Cäsar nicht — wie Cato — in der Perspektive der Devotion, sondern in Übereinstimmung mit der Absicht des Schreibers, den degenerierten Adel desillusioniert und rhetorisch anzuprangern; ihm werden die beiden Männer als imponierende Balladenfiguren gegenübergestellt. Überlieferte Fragmente aus den »Historiae« (78—67), aus verschiedenen Quellen stammend, stellen Pompeius als den unglückseligen Zerstörer der Republik dar. Zwei sogenannte »Briefe an Cäsar«, die Sallust zugeschrieben werden, sollen in den Jahren 51/50 und 48/46 entstanden sein, wurden aber wahrscheinlich in der Kaiserzeit geschrieben.
Velleius Paterculus (ca. 19 v. Chr.—30 n. Chr.) war ein Offizier, dessen »Römische Geschichte« eine Zusammenfassung dieser Zeit gibt. Wenn auch mehr schnell und enthusiastisch als kritisch geschrieben, bringt sie interessantes biographisches Material
Lucan (39—65 n. Chr.). Sein episches Gedicht »Pharsalia« erzählt die Geschichte des Krieges zwischen Cäsar und Pompeius mit ungeheurer Beredsamkeit und Melodramatik. Nach seinem Zerwürfnis mit Nero erwuchs in ihm ein immer stärkerer Haß auf den Cäsarismus und seinen Gründer.
Suetonius (ca. 69—140 n. Chr.). Sein »Leben der Cäsaren« beginnt mit Julius (einige Kapitel sind verlorengegangen). Diese Biographie — wie andere — ist voller faszinierender Einzelheiten, viele davon skandalös, aber in vorurteilsloser »Maske« dargeboten, so daß, wenn man auch Kritik und Maßverhältnisse vermißt, das Fehlen persönlichen Vorurteils und rhetorischer Färbung wohltut, die so viele antike Biographien suspekt machen. Sueton ist ein Grammatiker, der die Daten über seine menschlichen Subjekte sammelt und klassifiziert.

b) Griechische Schriftsteller

Plutarch von Chaeronea (ca. 46—120 n. Chr.) brachte in seinen »Parallelbiographien«, die durch die Jahrhunderte hindurch Begeisterung erweckt haben, auch eine Biographie Cäsars, den er mit Alexander dem Großen vergleicht. Wenn sie auch auf ausgedehnter Lektüre beruhen, so sind die »Biographien« doch naiv geplant — Geburt, Jugend, Charakter, Taten, Tod — und mit vielen moralischen Reflexionen, edlen Gefühlen und einem Schatz von Anekdoten verbrämt. Plutarch interessiert sich nicht für die historischen Beziehungen, sondern für das »Image« der großen Männer. »Hier ist der Held im Ganzen.« Bei Cäsar sieht der Biograph Ehrgeiz als das dominierende Motiv.

Appian von Alexandreia (ca. 160 n. Chr.) schrieb eine Geschichte Roms in vierundzwanzig Büchern. Wir besitzen noch das Vorwort und elf Bücher sowie beträchtliche Auszüge aus dem Rest. Er ist besonders an Kriegen interessiert und ordnet sein Material nach den Gebieten, wie sie nacheinander von den Römern erobert wurden. Er schreibt anschaulich und geht psychologisch an die Dinge heran, wirft oft etwas durcheinander oder komprimiert zu sehr. Er bringt Einzelheiten zu dem Vergleich zwischen Cäsar und Alexander und greift dabei auf verschiedene Quellen zurück; eine davon ist offensichtlich Pollio, ein Offizier Cäsars, der eine lateinische Geschichte des Bürgerkrieges schrieb, die verlorengegangen ist.

Dio Cassius von Nicaea (frühes 3. Jahrhundert n. Chr.) stellte eine römische Geschichte von den Anfängen bis zu seiner Zeit zusammen. Die Bücher 36—54 (68—10 v. Chr.) sind vollständig erhalten, spätere Teile in Auszügen oder nur bruchstückweise. Dio besitzt einen strengeren Sinn für Historie als Appian und ist zu unabhängiger Kritik fähig, betrachtet aber Einzelheiten als unwürdig und ist kein guter Erzähler. Seine Hauptquelle scheint Livius gewesen zu sein, dessen eigener Bericht über das Zeitalter Cäsars verlorengegangen ist. Dio weiß weniger von der Republik als von der Kaiserzeit und ihren Institutionen, und seine Bewunderung für die Autokraten seiner Tage hat das Bild Cäsars gefärbt.

c) Andere antike Quellen

Inschriften

Papyri

Bauten und Kunstwerke

Münzen. Die Münzen der späten Republik bieten eine Fülle historischer Anspielungen. Sie sind noch nicht völlig datiert und erklärt und bieten dem Forscher noch ein weites Feld. Die Münzen aus Cäsars letzten Jahren sind wichtig für unser Verständnis seiner konstitutionellen Position und seiner Ziele. Die ersten Bronzemünzen in den römischen Kolonien erscheinen auch in dieser Zeit, und die griechischen Städte in den östlichen Provinzen fuhren fort, eine Vielzahl wenig bekannter Münzen zu prägen.

2. Moderne Schriften

F. E. Adcock, »Caesar as Man of Letters«, Cambridge, 1956. »Cambridge Ancient History«, Vol. IX, Cambridge, 1932 (Chs. XV—XVII; From the Conference of Luca to the Rubicon; The Civil War; Caesar's Dictatorship)

E. Badian, review of M. Gelzer, »Kleine Schriften« (rev. ed.) in »Journal of Roman Studies«, 1967, pp. 216—222. »Roman Imperialism in the Late Republic«, Pretoria, 1967

J. P. V. D. Balsdon, »Julius Caesar and Rome«, London, 1967

M. Borda (etc.), »Gaio Giulio Cesare«, Rome, 1957

J. Carcopino, »Histoire Romaine«, II, Paris, 1936

M. Cary, »Cambridge Ancient History«, Vol. IX, Cambridge, 1932 (Chs. XI to XII: Rome in the Absence of Pompey; the First Triumvirate)

»Cesare nel Bimillenario della Morte« (Ed. Radio Italiana), Rome, 1956

F. R. Cowell, »The Revolutions of Ancient Rome«, London, 1962

T. A. Dorey (ed.), »Latin Historians«, London, 1966

A. Duggan, »Julius Caesar«, London, 1966

J. F. C. Fuller, »Julius Caesar: Man, Soldier and Tyrant«, London, 1965

E. Gabba, »Sull' Esercito Professionale Romano da Mario ad Augusto«, Pavia, 1951

M. Gelzer, »Caesar. Der Politiker und Staatsmann«, Wiesbaden, 1960

C. Hignett, »Cambridge Ancient History«, Vol. IX, Cambridge, 1932 (Ch. XIII: The Conquest of Gaul)

E. Hohl, »Caesar«, Rostock, 1930

»Julius Caesar« (Greece and Rome, Bimillenary Number), Oxford, 1957

P. Krarup, Analecta Romana Instituti Danici IV, 1967, pp. 7 ff. (»Antichi Ritratti di Gaio Giulio Cesare«)

E. Meyer, »Caesars Monarchie und Das Principat des Pompejus«, 3. Afl., Stuttgart/Berlin, 1922

A. Momigliano, review of R. Syme, »The Roman Revolution« in »Journal of Roman Studies«, 1940, pp. 75—80

T. Mommsen, »Römische Geschichte«, 1854—56

F. Münzer, »Römische Adelsparteien und Adelsfamilien«, Stuttgart, 1920

C. W. C. Oman, »Seven Roman Statesmen of the Later Republik«, London, 1902

D. Rasmussen, »Caesar«, Darmstadt, 1967

T. Rice Holmes, »The Roman Republic and the Founders of the Empire«, Oxford, 1923

H. H. Scullard, »From the Gracchi to Nero«, London, 1959

O. Seel, »Caesar-Studien«, Stuttgart, 1967

H. Strasburger, »Realencyclopädie für Altertumswissenschaften« (Pauly/Wissowa/Kroll), Vol. XVIII (1939)

R. Syme, »A Roman Post Mortem«, Sydney, 1950. »Sallust«, Cambridge, 1964. »The Roman Revolution«, Oxford, 1939
L. R. Taylor, »Party Politics in the Age of Caesar«, Berkeley, 1949
H. Volkmann, »Kleopatra«, 1958
G. Walter, »Julius Caesar«, 1953
R. Warner, »Die tugendhafte Republik«, Hamburg, 1959. »Der Imperator«, Hamburg, 1962
H. Willrich, »Cicero und Cäsar«, Göttingen, 1944

PERSONENREGISTER

ORTS- UND SACHREGISTER